Xing-hu Kuo
Freies China
Asiatisches
Wirtschaftswunder

Xing-hu Kuo

Freies China

Asiatisches
Wirtschaftswunder

Seewald Verlag

Für Anita, Simon
und Mirko

Alle Rechte vorbehalten
© Seewald Verlag Dr. Heinrich Seewald GmbH & Co.,
Stuttgart-Degerloch 1982. Umschlag von Claudia Böhmer. Gesamtherstellung bei Wilhelm Röck, Weinsberg.
Printed in Germany. ISBN 3 512 00655 8

Inhalt

Vorwort	7
Bevölkerung, Geographie, Klima auf Taiwan	11
5000 Jahre Kultur und Geschichte	16
Von Konfuzius zu Sun Yat-Sen	21
Die »neue« Geschichte Chinas bis 1937	28
Die Republik China pflegt das kulturelle Erbe	44
Die Zerstörung der chinesischen Kultur durch die KP Chinas	53
Die politische Entwicklung auf Taiwan nach 1949	63
30 Jahre Volksrepublik – 30 Jahre Chaos	73
Kaum noch Analphabeten in der Republik China	84
Tastendes Suchen nach Neuorientierung nach Maos Tod	89
Wirtschaftswunder auf Taiwan: Die Agrarreform – Freiwilligkeit als Grundlage	96
Maos Bauern im Dienste der »Weltrevolution«	105
Von der Leichtindustrie zur Schwerindustrie	112
Pekings Wirtschaft: Von Fiasko zu Fiasko	121
Taiwans Entwicklung zu einem exportstarken Industrieland	126
Peking: Der große Stornierer vom Dienst	133
Taiwan: Keine Furcht vor Auslandsinvestitionen	143
Bonns Verhalten schadet der deutschen Wirtschaft	150

Die deutsche Wirtschaft entdeckt Taiwan-Chancen	155
Die Entwicklung der innerchinesischen Beziehungen	161
Ein faires Angebot an Peking	171
Taipeh pflegt zwischenmenschliche Beziehungen	174
Abstimmung mit den Füßen	177
Erfahrungen mit der »Einheitsfront«	182
Grauer und bunter Alltag in beiden Teilen Chinas	187
Der Kampf um die 20 Millionen Auslandschinesen	192
Das Verhältnis der Auslandschinesen zum Mutterland	200
Taiwan: Einziger Halt der Auslandschinesen	206
Taiwan: Ein Touristenparadies	209
Schlußwort: Zwei Mahner warnen	212
Hinweise und Tips für Taiwan-Reisende	216
Nützliche Adressen in Taipeh und auf Taiwan	220
Über den Autor	222

Vorwort

In jeder Buchhandlung der Bundesrepublik wimmelt es nur so von Büchern über das kommunistische China. Fragt man jedoch nach einem Werk über die Republik China, oder wie man hierzulande sagt, Taiwan, so erntet der Fragende nur ein Schulterzucken. Forscht der Buchhändler nach, so stellt er bald fest, daß es auf dem deutschen Büchermarkt, auf dem jährlich immerhin 80000 neue Buchtitel zu allen möglichen und unmöglichen Themen erscheinen, seit fünf oder sechs Jahren kein einziges Buch von Bedeutung über die Republik China gibt.

Wie ist es eigentlich zu erklären, daß ein in Südostasien so bedeutungsvoller Staat wie die Republik China, dessen heutiges Territorium immerhin so groß ist wie die Niederlande (die Regierung in Taipeh sieht dies jedoch nur als Provisorium an, denn sie beansprucht, ganz China zu vertreten) und in dessen Machtbereich 18 Millionen Menschen leben (also mehr als in der DDR oder in den Niederlanden), von den Medien und Autoren so gemieden wird?

Sicherlich gibt es für dieses seltsame Phänomen mehrere Gründe. Einige davon möchte ich hier erwähnen. Die zahlenmäßige Übermacht des kommunistischen China mit einer Milliarde Menschen und einem Territorium größer als ganz Europa hat naturgemäß die kleine Insel etwas in den Schatten der Aufmerksamkeit gebracht. Völlig unverdient übrigens, wie dieses Buch noch im Einzelnen darlegen wird.

Durch den sowjetisch-chinesischen Konflikt um die Führung der internationalen kommunistischen Bewegung haben die meisten westlichen Staaten, einschließlich der Vereinigten Staaten von Amerika, ihren natürlichen Verbündeten, das freie China, würdelos wie die berühmte heiße Kartoffel fallen gelassen. So mußte die Republik China schon 1971 die UNO verlassen, heute haben die meisten Länder der Erde nur noch zu Peking diplomatische Beziehungen. Dadurch geriet Taipeh in eine politische Außenseiterrolle.

Schon die Berichterstatter, die in Peking alle großen Nachrichtenagenturen und Zeitungen der Welt vertreten, sorgen dafür, daß jede Äußerung von Politikern der Volksrepublik China weltweit verbreitet wird. In Taipeh jedoch sind nur wenige ausländische Korrespondenten akkreditiert: es gibt keinen einzigen deutschen Journalisten auf Taiwan. Vielmehr müssen die deutschen Zeitungsvertreter die Republik China »nebenbei« von Hongkong, Singapur oder gar Tokio aus »betreuen«.

Dies bedeutet, daß Nachrichten aus dem freien China spärlicher in die übrige westliche Welt kommen, und meistens nicht aus erster, sondern aus zweiter oder gar dritter Hand und dementsprechend durch ausländische Brillen gefiltert worden sind.

Nicht zuletzt ist es den linken Journalisten und den Propagandisten aus Peking gelungen, die Wahrheit über die Entwicklung auf Taiwan verzerrt darzustellen. Während in der freien Welt jede Schandtat der Kommunisten in Peking, wie die Zerstörung der jahrtausendealten chinesischen Kultur durch die »Hungweibings« (Rotgardisten) *Mao Tsetungs* und seiner Frau *Tschiang Tsching*, der Tingeltangel-Schauspielerin aus Schanghai, ihre Verteidiger findet, und die Ermordung von Millionen Menschen durch die Kommunisten als »notwendige Opfer einer gigantischen Revolution« verständnisvoll heruntergespielt wird, ist jede Bestrafung von kommunistischen Agenten und Spionen in der Republik China sofort für »Amnesty International« und viele Medien als »gravierende Unterdrückung der Menschenrechte« ein Thema für unsachliche Kritik.

Ich hatte Gelegenheit, zweimal die Volksrepublik China zu besuchen: einmal mit meinem Vater als Staatsgast, das zweite Mal als Privatmann bei Verwandten. Meine chinesischen Sprachkenntnisse haben mir die Augen für vieles geöffnet, was Gäste des Regimes nicht sehen können, dürfen oder auch wollen.

Ich habe in wirklich privaten Gesprächen das ganze Ausmaß nicht nur des materiellen Elends im kommunistischen China kennengelernt, sondern vor allem die tiefe Depression der Festlandchinesen, die unter dem diktatorischen und gnadenlosen Regime Maos und seiner Nachfolger – trotz gelegentlicher sogenannter Liberalisierungen – litten und noch leiden. In diesem Buch werde ich anhand weniger konkreter Beispiele darlegen, wie groß der Unterschied des Lebens und Alltags im freien und kommunistischen China ist, so groß wie Tag und Nacht, wie Himmel und Erde. Das ist keine Übertreibung, keine Parteinahme, sondern eine Schilderung der objektiven und meßbaren Tatsachen, wie ich dies als Nachrichtenredakteur seit zwei Jahrzehnten gewohnt bin zu formulieren: keine Kommentare, sondern nur eine Beschreibung des Ist-Zustandes.

Ich kam seinerzeit, das bekenne ich offen, mit Sympathien ins kommunistische China. Und ich reise mit einer gewissen Skepsis nach Taiwan im Herbst 1981: auch ich war von der negativen und einseitigen Berichterstattung in den deutschen Medien nicht unbeeinflußt geblieben. Aber die Realitäten in beiden Teilen des geteilten Chinas haben mich überzeugt: auf der kleinen Insel Taiwan gibt es für die einfachen Menschen nicht nur viel mehr Reis in der Schale (und Fleisch und Fisch und Gemüse dazu). Autos, Fernseher, Motorräder und Uhren sind auf Taiwan zur Alltäglichkeit für die meisten Normalverbraucher geworden. Viel wichtiger als der Konsum ist die Tatsache, daß in der Republik China die Menschen wirklich frei leben, fröhlich arbeiten können, während im China Maos Orwells schreckliche Vision »1984« vom großen Bruder, der alles und alle überwacht, seit 1949 bis heute bittere Wirklichkeit ist. Vielleicht kann dieses Buch mithelfen, die Klischees und Vorurteile etwas abzubauen.

An dieser Stelle möchte ich meinen chinesischen Freunden in Deutschland und Taipeh herzlich für die Unterstützung danken, ohne die dieses Buch nie hätte geschrieben werden können. In erster Linie waren dies der Stellvertretende Direktor des Government Information Office in Taipeh, Raymond Tai, der Leiter der Fernost-Informationen in München, Professor Wei Kwang-cheng, mein Begleiter auf Taiwan, George Wu und viele andere.

Ich habe nicht nur Quellen und Materialien aus Taipeh benutzt, sondern auch aus Peking, Deutschland, den USA und vielen anderen Ländern. Dabei wurden auch die Aussagen von Persönlichkeiten berücksichtigt, die durchaus positiv zu Peking stehen. Viele kamen nicht umhin, auf viele negative Seiten des kommunistischen Regimes hinzuweisen.

Nicht zuletzt danke ich den Herren des Stuttgarter Seewald Verlages für die gute Kooperation, meiner Frau Anita und meinen Söhnen Simon und Mirko, die mich während des Schreibens und Sichtens am Wochenende oder an Feiertagen missen mußten. Ohne das Verständnis meiner Nächsten wäre dieser Beitrag zur deutsch-chinesischen Verständigung wohl nie entstanden.

Sindelfingen, im Sommer 1982

Bevölkerung, Geographie, Klima auf Taiwan

Eine Milliarde Chinesen leben heute auf unserem Planeten Erde. Davon nur 18 Millionen auf der Insel Taiwan, wo sich derzeit die Republik China (Chung Hua Min Kuo) nach dem Sieg der Kommunisten auf dem Festland im Jahre 1949 zurückgezogen hat. Allerdings mit dem festen Ziel, irgendwann einmal wieder die Macht in ganz China zu erobern.

Damit sind die Chinesen, wie allgemein bekannt, das zahlenmäßig größte Volk der Erde. Jeder vierte Mensch ist schon heute ein Chinese. Die Bevölkerungsexplosion in China vor allem in den letzten 100 Jahren hat in Europa und Amerika häufig Angstpsychosen hervorgerufen. Ich erinnere nur an die in Deutschland und anderen westlichen Ländern häufig verbreitete Theorie von der »Gelben Gefahr«.

Wer sich genauer mit der Mentalität und Geschichte der Chinesen befaßt hat, wird jedoch bald zugeben müssen, daß diese These von einer chinesischen Gefahr eines von vielen Vorurteilen ist, das sich, wie bei Klischees üblich, sehr lange hält.

In Wirklichkeit gibt es auf der Welt kaum friedlichere und tolerantere, gastfreundlichere und bescheidenere Menschen als die einfachen »Durchschnittschinesen«. Eine »Gefahr« für Europa oder andere Länder war und ist das chinesische Volk bis heute nicht. Oft wird dann gefragt: und wie ist es mit Dschingis Khan, dessen Armeen bis tief nach Europa vorgedrungen sind und Angst und Schrecken verbreiteten? Nun, die Antwort ist ganz einfach: Dschingis Khan, Kublai Khan waren gar keine Chinesen, sondern Mongolen, auch wenn sie, wie viele andere Eindringlinge »sinisiert« wurden, später die überlegene chinesische Kultur, Sprache und Philosophie übernahmen. Denn vergessen wir nicht, die Chinesen sind vielleicht das älteste zivilisierte Volk der Menschheit überhaupt.

Die Chinesen erfanden nicht nur das Papier, das Schießpulver (das sie jedoch, friedlich wie sie sind, zur Belustigung als Feuerwerk in die Luft jagten), astronomische und seismographische Geräte, die Seidenraupenzucht und das Porzellan, sondern auch eine hochentwickelte Philosophie, eine einmalige Bilderschrift, die in ganz Ostasien übernommen wurde und aus dem Fernen Osten ift, die in ganz Ostasien übernommen wurde und aus dem Fernen Osten jahrtausendelang eine kulturelle Einheit machte. Der Beitrag Chinas zur Weltkultur ist unermeßlich groß. Deshalb haben schon die alten chinesischen Kulturen und Reiche nicht nur in den letzten 100 Jahren die Gier imperialistischer Mächte angelockt, die vielfach über eine überlegene Kriegstechnik verfügten, sondern bereits vor mehreren Tausend Jahren wurde China immer wieder von »Barbaren« überfallen. Seien es die Hunnen oder »Hsiungnu« aus dem Norden, die Mandschus, die Japaner oder Engländer und Franzosen, das zaristische und kommunistische Rußland, sie alle trachteten China wirtschaftlich oder politisch zu erobern und auszubeuten.

Bisher gelang es den Chinesen immer, die fremden Eroberer auf friedliche Weise zu integrieren: durch Kultur und Sitte und nicht zuletzt die chinesische Kochkunst, die für viele als die beste der Welt gilt, wurden aus fremden Usurpatoren im Laufe von Jahrhunderten Chinesen.

Krieg und Soldatentum haben die Chinesen immer verachtet und allenfalls als notwendiges Übel geduldet. Ein chinesisches Sprichwort besagt: »Aus gutem Eisen macht man keine Nägel, aus guten Menschen keine Soldaten«. Und auch heute genießt der Soldat im sozialen Statusgefüge den niedrigsten Rang, an erster Stelle wird in China der Gelehrte, der Philosoph, in unserem Zeitalter der Akademiker, der Gebildete geehrt.

Die Vergangenheit dieses Volkes ist wie die aller anderen Völker ein ungelöstes Rätsel, fest steht nur, daß sie gemeinsam mit Japanern, Koreanern, Mongolen, Vietnamesen und anderen Völkern Asiens eine gemeinsame Herkunft haben und die gelbe oder mongolische Rasse bilden.

Eng verknüpft mit der Entwicklung der Chinesen sind natürlich auch die geographischen und klimatischen Voraussetzungen. Das Chinesische Festland kann man geographisch gesehen in drei Hauptteile gliedern: die Provinzen südlich der Großen Mauer (nördlich von Peking, oder wie die chinesische Regierung auf Taipeh sagt, »Peiping«) kann man in 3 Gruppen einteilen. Die nördlichen Gebiete, die durch den Gelben Fluß (Huang-he) bewässert werden, die mittlere Gruppe um den Yang-Tse-kiang, und die südlichen Provinzen.

Die drei großen Flußbecken in China unterscheiden sich auch klimatisch stark voneinander. In der Ebene des unteren Gelben Flusses herrscht ein Kontinentalklima: kalte Winter und heiße Sommer sind hier charakteristisch. Dementsprechend sind die Bewohner dieser unwirtlichen Gebiete, die Nordchinesen, von ganz anderem Charakter als die Chinesen etwa im subtropischen Süden, die bekannt sind für ihr Temperament (nicht umsonst sind alle Revolutionäre in der Geschichte Chinas aus dem Süden). Im Yang Tze-Becken wiederum herrscht ein mildes Klima, der Sommer ist heiß und feucht, der Winter mäßig kalt und ebenfalls feucht.

Typisch für die chinesische Geographie sind auch hohe Gebirgsketten, hier befinden sich die Quellen der großen chinesischen Flüsse. Die Berge Chinas und Tibets gehören zu den höchsten der Erde, deshalb ist es teilweise sehr schwierig, auf dem Landwege nach China einzudringen.

Die Chinesen sprechen eine Sprache, die mit keiner anderen der Welt verwandt ist, lediglich ihre Bilderschrift, die von dem Phantasiereichtum ihrer Schöpfer zeugt, wurde in ganz Ostasien akzeptiert, so daß heute ein schriftkundiger Koreaner auf dem Papier einen Chinesen oder Japaner verstehen kann, ohne mit ihm sich mündlich verständigen zu können. Aber auch die Chinesen selber haben vielerlei Dialekte, sodaß sich ein Kantonese mit einem Nordchinesen nur über Dometscher oder durch die Schriftzeichen verständlich machen kann, es sei denn, beide beherrschen das Hochchinesische (Mandarin, Peking Dialekt, auch Kuo-yü genannt).

Die Insel Taiwan, auf der die nationalchinesische Regierung sich vorerst etabliert hat, verfügt über ein angenehmes, subtropisches Klima. Sie ist ein fester Bestandteil Chinas, denn bereits im Jahre 1206 wurde sie zum Protektorat des chinesischen Reiches. 1684 wurde Taiwan, im Westen auch unter dem portugiesischen Namen Formosa bekannt, ein Teil der südchinesischen Provinz Fukien. Im Jahre 1887 schließlich erhielt Taiwan den Status einer Provinz während der Tsching (Mandschu)-Dynastie. Auch heute wird sie als Provinz ganz Chinas geführt, neben der in Taipeh ansässigen Zentralregierung der Republik China gibt es deshalb auch eine Provinzialregierung für Taiwan.

Allerdings hatte Taiwan von Zeit zu Zeit auch andere Herrscher zu überdauern: die Holländer sind heute noch teilweise stolz auf ihre Kolonialzeit von 1624–1661. Der damalige Befreier von der niederländischen Herrschaft ist der legendäre Cheng Cheng-kung (in Europa als Koxinga bekannt).

Heute noch pflegen Besucher aus dem Tulpenland, die Reste aus jener Glanzzeit der Ostindischen Kompanie mit Gefühlen des Patriotismus und der Nostalgie knipsend zu bewundern und zu betrachten.

Eine Zeitlang mußten die Holländer auch in Übersee gegen die Spanier kämpfen: 1626 besetzten die Iberer den nördlichen Teil der Insel, 15 Jahre dauerte es, bis die Niederländer die Nebenbuhler auf der »Schönen Insel«, wie die Portugiesen das Eiland nannten, vertreiben konnten.

Ein kurzes Gastspiel lieferten auch die Franzosen, die 1884 ebenfalls den Norden Taiwans nach einer Auseinandersetzung mit China über die Grenze zwischen der südchinesischen Provinz Yünnan und der französischen Kolonie Vietnam besetzten.

Den längsten Atem hatten die Japaner, die nach einem Krieg mit China 1894 (über Korea) Taiwan entsprechend dem Abkommen von Shimonoseki (1895) und die Pescadoren-Inseln zugesprochen bekamen. Auch Korea wurde bei dieser Gelegenheit von Japan okkupiert. Erst nach der Niederlage Japans wurde

Taiwan 1945 wieder unter chinesische Oberhoheit gestellt.

Bis auf einige Minderheiten (Ureinwohner) malayischen und thailändischen Ursprungs, deren Zahl etwa 250000 beträgt, sind die 18 Millionen Bewohner der Insel ausnahmslos Chinesen. Dabei ist es heutzutage unerheblich, ob der Insulaner bereits vor mehreren Hundert Jahren aus dem chinesischen Festland ausgewandert ist (zumeist aus den nahegelegenen südchinesischen Provinzen Fukien und Kwangtung), oder ob es sich um die rund zwei Millionen Flüchtlinge und deren Nachkommen handelt, die nach dem verlorenen Bürgerkrieg gegen die Kommunisten dort eine neue Heimat fanden.

In den ersten Jahren nach 1949 gab es gelegentlich Reibereien zwischen den Neuankömmlingen und den auf Taiwan seit längerer Zeit lebenden Chinesen, zumal am Anfang manche Neu-Chinesen sich gegenüber den Alt-Eingesessenen nicht immer sehr taktvoll benahmen. So kam es beispielsweise 1947 zu einem kleinen Aufstand gegen die neue Verwaltung. *Tschiang Kai-schek* zog jedoch schnell die Konsequenzen: er entließ die Verantwortlichen, immer mehr auf Taiwan gebürtige Chinesen bekamen verantwortungsvolle Positionen. Und im Laufe der Zeit, da immer mehr Bewohner der Insel dort geboren sind, verschwinden die Gegensätze allmählich. Ich selber habe feststellen können, daß beide Gruppen von Chinesen aufgrund ihrer gleichen Volkszugehörigkeit heute bereits eine harmonische Einheit bilden. Zumal die seit vielen Generationen in Taiwan lebenden Chinesen erkannt haben, daß die Flüchtlinge aus dem Festland zu einem großen Teil eine wertvolle Bereicherung für die Insel waren und sind: viele Intellektuelle, Fachkräfte und Offiziere mit viel Know-how kamen nach Taiwan. Es waren auch die mutigsten, denn damals am Ende des Bürgerkrieges schien es so, als ob die Einnahme Taiwans durch Maos Truppen nur noch eine Frage von höchstens einigen Monaten wäre. Und wer trotzdem in jener schweren Zeit den Mut hatte, treu zur scheinbar zerschlagenen Armee und Regierung Tschiang Kai-scheks zu bleiben, der mußte schon eine gehörige Portion Optimismus und Zuversicht mit herübergenommen haben. Und beide Eigenschaften sind der Insel zugute gekommen.

5000 Jahre Kultur und Geschichte

Die chinesische Geschichte beginnt im allgemeinen mit den drei Herrschern und den fünf Kaisern. *Sui Jen,* der erste der drei Herrscher, soll das Feuer erfunden haben und gilt deshalb als der erste Funke in der Finsternis der frühesten Geschichte Chinas. Vor diesem chinesischen Prometheus waren die Chinesen, so die Legende, noch »Wilde«, die alles wie die Tiere roh verzehrten. Erst mit der Entdeckung des Feuers begann zugleich die berühmte chinesische Kochkunst. All dies soll sich rund 3000 Jahre vor Christus abgespielt haben und gehört deshalb eher in das Reich der Mythen und Legenden.

Auch die Nachfolger Sui Jens sollen grundlegende Erfindungen gemacht haben, die die Entwicklung der hohen chinesischen Kultur ermöglichten. Zu den Erfindungen zählten jedoch nicht nur materiell-technische Dinge, wie das Fischnetz, die Viehzucht, der Ackerbau, sondern auch erste abstrakte Zusammenhänge. Sui Jens Nachfolger *Fu Hsi,* der angeblich im Jahre 2852 vor unserer Zeit den Drachenthron bestiegen haben soll, regelte bereits das Eheleben, ordnete die unartikulierten Laute in der Musik und begann die chinesische Schrift zu entwickeln. Der letzte der drei Herrscher, *Shen Nung,* spielte eine wichtige Rolle, denn er brachte den Chinesen die Landwirtschaft bei, heißt es in der Überlieferung. Der »gelbe Kaiser« *Huang-Ti* entwickelte unter anderem auch die Seidenherstellung, genauer: die Gemahlin Huang Tis befaßte sich mit der Raupenzucht und der Herstellung dieses Stoffes.

Nachdem die drei Herrscher sozusagen die Grundlagen für eine

»moderne« chinesische Gesellschaft geschaffen hatten, folgten nach Huang-ti weitere vier Kaiser, die ihrerseits Wissenschaft, Kultur und Kunst im alten China zum Blühen brachten. Obwohl die Existenz dieser Herrscher und Kaiser historisch nicht zweifelsfrei belegbar ist, haben sie doch einen großen Einfluß auf Denken und Fühlen der Chinesen gehabt – so, als hätte es sie doch gegeben.

Die erste chinesische Kaiser-Dynastie, die dieser Dynastie, einigermaßen historisch gesichert ist, nennt sich *Hsia*. Der erste *Kaiser Yu*, bestieg im Jahre 2205 vor Christus den Thron. Auch Yu verdankte die Wahl zum Kaiser seinen Verdiensten: bei einer großen Überschwemmung bewies er sowohl Mut als auch Pflichtbewußtsein und außergewöhnliche Fähigkeiten. 17 Kaiser zählte die Hsia Dynastie, die von der Tchou-Dynastie abgelöst wurde. Diese Dynastie ist ein Meilenstein in der Kulturgeschichte Chinas, denn in dieser Zeit (1122–249 vor Christus) wirkten die vier großen Philosophen Chinas, die bis zum heutigen Tag das Leben der Chinesen in entscheidenem Maße prägen.

Konfuzius, Lao-Tse, Meng-tse oder Mencius und *Chuang Tse* lebten in dieser Zeit, 35 Kaiser zählte diese Glanzperiode in der Geschichte Chinas.

Nur kurz war die Tschin-Dynastie von 221–207 vor Christus, jedoch gelang es dem Kaiser *Shi Huang-ti,* das zerbröckelte Erbe der vorherigen Kaiser wieder zusammenzuschweißen. Dieser Kaiser erlangte auch – ähnlich wie *Nero* und *Hitler* – traurigen Ruhm durch seine Zerstörungswut, vor allem die Bücherverbrennung im Jahre 213, die die feudalen Traditionen auslöschen sollte. In dieser Zeit begannen auch die Kämpfe mit den Hunnen und der Bau der Großen Chinesischen Mauer zur Abwehr der Invasion aus dem Norden.

Aber zunächst muß in aller Kürze etwas zu den vier Philosophen gesagt werden, vor allem zu Konfuzius: der von 551 bis 479 vor Christus lebende »Meister«, wie er oft genannt wird, hat zweifellos mit seinen ethischen Lehren das chinesische Volk erzogen wie kein anderer in der 5000jährigen Geschichte der Chinesen. Vor allem lehrte Kung Fu-tze, wie Konfuzius auf chinesisch genannt wird, daß die Familie das Wichtigste im Leben des Menschen ist. Dabei ist die Verehrung der Ahnen, der Ahnenkult, von erstrangiger Bedeutung. Sichtbares Symbol dieses Ahnenkultes ist der Hausaltar, den fast jede chinesische Familie besitzt. Hier werden die Verstorbenen Vorfahren regelmäßig geehrt, und es spielt dabei keine Rolle, ob die Nachkommen Buddhisten, Christen oder einer anderen Religion huldigen. Die Verehrung der vorangegangenen Generationen ist für jeden wohlerzogenen Chinesen ein echtes Herzensbedürfnis. Deshalb ist es keineswegs paradox, daß im Jahre 1911, als China sich von der Fremdherrschaft befreite und »*Dr. Sun Yat sen*« die Republik China ausrief, eine seiner erster Amtshandlungen eine Pilgerfahrt zu den Gräbern der Ming-Kaiser war. Dort wollte der Christ und Republikaner Dr. Sun, ein im Westen ausgebildeter Arzt, den Kaisern aus vergangener Zeit »kundtun«, daß das chinesische Volk sich von der Mandschu-Dynastie befreit hatte.

Die Lehre Konfuzius kann man in den »Fünf Klassikern« und den »Vier Büchern« nachlesen. Das Berühmteste Werk der Fünf Klassiker ist wohl das »Yi Tsching« oder »Das Buch der Wandlungen«. Für Uneingeweihte wie für Experten ein schwieriges Werk, in dem auch das Yin- und Yang-Prinzip erläutert wird. Yin ist das weibliche, negative Prinzip, Yang hingegen das männliche oder positive Prinzip.

Der Philosoph *Mencius* (Meng Tze) befaßte sich vor allem mit der Volksherrschaft, er gilt deshalb als demokratischer Denker. So vertrat er die Auffassung, daß das Volk das Recht, ja die Pflicht habe, sich gegen Tyrannen zu wehren. Ferner vertrat er die äußerst radikale These, daß die Ermordung eines schlechten Fürsten kein Mord, sondern eine Wohltat sei. Mencius hat deshalb für die Demokratisierung und Revolutionierung des neuen Chinas eine entscheidende Rolle gespielt, und er ist im Osten einer der wenigen echten demokratischen Philosophen. Es ist fast unglaublich, daß der im Jahre 372 vor Christus geborene Mencius die Revolutionäre um Sun Yat-sen im 20. Jahrhundert so nachhaltig beeinflußt hat, aber dies zeugt von der Kontinuität und vom Geschichtsbewußtsein der Chinesen. Es ist deshalb nicht ganz richtig, wenn in europäischen Darstellungen immer wieder behauptet wird, demokratische Ideen hätten die Chinesen erst nach der Bekanntschaft mit dem Abendland kennengelernt. Natürlich haben moderne, neue Gedanken und Ideen aus Europa einschließlich Rußland viele Chinesen beeinflußt, man sollte aber die eigenen demokratischen chinesischen Traditionen nicht außer acht lassen.

Mencius war auch einer der ersten großen Pazifisten. In seinen Augen sind Offiziere und Generäle Mörder und »große Verbrecher«. Er verurteilte deshalb Minister, die Kriegspläne schmiedeten und meinte, für sie wäre die Todesstrafe noch viel zu milde.

Aber auch bei vielen anderen chinesischen Philosophen ist die Abscheu vor dem Krieg festzustellen, denn wie ich bereits im Vorwort erklärte, sind die Chinesen, wenn sie nicht von außen dazu gezwungen werden, gegen jeden Krieg und jede Zerstörung.

Lao Tse sagt in seinem Buch »Tao Te-king«: »Selbst die besten Waffen sind doch Instrumente des Unheils«. Chuang Tse wiederum erklärt in seinem Buch: »Seine Zuflucht zu den Waffen zu nehmen ist die niedrigste Sorte von Tapferkeit«. Obwohl Lao Tse und Konfuzius zwei völlig unterschiedliche Denkschulen vertraten, in der Verurteilung von Kriegen waren sie sich einig.

Waren Konfuzius und Mencius nüchterne und pragmatische Denker, so war Lao Tse ein Mystiker, den zu enträtseln bis heute noch niemandem völlig gelungen ist. Sein Buch »Tao Te King« gehört heute zu den bekanntesten philosophischen Werken der Welt. Lao Tse verkündete, ähnlich wie Jesus Christus, die Lehre von der Demut und Bescheidenheit. Auf der Erde, so Lao Tse, sei nichts schwächer als das Wasser, aber dennoch gebe es nichts, was vom Wasser nicht gebrochen werden könne. Das Starke und

Harte müsse dem scheinbar Schwachen weichen. Die Waffen des Geistes seien stärker als materielle Gewalt, diese Prinzipien Lao Tses sind in der chinesischen Geschichte immer wieder bewiesen worden. Das materiell schwache chinesische Volk besiegte geistig mehrmals seine Unterdrücker und Besetzer.

Die Lehren Lao Tses haben vieles gemein mit dem Buddhismus, und deshalb war die neue Religion des Gautama für viele Chinesen leicht zu übernehmen, da sie ihrer Mentalität weitestgehend entsprach. Heute ist der Buddhismus für die meisten Chinesen die Religion, Konfuzius jedoch regelt die zwischenmenschlichen Beziehungen, die Verehrung und das Gehorsam gegenüber Eltern, älteren Menschen, den Lehrern, den Vorgesetzten und der (redlichen) Obrigkeit.

Der vierte große chinesische Philosoph ist *Chuang Tze,* über dessen Leben nur wenig bekannt ist. Auch Chuang Tzes Lehren zeigen viele Parallelen zum Buddhismus: er ist der Ansicht, daß Körper und Materie im Grund genommen unwichtig sind. Bekannt ist der Schmetterling-Traum des Philosophen: einst träumte er, daß er ein Schmetterling war. Als er jedoch aufwachte, wußte er nicht mehr, ob er ein Mensch war, der eben geträumt hatte, ein Schmetterling zu sein, oder ob er ein Schmetterling ist, der gerade träumt, ein Mensch zu sein.

So vage sind die Grenzen zwischen Traum und Wirklichkeit, deutete Chuang Tze dieses Ereignis. Deshalb sei es ein Problem, wer glücklicher ist: der arme Bettler, der, sobald er eingeschlafen ist, träumt, ein Reicher zu sein, oder der Reiche, der nachts immer träumt, ein tief unglücklicher Bettler zu sein. Erst recht Chuang Tze verurteilte den Krieg, für ihn ist diese Form der Auseinandersetzung schlicht Torheit, das Recht des Starken sollte vielmehr der Stärke des Rechts weichen.

Micius (chinesisch *Mo Ti*) ist ein weiterer bedeutender Philosoph des chinesischen Altertums. Er predigte, und auch hier sind Parallelen zum Christentum zu sehen, die allgemeine Liebe unter den Menschen (Nächstenliebe). Ferner trat er für soziale Gerechtigkeit ein, und ein Verbrechen ist es in den Augen Mo Tis, wenn Luxus und bittere Armut nebeneinander existieren. Deshalb nannte ihn der chinesische Sozialist *Liang Chi-chao* einen »großen Marxisten und einen kleinen Christus«.

Von Konfuzius zu Sun Yat-sen

Im Jahre 221 vor Christus begann die *Tschin-Dynastie*. Nach ihr ist die europäische Bezeichnung China (im englischen China – »Tschaina« ausgesprochen) benannt worden, denn die Chinesen selber bezeichnen sich als »Han« oder »Chungkuoren« (»Menschen des Reichs der Mitte«). In der Tat ist diese Dynastie für Chinas Geschichte von entscheidender Bedeutung, obwohl sie nur ganz kurz war. Im Jahre 206 vor Christus war sie bereits zu Ende. Denn der bereits genannte Kaiser *Shih Huang-ti* galt als »Napoleon« Chinas. Er vereinigte nämlich das neu eroberte Reich, das aus 36 Provinzen bestand. Militärische und zivile Gouverneure dieser Provinzen waren ihm direkt unterstellt. Bis zum 20. Jahrhundert hat China im Prinzip dieselbe Verwaltungsform gehabt wie unter Shih Huang-ti. Bei der bereits erwähnten Bücherverbrennung, einer weiteren radikalen Maßnahme des unduldsamen Diktators, wurden in einigen Fällen nicht nur unbequeme Bücher, sondern auch gleich die Autoren einfach mit verbrannt. Das einzige historische Verdienst dieses Kaisers ist die Herstellung der chinesischen Einheit. Mit der Tschin-Dynastie begann faktisch der chinesische Staat. Eine neue Periode in der chinesischen Geschichte wurde eingeleitet.

Die folgende Dynastie, die *Han-Dynastie*, gehört zu den brillantesten Epochen Chinas. Nicht umsonst bezeichnen sich die Chinesen deshalb als »Han«, denn auf diese Periode sind sie besonders stolz. Gleichzeitig wurde die Lehre des Konfuzius in dieser Zeit zur Staatsphilosophie erklärt.

Unter dem Kaiser *Han Wu-ti* erreichte China in der Zeit von

140 bis 87 eine Blüte in seiner kulturellen und staatlichen Entwicklung, die nie wieder erreicht worden ist. Im Süden grenzte China an das spätere Indochina, Korea gehörte zum Kaiserreich. Eine wissenschaftliche Akademie (Ta-hsüeh-yüan) und die Förderung der Kunst durch den Kaiser sorgten für die Entfaltung der großen schöpferischen Kräfte des chinesischen Volkes.

Von großer Bedeutung war in der Han-Dynastie auch die Entwicklung der Beziehungen Chinas mit anderen Ländern in Zentralasien und mit dem griechisch-römischen Westen. Ein lebhafter Tauschhandel entstand. Besonders beliebt im damaligen Europa waren chinesische Produkte wie Seide, Luxusartikel aus dem Okzident kamen erstmalig nach China. Dieser Handel verlief auf der legendären »Seidenstraße«. 1933 erhielt übrigens der schwedische Forscher *Sven Hedin* von der chinesischen Regierung den Auftrag, diese Straße wieder ausfindig zu machen. Damals wollte man gar eine Autobahn von China nach Europa auf dieser Strecke, von Schanghai-Sian über Samarkand bis nach Istanbul bauen. Aufgrund der politischen und kriegerischen Auseinandersetzungen in China und Europa ist dieses Projekt, für das sich auch *Tschiang Kai-schek* lebhaft interessierte, nie verwirklicht worden.

Unter der Regierung des Kaisers *Han Ming-ti* (58–75) wurde der Buddhismus in China eingeführt, ein Ereignis von großer Bedeutung für die Verbreitung dieser neuen Religion im gesamten fernöstlichen Raum. Denn Japan und andere Länder lernten die Lehre *Gautama Buddhas* über China kennen und übernahmen sie. In der Regierungszeit von Kaiser *Huan Ti* (148–167) kam es zu vollen diplomatischen Beziehungen mit dem römischen Reich: ein römischer Gesandter kam in die chinesische Hauptstadt *Lo Yang*. Er vertrat Kaiser *Marcus Aurelius Antonius* (121–180).

Wichtige wirtschaftliche Meilensteine der Han Dynastie waren der Beginn der Zuckerverarbeitung, die Zubereitung von Sojabohnenkäse (Dou-fu), der in der chinesischen Küche auch heute eine unentbehrliche Zutat ist, die Entdeckung und Ausbeutung der Steinkohle. Und nicht zuletzt: die ersten Stühle wurden in China angefertigt, eine Erfindung, die beispielsweise in Japan ignoriert wurde. Noch heute sitzen die Japaner auf Matten auf dem Fußboden.

Auch die Erfindung des Papiers im Jahre 105 unserer Zeit leitete eine neue Ära der chinesischen Kultur ein, denn dieses neue Produkt ermöglichte später die preiswerte Herstellung des Buches.

Nach dem Sturz der Han-Dynastie kam eine Zeit von Bürgerkriegen und großen Unruhen, die in der 5000jährigen Geschichte des Reichs der Mitte immer wiederkehren, bis in die jetzige Zeit hinein. Der Bürgerkrieg zwischen den Kommunisten und der Kuomintang (Nationalisten) ist trotz der mehr als 30jährigen Waffenruhe (von Plänkeleien einmal abgesehen) immer noch nicht beendet. Deshalb herrscht auf Taiwan immer noch der Ausnahmezustand, auch wenn er im Alltag überhaupt nicht zu spüren ist.

Diese unruhige Zeit wird bestimmt durch die »Drei Reiche« (San-Kuo) und die Chinesen, auch die heutigen, haben zu dieser Periode eine ungewöhnlich enge innere Beziehung. Denn in solchen unruhigen und verwirrenden Perioden gibt es naturgemäß sowohl große Schurken als auch herausragende Volkshelden. Ihre Geschichten werden heute noch gelesen, erzählt und nachempfunden, als seien sie erst gestern passiert. Auch dies zeugt von einem großen Geschichtsbewußtsein der Chinesen, ein Phänomen, das in der Bundesrepublik Deutschland leider nur ungenügend feststellbar ist, auch wenn allmählich das Interesse für Geschichte jetzt wieder etwas größer geworden ist.

Die Geschichte dieser Periode wird in einem der berühmtesten Bücher Chinas, dem »San Kuo-chi« (»Geschichte der Drei Reiche«) in Romanform behandelt. Die vielen Abenteuer, Intrigen, Liebesaffären dieses Buches gehören heute noch zu der beliebtesten Lektüre von Jung und Alt in China. Unzählige Bühnenstücke und Filme, Fernsehspiele erfreuen die Chinesen in aller Welt mit den Erzählungen aus den Drei Reichen.

In der »San Kuo«-Zeit von 220 bis 280 begannen die Chinesen auch Tee zu trinken, eine Kunst, die später vor allem in Japan verfeinert wurde. Aber auch für die Chinesen und viele andere asiatischen Völker ist der Tee nicht irgendein Getränk, sondern die Zubereitung und der Genuß des anregenden Tees sind Bestandteil der hohen Lebenskultur der Chinesen geworden. Auch das Schießpulver, wie erwähnt nur zur Herstellung von Feuerwerk bestimmt, wurde in dieser Zeit in China erfunden.

Die inneren Unruhen dauerten diesmal vom 3. bis zum Ende des 6. Jahrhunderts, oder rund 300 Jahre. Tatarische Stämme stürmten immer wieder ins Landesinnere, durchbrachen die chinesische Mauer und regierten zumindest in Nordchina als Kolonialherren und Barbaren zugleich.

In dieser Zeit nahm China erstmalig Beziehungen zu den Inseln in Südostasien auf. Besonders bekannt sind die Reisen des Pilgers *Fa Hsien*, ein chinesischer Marco Polo. Im Jahre 414 besuchte er die Insel Java, die heute zu Indonesien gehört. Im Jahre 517 soll dann ein Gesandter des heutigen Ferienparadieses Bali (auch Indonesien) den chinesischen Kaiser besucht haben.

In der folgenden *Sui-Dynastie* (589–618) dehnte sich China immer mehr in alle Richtungen aus: Annam (im heutigen Vietnam), Korea und die Liu-qiu Inseln wurden chinesische Territorien. Es wird berichtet, daß Japan einen Botschafter zum Kaiser *Sui Yang-ti* schickte. Allerdings soll es bereits im Jahre 473 vor Christus, zur Zeit Konfuzius also, Beziehungen zwischen Japan und China gegeben haben. Auch Kaiser *Shih Huang-ti* (der »Napoleon« Chinas) hat nach alten Berichten auf der Suche nach dem Lebenselexier, das ein ewiges Leben garantieren soll, Chinesen bis nach Japan geschickt.

Nach den Annalen der Han-Dynastie kam im Jahre 57 unserer Zeit ebenfalls eine japanische Gesandtschaft nach China. Eine zweite Mission aus Japan im Jahre 107 brachte sogar 160 Sklaven als Geschenk für den chinesischen Hof mit.

Korea, zwischen China und Japan gelegen und deshalb auch oft ein Zankapfel zwischen den beiden Giganten, hat vor allem bei der Weiterverbreitung der chinesischen Kultur in Japan eine große Rolle gespielt. Bereits im Jahre 300 vor Christus, so berichten die alten historischen Werke, habe der Koreaner *Wa Ni* mit einem der heiligen Bücher der Konfuzianer, dem »Lun Yü«, und mit chinesischen Gedichten Japan besucht.

Kaiser Sui von der nach ihm benannten Dynastie, der ein Tyrann war und 3000 Frauen gehabt haben soll, starb bei einem Aufstand, bei dem er von eigenen Anhängern verraten wurde. Die Chinesen glauben, und dies hat sich bis jetzt immer bestätigt, daß Tyrannen nicht lange regieren können. Man denke nur an das tragische Ende *Mao Tse-tungs* und den Prozeß gegen seine Witwe, der eigentlich gegen den toten Mao gerichtet war.

Mit der *Tang-Dynastie* (618-906) war wieder ein ruhmreiches Kapitel der wechselvollen Geschichte Chinas aufgeschlagen. Vor allem der zweite Kaiser *Tang Tai-tsung* (627-650) gehörte zu den größten historischen Persönlichkeiten des Riesenreiches. In der Provinz Shanshi aufgewachsen, im Grenzgebiet mit den »Barbaren«, lernte er deshalb bereits als Knabe nicht nur Literatur und Kunst, sondern durchlief auch eine harte militärische Schule und Praxis.

Kaiser Tang war auf künstlerischem Gebiet vor allem ein großer Kalligraph. Die Kalligraphie oder die Kunst des Schreibens ist in China, Japan, Korea und Vietnam eine hoch angesehene Kunst. Wer die Schriftzeichen schön zeichnen kann, genießt die gleiche Bewunderung und Wertschätzung wie ein Maler. Dies ist verständlich, wenn man bedenkt, daß die chinesische Schrift sehr eng mit der Malerei verwandt ist. Denn jedes Schriftzeichen war zu Beginn der Entwicklung der chinesischen Sprache eine vereinfachte Zeichnung. Chinesische Schriftzeichen sind deshalb eigentlich abstrakte Gemälde, eine Art surrealistische Kunst. Deshalb hängen in chinesischen Häusern neben Gemälden auch häufig Aussagen wichtiger Männer und Frauen, von einem Meister gepinselt.

Kaiser Tang war ebenso ein hervorragender und energischer Staatsmann, dies bekamen auch die Nachbarstaaten alsbald zu spüren. Häufig wurde er auch als diplomatischer Vermittler bei Streitigkeiten bestellt. So schlichtete der chinesische Kaiser einen Aufstand in Indien, ein persischer Fürst wurde von dem »Amtskollegen« Tang in Schutz genommen. Besonders familiär beendete der Kaiser eine Auseinandersetzung zwischen Tibet und China: der tibetische Herrscher bekam Tangs Tochter zur Ehefrau, und der Streit wurde »familiär« ad acta gelegt.

In dieser Zeit wurde auch die Innere Mongolei dem chinesischen Staatsgebiet einverleibt. Weniger Glück hatte Tang lediglich im Falle Koreas, hier gerieten Chinesen und Japaner erstmalig, jedoch leider nicht letztmalig, heftig aneinander. Die Japaner verloren allerdings diesen ersten Krieg gegen China, denn die Flotte Nippons wurde in jenem 7. Jahrhundert von Tangs Admiral *Liu* zum größten Teil vernichtet.

In den 300 Jahren der Tang-Dynastie regierten 21 Kaiser. Einer der wichtigsten war *Yuan Tsung* oder Ming Huang, der von 713 bis 756 regierte. Er hatte einen Harem von angeblich 40000 (!) Konkubinen, eine von ihnen war die vielbesungene und gepriesene *Yang Kuei-fei*. *Li Tai-po*, Chinas bekanntester Dichter, dessen lyrische Werke in den meisten Sprachen der Welt übersetzt worden sind, war übrigens ein Zeitgenosse dieses genußsüchtigen, aber fähigen Kaisers. Auch Li Tai-po war bekanntlich kein Asket.

Unter der Tang-Dynastie war das chinesische Reich zu einem großen Imperium geworden: vom Gelben Meer bis zum Aralsee und von Sibirien bis Indien reichten die Grenzen des Reichs der Mitte. Zwangsläufig kam China auch in Berührung mit der Außenwelt, weit intensiver, als die bisherigen sporadischen Kontakte dies zuließen. Der Ruhm der Tangs erreichte sogar Griechenland, Kaiser *Theodosius* entsandte einen Vertreter nach China, der 640 am kaiserlichen Hofe ankam.

Aus Medina schickten die Khalifen wertvolle Geschenke an den chinesischen Kaiser. Dabei waren die neuen Anhänger *Mohameds* gerade dabei, das Reich des Islam weltweit auszudehnen. Mit dem mächtigen Tang-Reich wollten sie sich lieber nicht anlegen. Gleichzeitig schickte Japan zahlreiche Studenten und Mönche zum Studium nach China, schon damals war Japans Nachahmungstrieb und Kopierlust sehr entwickelt. In der Tang-Dynastie kam übrigens die älteste Zeitung der Welt heraus, die »Chin-Pao«.

Nach der Tang-Dynastie kamen die Fünf Dynastien (906–960), die letzten Tang-Kaiser hatten das große Reich wieder zerfallen lassen. Nun brach erneut eine Zeit des militärischen Despotismus an. Einer der Heerführer der späteren *Chou-Dynastie* innerhalb dieser Periode beendete die unklaren Verhältnisse und Mißstände.

In der *Sung-Dynastie* (960–1279) verfiel das chinesische Reich immer mehr als Folge der Angriffe nördlicher Barbaren. Mit ihnen, den Khitans, mußte Kaiser *Sung Chen-tsung* einen schmählichen Friedensvertrag abschließen. China mußte an die Aggressoren 100 000 Unzen Silber und 200 000 Ballen Seide abliefern, für damalige Zeiten ein ungeheures Vermögen.

Die Versuche des fünften Sung-Kaisers *Wang An-shih* (1021–1086) durch »sozialistische« Maßnahmen das Reich zu reformieren und vor dem Untergang zu retten, schlugen im wesentlichen fehl. Zu den bekannten und für jene Zeit bemerkenswerten Neuerungen Wangs gehörte die Gewährung von Agrarkrediten an die verarmten Landwirte, die Bildung einer sogenannten Volksmiliz und andere vom Ansatz her durchaus unvernünftige Reformvorhaben.

Aber von außen her wurde das chinesische Reich immer mehr von den »Barbaren« bedrängt. Zwei Sung-Kaiser wurden durch die Aggressoren, wie wir heute sagen würden, samt Hofanhang gefangengenommen und sind nie wieder zurückgekehrt. Die Geschichte dieser Dynastie ähnelt deshalb der letzten Periode Roms: immer mehr zerfiel das Reich durch die Invasion der kulturell zwar unterentwickelten, aber militärisch offenbar immer stärker werdenden Fremden.

Trotz dieser negativen Aspekte hatte die Sung-Dynastie für die chinesische Kunst eine große Bedeutung. Besonders auf dem Gebiet der Malerei gab es in dieser Periode des Zerfalls solche auch heute noch berühmten Maler wie *Ma Yüan, Hsia Kuei, Ma Kuei* und *Li Tung-Mien*. Sie sind vergleichbar mit ihren Kollegen der Tang-Dynastie *Wu Tao-tse* oder *Wang wei*.

Dann kamen die Mongolen, und damit war das chinesische Mittelalter beendet.

Die »neue« Geschichte Chinas bis 1937

Die *Yüan-Dynastie* (1280–1368) leitete die neuere Geschichte des Reichs der Mitte ein. Wie bereits mehrfach geschildert, ist die Achillesferse Chinas von Anfang an der Norden gewesen, denn von dort war das Riesenland am leichtesten zu erreichen. Auch die Große Chinesische Mauer war kein ausreichender Schutzwall gegen die immer einfallsreicher werdenden Barbaren. Und in der Gegenwart befürchtet Peking bekanntlich ein Eindringen neuer »Barbaren«, diesmal sind es die sowjetischen »Brüder«, die als würdige Nachfolger der Hunnen ein begieriges Auge auf das kommunistische China werfen.

Es gelang den Invasoren im 12. Jahrhundert, bis zum Gelben Fluß vorzudringen. Später erreichten sie sogar den Yang Tsekiang. Dieser Fluß wurde dann zur natürlichen Grenze zwischen dem besetzten Norden und dem rein chinesischen Süden.

Etwa um das Jahr 1300 begann das große Zeitalter der Mongolen, die im Norden der Gobi-Wüste beheimatet sind. Unter dem

Fürsten *Dschingis Khan* (1206–1227) wurde ihr Reich, mit Karakorum als Hauptstadt, gegründet. Durch immer neue Beutezüge entstand ein Weltreich. Sogar Persien, das Khalifat von Bagdad, Rußland und Ungarn, Polen und eine schlesische Ritterarmee wurden schließlich bei der berühmten Schlacht von Liegnitz von den Mongolen überrannt. Bis vor die Tore Wiens kamen die Mongolen, und in Asien selber war China bald an der Reihe. Trotz heftigen Widerstandes siegte der Mongolensturm, und von China blieb nur ein winziges Gebiet um Kanton übrig.

Berühmt in der Geschichte Chinas, ein Beispiel vom Freiheitswillen des chinesischen Volkes, ist folgende Episode aus diesem Kampf gegen die Mongolen: der letzte Sung-Thronfolger, noch ein kleines Kind, wurde von einem chinesischen General auf die Schulter genommen und beide sprangen ins Wasser, um der schmachvollen Gefangenschaft zu entgehen. Diese Haltung ist in Ostasien weit verbreitet, man denke nur an die Harakiri-Praxis der Japaner. Ein chinesisches Sprichwort besagt: »Besser gebrochene Jade als ein ganzer Dachziegel«. Mit diesem Satz soll besagter Offizier ins Wasser gesprungen sein; angeblich folgten 100000 Chinesen seinem Beispiel.

Nunmehr übernahm der Sohn Dschingis Khans, *Kublai Khan*, das Szepter über China. Aber Kublai Khan nannte sich alsbald *Yüan Shi-chou*. Beeindruckt von der chinesischen Kultur gründete er nach dem Vorbild der besiegten Nation eine Dynastie, die *Yüan-Dynastie*. Auch die Hauptstadt wechselte er: Kublai Khan zog nach Peking. Dies wäre vom europäischen Standpunkt aus undenkbar: oder wäre es denkbar, daß die englischen Könige von London beispielsweise nach Neu Delhi oder Singapur umgezogen wären, als diese Städte noch zu ihrem Empire gehörten?

Yüan wollte damit gleichzeitig der Welt kundtun, daß für das mongolische Weltreich China nunmehr das Zentrum, den wichtigsten Teil darstellte. Das Gebiet Kublai Khans umfaßte jetzt das Territorium vom Gelben Meer bis zum Schwarzen Meer, von der nördlichen Mongolei bis Tongkin im Südosten und zum Persischen Golf im Südwesten. Dies war das größte Reich in der chinesischen Geschichte. Obwohl Kublai Khan ein Mongole war, wurde er von den Chinesen alsbald als einer der ihren akzeptiert, denn Kublai Khan integrierte und assimilierte sich vollständig. Er übernahm für sich und den Hof chinesische Sitten, Gebräuche und Gewohnheiten. Außerdem wurde er sogar ein Mäzen der chinesischen Literatur und Kunst und respektierte die chinesischen Verhaltensweisen.

Auf dem Gipfel seiner Macht forderte der Mongolenkaiser auch von den Japanern, ihn als höchsten Souverän anzuerkennen. Aber Nippons Söhne weigerten sich. 1274 wurde die Mongolenflotte, die als Strafexpedition in Richtung Japan entsandt worden war, von den Japanern bei Tsushima vernichtend geschlagen. L'histoire se répète, die Geschichte wiederholt sich, sagt ein französisches Sprichwort: derselbe Ort erlangte noch einmal Berühmtheit, denn Anfang des 20. Jahrhunderts wurde hier die Flotte des russischen Zaren von Japanern vernichtet. Ein Ereignis, das vor allem für das erwachende Nationalbewußtsein der asiatischen Völker, auch der Chinesen, von nicht zu unterschätzender Bedeutung war.

Yüan Shi-chou oder Kublai Khan war nachtragend: 1281 schickte er erneut eine noch größere Flotte, um die widerspenstigen Japaner endlich zu zähmen und in die Knie zu zwingen. Eine multinationale Besatzung von 100000 Mann (Mongolen, Chinesen und Koreaner) wurde in See geschickt. Aber auch diesmal wurde Kublai Khan vom Pech verfolgt, denn die gesamte Flotte wurde durch einen Sturm verwüstet, und nach der Legende sollen nur drei Mann die Katastrophe überlebt haben.

Nach dem Sturz der Sung-Dynastie flohen die ersten Chinesen in die südlichen Inselgebiete Asiens: damals begann die Emigration von Chinesen nach Südostasien.

Die Nachfolger Kublai Khans waren nicht von seinem Format. Unter ihnen wuchs die Unzufriedenheit der Chinesen, und es kam immer öfter zu Aufständen gegen die Fremdherrschaft.

Der chinesische buddhistische Mönch, *Chu Yüan-chang*, führte die Rebellion an, die zum Sieg über die Mongolen führte. 1367 floh *Tohan Temur*, der letzte Mongolenkaiser, von Peking ins mongolische Dolonor. Nach 88 Jahren Mongolenherrschaft war China wieder rein chinesisch.

Trotzdem hatte das mongolische Weltreich erheblich zur Erweiterung der internationalen Kontakte Chinas mit der Außenwelt beigetragen: Chinesen waren im Ausland als Experten tätig (heute würde man dies Entwicklungshilfe nennen), so waren am Tigris chinesische Werkzeugbauer am Werk und im persischen Täbriz waren Astrologen aus dem fernen Land begehrte Ratgeber.

Bei den Mongolen selber waren viele ausländische Experten und Berater tätig, so beschäftigte Kublai Khan nicht nur einen Pariser Goldschmied als Juwelier, sondern er hatte (wie später Chinas Kommunisten und die Kuomintang) einen deutschen Militärberater. Araber und Perser bedienten die Sternwarte des Kaisers.

Der berühmteste Mitarbeiter Kublais war jedoch zweifellos *Marco Polo*, der zum Vertrauten und Hofschreiber des Kaisers aufstieg und als erster Europäer detaillierte Berichte über China lieferte. In Europa selber fand der Kaufmann aus Venedig jedoch zunächst wenig Glauben, man hielt ihn für einen Scharlatan oder Hochstapler.

Ferner erschien im Jahre 1292 in Peking der erste römisch-katholische Missionar in China, *Johannes Montecorvino*, ein Abgesandter des Papstes *Clemens V*. Kublai Khan, der in religiösen Angelegenheiten sehr tolerant war, soll nach einem Bericht *Marco Polos* den Papst gebeten haben, 100 Missionare nach China zu schicken. Auch der Islam begann sich in jener Zeit in China auszubreiten, während der Lamaismus, eine tibetische Variante des Buddhismus, seinen Einfluß in China gleichzeitig ausdehnte.

Nach den Mongolen kam wieder eine echte chinesische Dynastie namens *Ming* (1368–1644). Der erste Kaiser dieser Periode war Chu Yuan-chang oder *Ming Tai Tsu*, gelegentlich nannte er sich auch Hung Wu. Zunächst hatte er alle Hände voll zu tun, denn seine Regierung wurde von manchen Provinzen und Regionen nicht anerkannt, ein Problem, das ein so großes Reich wohl immer mit sich schleppen muß. (Bis heute ist beispielsweise die Europäische Gemeinschaft voller Zank und Streit). Gleichzeitig versuchten die geschlagenen Mongolen mehrmals nach China zurückzukehren. Es ist kein Zufall, daß die heutige Mongolische Volksrepublik einer der treuesten Satelliten Moskaus ist, denn Mongolen und Chinesen sind seit jener Zeit verfeindet, bis heute. Der erste Ming-Kaiser war jedoch ein erfolgreicher Staatsmann und Feldherr. Er vereinigte nicht nur die zerstrittenen Gebiete des Reiches, sondern auch Burma und Korea erkannten ihn als Staatsoberhaupt an.

In der Ming-Periode griffen auch die Japaner China oft an. Alle Versuche, in China einzudringen, mißlangen jedoch.

Der bedeutendste Kaiser der Ming-Dynastie war zweifellos *Yung Lo* (1403–1422), der nicht nur im Jahre 1419 die Japaner besiegte, Tongkin und Annam für China eroberte, sondern 1422 auch die Mongolei zu einem Vasallen Chinas machte.

Yung Lo entsandte im Jahre 1405 eine Flotte in die südlichen Seen unter Führung des erfolgreichen Admirals und Eunuchen *Tscheng-ho*. Der Erfolg einer weiteren Expedition dieser Flotte 1430 hatte zur Folge, daß die Liu Kiu-Inseln, Bengalen, Burma, Malakka, Borneo, Sumatra und Java an den Kaiser von China Geschenke schickten. Als ein König Ceylons den chinesischen Admiral gefangen nehmen wollte, nahm stattdessen Tscheng-ho das ceylonesische Staatsoberhaupt samt Familie mit nach China, wo er als Gefangener leben mußte.

Kaiser *Shen Tsung* (1573–1620) förderte die Entwicklung des chinesischen Porzellans – im englischen heißt »China« nicht nur China, sondern auch »Porzellan«, so eng verbunden sind in der Tat beide Begriffe.

Während der Ming-Dynastie begann sich auch das Christentum in China zu auszubreiten. Obwohl die Christen bis heute nur eine zahlenmäßig kleine Minderheit bilden, ist ihr Einfluß nicht gering. Denn da die Missionare beider christlicher Konfessionen viel für das Bildungssystem getan haben, sind viele gebildete Chinesen Christen. Sowohl der Gründer der chinesischen Republik, *Dr. Sun Yat-sen*, als auch *Tschiang Kai-schek* waren beispielsweise Christen. Und ein berühmter General, *Feng yü-hsiang*, der in den 30er Jahren in China eine Schlüsselrolle spielte, bekannte sich auch zu diesem Glauben.

Sogar eine chinesische Kaiserin wurde von einem deutschen Geistlichen, *Koffler*, getauft, sie nannte sich daraufhin »Kaiserin Helena«. Helena wiederum war stolz darauf, wie sie in einem Brief an den Papst berichtete, daß sie persönlich zwei weitere Kaiserinnen zum Christentum bekehrt hat. Dieses einzigartige Dokument befindet sich heute noch im Archiv des Vatikans.

Im Jahre 1644 wurde die letzte Dynastie gegründet, die Tsching- oder auch *Mandschu-Dynastie*. Sie dauerte bis 1911, als Dr. Sun Yat-sen und seine Anhänger am 10. Oktober jenes Jahres China von der Fremdherrschaft der Mandschus befreiten.

Die Mandschus, ebenfalls ein nördlicher Volksstamm, konnten 1644 den Thron in Peking erobern, auch wenn ihr erster Kaiser, *Sun-chih*, sehr unter Aufständen aus dem Süden Chinas zu leiden hatte. Ähnlich wie die Mongolen zogen die Mandschus in Peking ein. Gerne wollten sie Chinesen werden, da sie die chinesische Kultur, Kunst und Literatur schätzten. Jedoch gelang ihnen die Sinisierung nie vollständig und bis zu ihrem Sturz im 20. Jahrhundert empfanden die meisten Chinesen sie als Ausländer.

Einer der entschiedensten Gegner der Mandschus war der bereits erwähnte *Koxinga* oder *Cheng Cheng-kung*, der auf Taiwan die Holländer verjagte. Im Jahre 1647 gelang es ihm, die südchinesische Provinz Fukien zu erobern und die Stadt Nanking (»Südliche Hauptstadt«) monatelang zu belagern.

Der größte Mandschu-Kaiser war *Kang Hsi*. Er zwang die Chinesen, als Zeichen der Unterwerfung, den berühmten Zopf zu tragen, den die patriotisch gesinnten Chinesen deshalb nach der Revolution von 1911 sofort abschnitten. Trotz dieses Verlangens nach Unterwerfung erwarb sich Kang Hsi große Verdienste um die Entwicklung der chinesischen Kultur. Der Kaiser beherrschte und liebte die chinesische Sprache so vollkommen wie kaum ein »echter« gebürtiger Chinese. In seiner Periode wurde deshalb das große, nach ihm benannte chinesische Wörterbuch geschaffen, das 40 000 Schriftzeichen enthält. Für den täglichen Gebrauch genügt die Kenntnis von etwa 2000 Zeichen. Auch hat Kang Hsi veranlaßt, daß eine riesige Enzyklopädie, die 1628 Bände (!) umfaßte, herausgegeben wurde.

Streng genommen haben die Mandschus deshalb, vor allem wenn man ihre Eroberung Chinas vom kulturellen Standpunkt aus betrachtet, nicht China zur Mandschurei gebracht, sondern umgekehrt, die Mandschurei kam zu China. Heute bekennen sich 90 Prozent der Bewohner der Mandschurei zur chinesischen Volkszugehörigkeit, auch eine Spätfolge der Liebe der Mandschu-Herrscher für alles Chinesische.

Anfang des 17. Jahrhunderts kam es zu ersten Auseinandersetzungen zwischen dem zaristischen Rußland und dem kaiserlichen China. Wie wir wissen, ist dieser Streit bis heute zwischen dem kommunistischen Rußland und dem maoistischen China fortgesetzt worden und hat einen neuen Höhepunkt erreicht.

Die Romanoffs, die im 17. Jahrhundert in Petersburg den Thron bestiegen, dehnten ihr Gebiet in Asien aus, so daß Rußland ein Nachbar Chinas wurde. Alsbald kam es, wie es kommen mußte: Der habgierige Zar wollte weiter Richtung China vordringen. Dieser Streit wurde 1689 im Vertrag von Nertschinsk friedlich beigelegt: dies war der erste Vertrag Chinas mit einem westlichen Staat.

Im Jahre 1719 kam der erste russische Gesandte nach Peking, *Ismailoff. Peter der Große* ließ durch ihn einen sehr schmeichelhaften Brief an Kaiser Kang Hsi überreichen. Holländer und Engländer schickten ebenfalls Vertreter nach China. 1715 gründeten die Briten eine Niederlassung ihrer Ostindischen Kompanie in Kanton. 1727 kam es zum Vertrag von Kjachta mit Rußland, in dem die Herstellung offizieller Beziehungen geregelt wurde.

Noch einmal erlebte die Mandschu-Dynastie einen gewissen Höhepunkt, als ein Enkel des großen Kang Hsi, *Chien Lung* (1735–1795), den Drachenthron bestieg. Als erfolgreicher Feldherr besiegte er Nachbarstaaten und eroberte Gebiete wie Ili, Turkestan, Burma, Nepal und Annam. Als die chinesisch-mandschurische Armee auf dem Himalaya stand, konnte der Kaiser dies als den buchstäblichen Höhepunkt seiner Karriere betrachten. Chien Lung war nicht nur wie Kang Hsi ein Bewunderer der chinesischen Kultur, sondern er ist selber kreativ als Dichter berühmt geworden. Nicht weniger als 34 000 Gedichte soll der Kaiser geschrieben haben.

Als Chien Lung 1796 zugunsten seines Sohnes zurücktrat, begannen die geheimen Organisationen, die gegen die Mandschu-Herrschaft kämpften, sich erneut zu regen. In jenem Jahr organisierte die Gesellschaft der Weißen Lilie (Pei Lien Chiao) einen Aufstand. Bemerkenswert war, daß unter den Führern dieser Rebellion auch eine Frau dabei war, die Witwe *Chi Wangshih*. Die Anhänger der Weißen Lilie stießen nach Wuchang vor, dem Ort, an dem 1911 Sun Yat-sens Revolution begann.

Im Jahre 1811 war über China ein Komet zu sehen. Die Chinesen, seit jeher etwas zum Aberglauben neigend, meinten, dies sei das Zeichen für das Ende der Mandschus. Da die Chinesen zugleich Pragmatiker sind, meinten sie, solchen Zeichen müsse man durch aktives Handeln etwas nachhelfen. Die Führer der Geheimorganisation »Tien Li« schafften es, mit 100 Anhängern in die Verbotene Stadt in Peking, die Residenz des Kaisers, einzudringen. Jedoch wurden sie von einigen Mandschu-Prinzen zu früh entdeckt, und der Putschversuch wurde im Keim erstickt.

1820 starb Kaiser *Gia King:* er wurde in Jehol vom Blitz getroffen. Er ist der einzige Kaiser in der Weltgeschichte, der eines solchen merkwürdigen Todes starb. Auch dies deuteten die Chinesen als Omen für das Ende der Fremdherrschaft an.

Sein Nachfolger, Kaiser *Tao Kwang* (1820–1850) wurde seines Lebens nicht mehr froh. Unter ihm fand der erste Krieg Chinas mit einer westlichen Macht, nämlich mit England statt. Dabei handelte es sich um den sogenannten Opium-Krieg (1840–1842). England hatte begonnen, größere Mengen dieser Droge nach China zu bringen, um nicht nur Gewinne materieller Art zu erzielen, sondern offensichtlich auch mit dem Nebengedanken, mit Hilfe des Rauschgifts die Moral und die Widerstandskraft der Chinesen zu untergraben. Deswegen hat *William E. Gladstone*, Englands »grand old man«, später selber geäußert: »Ich fürchte Gottes Urteil über England für unser nationales Verbrechen gegenüber China«.

China selber erlebte in und nach diesem Krieg wohl die schwersten Stunden der Demütigung und Niederlage: nicht nur gelang es den Chinesen nicht, das Übel des Opiums auszurotten, vielmehr mußten an die Engländer 21 Millionen Dollar »Schadenersatz« gezahlt werden. Weitaus schwerwiegender war aber die Bedingung, Hongkong den Engländern zu übergeben und die Häfen von Kanton, Amoy, Futschou, Ningpo und Schanghai für den ausländischen Handel zu öffnen, einschließlich des Handels mit Opium. Lediglich die Vereinigten Staaten verpflichteten sich bei dem Vertrag von Peking im Jahre 1880, kein Opium nach China zu exportieren.

Im Friedensvertrag von Nanking aus dem Jahre 1842, der den Opiumkrieg beendete, wurde noch ergänzend festgelegt, daß China lediglich Einfuhrzölle in Höhe von 5 Prozent erheben durfte. Sogar Portugal nutzte die Schwäche Chinas aus: es erklärte 1849 Macao zu seinem Freihafen und 1887 zu seiner Kolonie.

Es ist deshalb kein Zufall, daß um das Jahr 1850 der Tai Ping-

Aufstand begann, denn es hatte sich gezeigt, daß die Mandschus nicht nur China besetzt hielten, sondern zusätzlich auch nicht in der Lage waren, das Gesicht Chinas zu wahren. Im Gegenteil, sie waren verantwortlich für die lange Serie von Niederlagen und Demütigungen durch die europäischen und japanischen Großmächte. Der Führer dieses Tai Ping-Aufstandes war *Hung Hsiu-Chuan*, 1813 in der Nähe von Kanton geboren und wie Sun Yatsen auch stark christlich beeinflußt.

Das Ziel des Aufstandes war nicht nur die Vertreibung der Mandschus, sondern auch die Errichtung einer christlich-sozialen neuen Gesellschaft mit dem Namen »Tai Ping tien-kuo« oder »Das Himmlische Reich des Friedens«. Deshalb schlossen sich viele Frauen den Tai Ping-Anhängern an, denn die Gleichberechtigung und Befreiung der Frau stand ebenfalls auf den Fahnen der neuen revolutionären Bewegung.

Die Frauen bewiesen bei den Tai Ping, daß sie ihren »Mann« standen. Zu den wichtigsten Prinzipien der Mitglieder des Bundes gehörte das strikte Opium-Verbot, ein Indiz dafür, daß die Geheimbündler die Lehren aus dem Opium-Krieg gezogen hatten.

Vom Süden her zogen die Aufständischen in Richtung Norden, auch dies ein typischer Verlauf in der Geschichte Chinas. Ob eines Tages vom Süden her ein Aufstand gegen das kommunistische Regime beginnt?

1851 gelang es der Tai Ping-Bewegung einen strategischen Punkt in Nord-Kwanghsi zu erobern, 1853 hatten sie bereits sechs Provinzen mit rund 100 Millionen Menschen unter Kontrolle. Bis 1864 hatten sie sogar eine Art Regierung in Nanking etablieren können. Nur mit Hilfe von ausländischen Militärberatern, darunter auch einem Engländer, dem Obersten *Gordon*, konnten die Mandschus nach 14 Jahren der Aufstände wieder Herr der Lage werden.

Einer der eifrigsten Anhänger der Tai Pings war ein Onkel Sun Yat-sens. Mehr als einmal brachte er gegenüber seinem Neffen den Wunsch zum Ausdruck, Sun Yat-sen möge das Werk der Tai-Ping fortsetzen und vollenden.

Der Mandschu-Kaiser *Tung Chih* (1861–1875) begann unter dem Eindruck der schmachvollen Niederlagen einzusehen, daß es so nicht weiter gehen könne. Vorsichtig wurden deshalb erste Reformen in die Wege geleitet. Die Armee wurde nach westlichen Vorbildern reformiert, das alte Examenssystem wurde modernisiert. Erste chinesische Studenten wurden ins Ausland, vor allem in die USA, zum Studium geschickt.

Aber der Niedergang der Mandschus war nicht mehr aufzuhalten, die Reformen kamen zu spät. Eine Niederlage nach der anderen mußte Peking einstecken, auch die Japaner wurden immer dreister und ungezügelter. 1876 schickte die Mandschu-Regierung den ersten Gesandten nach London. In jenem Jahr wurde die erste Eisenbahnlinie von Schanghai nach Wusung gebaut, sie mußte kurz darauf wieder stillgelegt werden, weil die abergläubische Bevölkerung eine Art »Bürgerinitiative« gegen die »teuflische Erfindung« gründete.

Ein wichtiger Meilenstein in der Unterwerfung Chinas durch die stärkeren westlichen und japanischen Mächte war der Vertrag von Shimonoseki aus dem Jahre 1895: Korea, Taiwan, Liautung und die Pescadoren mußten an Japan übergeben werden. Durch die Intervention von Rußland, Frankreich und Deutschland mußte Japan Liautung vorläufig an China zurückgeben.

Nach Shimonoseki wurde China wie eine reife Melone in Stücke geteilt: 1898 forderte und erhielt das kaiserliche Deutschland Kiaotschiao für 99 Jahre in Pacht. Drei Wochen später forderte Rußland ein Stück von Liautung, dessen Rückgabe an China es gerade gefordert hatte (also nicht etwa aus altruistischen Motiven heraus!), Frankreich war mit Kuangtschowan zufrieden.

Sun Yat-sen bezeichnete China dann auch als »Hyperkolonie«. Er hatte bereits 1895 eine Revolution gegen die Mandschus versucht, die jedoch mißlang. Er floh ins Ausland. Nicht nur in

Japan, sondern auch auf Hawai, in Amerika und in Europa reiste der rastlose Revolutionär umher, um Anhänger, Geld und moralische Unterstützung unter den Auslandschinesen, aber auch unter Ausländern, für sein Anliegen, die Befreiung und Erneuerung Chinas, zu finden. Und er fand sie in reichlichem Maße.

Bekannt wurde auch der chinesische Boxer-Aufstand im Jahre 1900: diese verzweifelte Bewegung hatte sich zum Ziel gesetzt, alle Ausländer zu ermorden. Sie glaubte, dadurch könne man alle Probleme Chinas hinsichtlich der ausländischen Unterdrückung lösen. Naturgemäß mußte dieser Versuch scheitern, auch wenn der Mut der schlecht bewaffneten »Boxer« von bewundernswerter Opferbereitschaft zeugte.

Zu den Opfern der Boxer gehörte auch der deutsche Gesandte *von Ketteler*, der allerdings durch einen regulären chinesischen Soldaten während des Aufstandes erschossen wurde. Auch zahlreiche andere Ausländer wurden von den Aufständischen umgebracht. Im Jahre 1901 mußte die Mandschu-Regierung einen Friedensvertrag mit zahlreichen Staaten im Zusammenhang mit dem Boxer-Aufstand unterzeichnen. Dieses sogenannte Boxer-Protokoll räumte zahlreichen ausländischen Staaten das Recht ein, in Peking und Umgebung eigene Truppen zu stationieren. Vor allem Japan mißbrauchte dieses Recht exzessiv.

China mußte sodann 450 Millionen Tael (chinesische Währungsbezeichnung) »Schadenersatz« zahlen. Für den getöteten deutschen Diplomaten mußte gar ein Gedenkstein aufgestellt werden. Ironie der Geschichte: nach dem Ende des ersten Weltkrieges wurde der Gedenkstein durch einen anderen ersetzt, auf dem neuen wurde daran erinnert, daß China in jenem Krieg an der Seite der Alliierten Deutschland »besiegt« habe ...

Der japanisch-russische Krieg 1904–1905, bei dem die Japaner eine große europäische Macht besiegten, hatte neben den anderen genannten Faktoren (Schwächung und Demütigung Chinas durch das gesamte Ausland, chaotische innenpolitische Zustände) das revolutionäre Selbstbewußtsein der Chinesen ungemein gestärkt. Wenn ein so kleines Volk wie das japanische eine so mächtige europäische Macht besiegen kann, warum nicht auch das chinesische?, dachten viele Intellektuelle. Kein Wunder, daß *Dr. Sun Yat-sen* und auch sein späterer Nachfolger *Tschiang Kai-schek* sich lange und oft in Japan aufhielten und sich mit japanischen Intellektuellen befaßten. Vor allem *Mitsuru Toyama,* der Leiter der japanischen »Gesellschaft des Schwarzen Drachens«, beeinflußte die Ideenwelt Suns beträchtlich.

Am 10. 10. (deshalb bis heute »Doppelzehnte« genannt) 1911, brach der Aufstand – eigentlich verfrüht – in Wuchang gegen die Mandschu-Dynastie aus. Der letzte Kaiser *Pu-yi* (1908–1912 auf dem Thron) zählte seine letzten Stunden und Tage. Die Ära der Republik China hat an jenem Tage begonnen.

Bevor wir das China der Republik weiter behandeln, noch einige wenige Worte zu jenem Kaiser Pu-yi, denn sein Lebenslauf ist mit dem Schicksal Chinas doch sehr eng verbunden gewesen, wenn auch äußerst negativ. Denn die Japaner haben später Pu-yi zu einem äußerst umstrittenen und devoten Staatschef des Marionettenstaates Mandschukuo gemacht. Als Verräter des chinesischen Volkes wurde Pu-yi nach dem Zweiten Weltkrieg von den kommunistischen Armeen Mao Tse-tungs aus den Händen der Sowjetarmee gefangengenommen. Pu-yi, der mit der Todesstrafe gerechnet hatte, wurde dann von den Kommunisten sehr großzügig behandelt und »umerzogen«. Und siehe da: aus dem Kaiser und ehemaligen Kollaborateur Japans wurde plötzlich ein glühender Anhänger des kommunistischen Regimes, wie er selber in seinen Memoiren »Ich war Kaiser von China« schrieb. Er biederte sich derart beim neuen Pekinger Regime an, daß Pu-yi begnadigt wurde, eine Krankenschwester heiratete und als »Historiker« über seine eigenen Verbrechen berichten durfte. Erinnert das nicht an Opportunisten ähnlicher Art in Deutschland und anderswo? Pu-yi ist ein Beispiel, wie rückgratlos Politiker sein können, wenn es darum geht, nicht die Interessen des Volkes, sondern nur die eigenen wahrzunehmen.

Der Aufstand von Wuchang am 10. Oktober 1911 breitete sich sehr schnell aus. Schon am 1. Januar 1912 wurde Sun Yat-sen zum ersten Präsidenten der Republik China in Nanking gewählt. Am 12. Februar trat die Mandschu-Regierung offiziell zurück, nachdem sie 264 Jahre in China geherrscht hatte.

Die alte kaiserliche Drachenfahne wurde ersetzt durch die der fünffarbigen der Republik. Jede Farbe symbolisiert eine der fünf größten Gruppen der chinesischen Nation: *Chinesen, Mandschus, Mongolen, Tibeter* und *Turkestaner*.

Die neue Republik löste sowohl im Inland als auch unter den Millionen Auslandschinesen in aller Welt größte Begeisterung aus. Und vor allem die »Drei Prinzipien des Volkes«, San Min-Chu yi, von Sun Yat-sen entwickelt, haben bis zum heutigen Tage als politisches Glaubensbekenntnis des gesamten chinesischen Volkes eine immense Bedeutung.

Diese drei Prinzipien sind: *Nationalismus, Demokratie* und *Volkswohlfahrt*. Sie stellen eine gelungene Mischung chinesischer Philosophie mit westlichen Ideen dar, die genau den Erfordernissen eines modernen China entsprechen. Deswegen sind sie Staatsdoktrin der Republik China seit ihrem Bestehen bis zum heutigen Tag.

Die Kommunisten beanspruchen heute auf ihre Weise die Ideen Sun Yat-sens, sie behaupten, diese Ideen seien »revolutionär« und sozusagen Vorläufer der kommunistischen Revolution gewesen. Es war ein geschickter Schachzug *Maos*, die Witwe Sun Yat-sens, Madame *Soong Ching-ling*, zur stellvertretenden Präsidentin der Volksrepublik zu machen. Zwar hatte die Witwe Suns nie großen Einfluß ausgeübt im kommunistischen Peking, aber alleine ihr Name war für die kommunistische Propaganda, vor allem gegenüber den Auslandschinesen, buchstäblich Gold wert. Denn dieser Name bewirkte, daß viele Chinesen im Ausland Vertrauen zur Pekinger Führung gewannen, Hunderte von Millionen US-Dollar nach China überwiesen, um dort Investitionen zu leisten, oder Verwandte zu unterstützen. Kurz vor ihrem

Tode vor einigen Jahren hat Frau Soong deshalb in einem Schreiben an führende Kommunisten in Peking ihre Enttäuschung über die Entwicklung in der Volksrepublik zum Ausdruck gebracht. Eine Kopie dieses vertraulichen Briefes ist nach Taiwan gelangt. Nebenbei bemerkt: Tschiang Kai-schek heiratete eine Schwester von Frau Soong ching-ling, nämlich *Soong Mei-ling*, aus einer der angesehensten Familien Chinas, der Soong (Sung) Familie, so daß die Spitze der VR China mit Tschiang-Kai-schek im wahrsten Sinne des Wortes verwandt ist.

Aber kaum kam Sun Yat-sen an die Spitze Chinas, da brachen interne Intrigen aus. Vorübergehend wurde *Yüan shih-kai* Chinas Präsident. Dieser wollte in Wirklichkeit Kaiser werden und eine neue Dynastie gründen. 1913 mußte Sun Yat-sen deshalb eine zweite Revolution gegen die monarchistischen Bestrebungen durchführen.

Als im Ersten Weltkrieg Deutschland in Bedrängnis geriet, nutzte Japan die Gelegenheit, um das deutsche Pachtgebiet Kiaotschau zu annektieren. Nach der Eroberung Kiaotschaus stellte Japan 1915 seine berüchtigt gewordenen »21 Forderungen« an China. Damit das eingedöste China auch begriff, was Japan genau wollte, wurden die Forderungen übersichtlich in fünf Gruppen katalogisiert: die erste betraf die Provinz Schantung. Dort wollte Japan noch mehr Rechte und Einfluß bekommen, als Tokio bereits besaß. Die zweite Gruppe betraf die Mandschurei und die Mongolei, auch hier mußte Japans Fuß weiter eingedrückt werden, die dritte Gruppe betraf Japans Gier nach Chinas Rohstoffen, die vierte besagte, daß China sich verpflichten mußte, kein Stück seines Territoriums an einen ausländischen Staat (Ausnahme: Japan!) abgeben durfte, und last but not least: China sollte Japaner als »Berater« in der Politik, der Wirtschaft und der Armee einstellen.

Diese 21 Forderungen haben in China und unter den Auslandschinesen heftige Empörung und Reaktionen ausgelöst. Unter anderem wurde ein Boykott japanischer Waren in der ganzen

Welt gefordert und teilweise auch praktiziert.

Im Jahre 1917 erklärte China Deutschland den Krieg. Der einzige Beitrag des Landes im Ersten Weltkrieg beschränkte sich auf die Entsendung von 175 000 Arbeitern, die in Frankreich für die dortige Industrie arbeiteten.

Sun Yat-sen, der 1925 starb, hatte als eines seiner wichtigsten politischen Ziele die Annullierung aller ungleicher Verträge gefordert, die China von den stärkeren ausländischen Staaten aufgezwungen worden waren. Als erster Staat schloß die Sowjetunion 1924 einen Vertrag, in dem Moskau auf alle exterritorialen Rechte (und dies war einer der wichtigsten Punkte in allen diesen ungleichen Verträgen) verzichtete. Dies geschah natürlich nicht aus reiner Liebe, sondern war ein geschickter Schachzug der Sowjets, den wachsenden Einfluß der Kommunisten in China durch diese Konzession zu unterstützen. Und in der Tat, zu jener Zeit wurde der Sowjet-Gesandte in Peking, *Karakhan*, eine der beliebtesten Personen, vor allem unter den jungen Intellektuellen. Moskau hatte schon seit Jahren gute Kontakte zu Sun Yat-sen gesucht und teilweise auch erreicht. Der Propagandist *Joffe* und der Sowjet-Gesandte *Borodin* hatten zeitweise solche Verbindungen zur Nationalregierung aufgenommen, Militärberater aus Moskau unterstützten die Nationalpartei Kuomintang, die 1919 gegründet wurde. Trotzdem war Sun Yat-sen niemals ein Kommunist, auch wenn gewisse sozialistische Gedanken bei ihm durchaus auf Sympathie und Verständnis stießen.

Zum Nachfolger Suns, der 1925 starb, wurde Tschiang Kai-schek berufen, mit dem Sun viele Jahre befreundet war und dessen ungewöhnliche Fähigkeiten der Gründer der Republik frühzeitig erkannte. Bis zu seinem Tode (1975) hat Tschiang, zuletzt auf der Insel Taiwan, 50 Jahre lang das chinesische Volk in guten und schweren Zeiten geführt. Ihm gebührt ein großer Respekt für seine Leistungen für China, trotz aller Mängel und Fehler, die die Kuomintang-Regierung in den schwierigen Jahren bis 1949 gemacht hat. Teilweise waren sie durch die turbulenten

Ereignisse jener Jahre kaum zu vermeiden.

Vor allem durch den siegreichen Nordfeldzug (1926) bewies Tschiang seine Fähigkeiten, als er erfolgreich gegen aufständische Militärs in den nördlichen Provinzen vorging.

Im April 1927 bildete Tschiang mit dem rechten Flügel der Kuomintang die neue Nationalregierung in Nanking. Schon zu dieser Zeit lehnten die Kommunisten jegliche Zusammenarbeit ab, vielmehr versuchten sie im Dezember jenes Jahres in Kanton einen Aufstand zu inszenieren, der kurz darauf niedergeschlagen wurde. Damit war auch die Zusammenarbeit der Kuomintang mit den Sowjets beendet, Borodin reiste nach Moskau ab.

Nach zahlreichen kleineren Zwischenfällen zwischen Japan und China besetzten die Japaner am 18. September 1931 um 11 Uhr nachts Mukden, die Hauptstadt der Mandschurei. Damit begann der »inoffizielle« Krieg zwischen Japan und China. Die gesamte Mandschurei war innerhalb weniger Monate annektiert. Zum Schein wurde der angeblich unabhängige Staat Mandschukuo 1932 ins Leben gerufen, »Staatschef« *Pu Yi* wurde 1934 gar zum »Kaiser« des japanischen Marionettenstaates ernannt.

Am 7. Juli 1937 kam es zum Vorfall auf der Marco-Polo-Brücke (Lu kou-chiao) bei Peking, angeblich wurden Japaner von Chinesen beschossen. Dies löste den großen Krieg zwischen beiden Ländern aus. Hierüber später mehr.

Die Republik China pflegt das kulturelle Erbe

Als ich im Oktober 1981 zum ersten Mal durch die Straßen Taipehs schlenderte, wußte ich sofort: dies ist China. Denn ich fühlte mich sofort zu Hause, so als wäre ich wieder im Chinesenviertel Jakartas, in Singapur oder Hongkong. Ein Gefühl, das in mir große Freude auslöste, denn als ich vor vielen Jahren zwei Mal im kommunistischen China war, erlebte ich eine ganz und gar unchinesische Atmosphäre: nämlich marxistisch-leninistische Slogans und Sprüche verunzierten Straßen und Plätze, der gesamte Lebensstil war verkrampft maoistisch-dogmatisch ausgerichtet. Niemand traute dem anderen, jeder hatte zwei Gesichter, das parteiamtliche und unter vier Augen das Private. Ganz abgesehen von der bitteren Armut, die den ganzen Mao-Rummel noch unerträglicher machte.

In der Zwei-Millionen-Stadt Taipeh hingegen ist der chinesische Alltag da: bunt und fröhlich, heiter und gelassen die Bewohner der Stadt. Autos und Motorräder bezeugen mit ihrem umweltfeindlichen Gestank, daß der Wohlstand Allgemeingut im freien China geworden ist. Aber vor allem: die chinesische Kultur, Kunst, Literatur, Malerei, Kalligraphie haben hier eine echte Zuflucht gefunden, nachdem im kommunistischen China, wie noch später im einzelnen dargelegt wird, kaum noch Platz ist für Chinas ruhmreiche 5000jährige Kulturgeschichte. Stattdessen zerstörte eine fremde, sowjetische und später rotgardistische »Kulturpolitik« alles, was die Chinesen geschaffen haben und worauf sie mit Recht stolz sind.

Schon flüchtige Besuche in chinesischen Buchläden in Taipeh bestätigten: hier kann jeder die gesamte chinesische Literatur der letzten 3000 Jahre kaufen, ohne daß irgendeine staatliche Zensur- oder Parteikontrollbehörde überprüft, ob ein Werk von Konfuzius vielleicht mit dem letzten Beschluß des Kuomintang-Parteitags übereinstimmt.

In vielen Details spürte ich, der ich als im Ausland geborener Chinese hierfür einen besonders feinen Instinkt entwickelt habe, mit wieviel Liebe Regierung und Bevölkerung des freien China auf Taiwan das kulturelle Erbe, das ihnen die Vorfahren hinterlassen haben, hüten und pflegen wie den eigenen Augapfel. Sie betrachten es als eine patriotische Pflicht, wenigstens auf dem kleinen noch freien Territorium vor dem gigantischen Festland unter der kommunistischen Fremdherrschaft (und der Chinese als ausgesprochener Individualist verabscheut nichts mehr als die

Kollektivierung seiner Persönlichkeit und seines Geistes, und dazu noch von einer ihm völlig fremden Ideologie aus Moskau und Deutschland importiert, aufoktroyiert) all das zu bewahren, was in der VR China durch die Banden von Frau Mao (der »Viererbande«) bereits zerstört ist oder nur noch in verwahrlostem Zustand dem Verfall preisgegeben wird.

Wohl das nachhaltigste Erlebnis war deshalb für mich der Besuch im Nationalen Palast-Museum in Taipeh. Hier muß das Herz eines jeden Chinesen höher schlagen, gleich, ob er inzwischen einen Paß der Bundesrepublik in der Tasche hat oder sonst ein anderes Dokument. Denn in diesem Museum, in einer herrlichen Landschaft inmitten von Hügeln und Wäldern gelegen, befinden sich die meisten und wertvollsten Schätze der 5000jährigen chinesischen Kultur überhaupt. Aber auch die vielen ausländischen Besucher, die wenigstens einen Teil der 620250 Exponate sehen (um alle zu sehen, bedarf es sicher einiger Monate), sind fassungslos angesichts dieser Pracht, die von der hohen Fertigkeit des chinesischen Volkes, seiner künstlerischen und handwerklicher Begabung zeugt. Es ist zwecklos zu versuchen, auch nur annähernd zu berichten, was es hier zu sehen gibt. Mit einem Wort: alles, was der menschliche Geist zu schaffen imstande ist, kann hier bewundert werden. Ob zierliche Bronzegefäße, vor 4000 Jahren hergestellt, Miniaturmalereien, die nur mit starken Vergrößerungsgläsern überhaupt sichtbar sind (und hierin sind die Chinesen unübertroffene Meister), Jade- und Elfenbeinschnitzereien, Porzellanvasen aus allen wichtigen Perioden der Geschichte, Lackwaren, Tausende von Gemälden und Zeichnungen, hier ist Chinas Kulturerbe komplett zusammengefaßt.

Aber nicht nur die Exponate des Museums sind Stück für Stück sehenswert, das Gebäude selber, die Vitrinen, die Erklärungen zu den ausgestellten Gegenständen, die sachkundigen Führungen durch zahlreiche, auch Fremdsprachen beherrschenden Mitarbeiter, lassen den Besuch dieses vollständigsten chinesischen Kulturmuseums der Welt für jeden zu einem echten Erlebnis werden.

Wer noch mehr von der chinesischen Kulturgeschichte sehen möchte, kann auch im Stadtzentrum von Taipeh Zeugnisse aus 4000 Jahren chinesischer Vergangenheit sehen: im Nationalen Museum für Geschichte. Viele der in diesem Museum ausgestellten Gegenstände sind bei Ausgrabungen, die in der ersten Hälfte des 20. Jahrhunderts auf dem Festland durchgeführt wurden, gefunden worden. Die meisten von ihnen waren im Honanschen Provinzialmuseum in Kaifeng, bevor sie 1956, sieben Jahre nach ihrer Sicherstellung auf Taiwan, in das neue Museum kamen. In der Zwischenzeit konnte die Einrichtung durch Spenden (vor allem von Exponaten) aus dem In- und Ausland erheblich ihren Bestand erweitern. Ein Unikum in diesem Museum ist wohl die vollständigste Sammlung chinesischer Münzen und Geldscheine.

Eines Abends besuchte ich in Taipeh den Lu-shan Tempel, der nicht weit von meinem Hotel lag. Chinesische Tempel, zumeist buddhistisch, sind natürlich mehr oder weniger gleich, ob sie auf Taiwan, auf der Insel Java, in China-Town von San Franzisko oder in Peking stehen. Aber was ich in Taipeh gesehen habe, beeindruckte mich doch ganz besonders. Es war ein ganz normaler Abend an einem Werktag. Trotzdem war der Tempel berstend voll. Die Gläubigen, alt und jung, Frauen und Männer, beteten andächtig, spendeten Geld für den Tempel, waren ehrfürchtig und dennoch selbstbewußt. Es waren keine Leute, die in Not waren, dazu waren alle zu gut gekleidet, wie dies heute auf Taiwan bei allen Schichten der Bevölkerung der Fall ist. Die Leute kamen in den Tempel, nicht um die Götter zu bitten, sie aus Elend und Not zu befreien, sondern offensichtlich, um sich für Wohlstand und Zufriedenheit zu bedanken, wie mir später ein gläubiger Buddhist sagte.

Im freien China sind Religionen – im Gegensatz zum atheistischen China – nicht nur nach der Verfassung frei, sondern dieses

Grundrecht wird auch uneingeschränkt verwirklicht, wovon ich mich überall überzeugen konnte. Da ich chinesisch verstehe, gab es für mich viele Gelegenheiten, mit dem einfachen Mann im Café oder auf der Straße, mit Taxichauffeuren oder Verkäuferinnen im Warenhaus zu sprechen. Und eines steht fest: niemand hat Angst, sich mit einem Ausländer – und ich war aufgrund meines Benehmens als solcher sofort zu erkennen –, frei und ungezwungen, auch kritisch zu unterhalten. Ein Verhalten, das im kommunistischen China nicht selten zu Verfolgung, ja Verhaftung führen kann.

Auf Taiwan werden heute die zahllosen Tempel, Schreine, Pagoden, Kirchen und Moscheen von der Regierung unterstützt, und von den betroffenen religiösen Gruppen unterhalten und gepflegt, das religiöse Leben spielt offenbar eine große Rolle im Leben des praktisch veranlagten Chinesen. Dabei ist bemerkenswert, wie friedlich die Religionen neben-, ja miteinander auf Taiwan leben. Toleranz auf diesem Sektor war eigentlich immer Bestandteil der chinesischen Weltanschauung, um so beschämender, daß eine sich chinesisch nennende Regierung in Peking die religiösen Empfindungen von einer Milliarde Chinesen mit Füßen tritt.

Wer also Interesse hat für chinesische Tempel, der möge nach Taiwan kommen: alleine das historische Städtchen Tainan hat hundert Tempel und wird die Stadt der Hundert Tempel genannt. Einige der Pagoden sind auch architektonische Leckerbissen besonderer Art. Tief beeindruckt war ich beispielsweise von den Drachen- und Tigerpagoden in der Hafenstdt Kaohsiung, inmitten eines herrlichen Sees gebaut. Denn die Chinesen lieben die Natur; Landschaften, Berge und Seen, Flüsse und Wälder haben auch immer wieder Maler, Dichter und Denker inspiriert. All dies wird auf Taiwan wie ein kostbarer Schatz gehütet und gehätschelt.

Die chinesische religiöse Toleranz kommt auch in dem paradox erscheinenden Detail zum Ausdruck, daß in vielen buddhistischen Tempeln taoistische Götter friedlich »dabeisein« dürfen. Allein in Taipeh trifft man an vielen Straßenecken einen Tempel: dort gibt es nämlich 76 taoistische und 69 buddhistische Gotteshäuser. Sie sind meistens gut besucht, und der Ahnenkult wird dabei häufig praktiziert: viele Gebete und Handlungen dienen der Verehrung der Vorfahren.

Interessant ist in diesem Zusammenhang, daß der Buddhismus, der aus Indien nach China kam, keine Göttinnen kannte. Dies empfanden die Chinesen irgendwie als Verstoß gegen das Yin- und Yang-Prinzip, es fehlte ein wichtiges Element ihrer harmonischen Weltanschauung. So »ergänzten« die Chinesen die männliche Götterwelt durch die Göttin der Gnade *Kuan-yin*, die heute in keinem Tempel und auf keinem Hausaltar der Chinesen fehlen darf. Auch in meinem Elternhaus in Jakarta gibt es auf dem Hausaltar eine freundlich blickende Göttin der Barmherzigkeit, zu der vor allem die Frauen und wir Kinder hoffnungsvoll hinaufblickten. Und *Matsu*, die Göttin des Meeres, war eine weitere Erweiterung der buddhistischen Männergötterwelt durch eine weibliche »Kollegin«. Nach der Legende wurde Matsu im Jahre 960 auf einer Insel vor der Provinz Fukien geboren. Das Mädchen war ein besonders braves Kind. Als sie 16 Jahre alt war, rettete sie zwei Brüder vom Ertrinken im stürmischen Meer, indem es ihr dank ihrer göttlichen Kräfte gelang, die Wogen zu glätten. Diese und ähnliche Legenden ranken sich um die taoistische Heilige, die im jungen Alter von 28 Jahren starb. Ihre Seele, so wußte die Legende zu berichten, stieg sofort zum Himmel hinauf. Heute wird die Göttin Matsu deshalb vor allem von den Fischern verehrt. Vor jedem Auslaufen zur See wird sie um Schutz gebeten, nach jeder Rückkehr dankt man ihr für die Erfüllung des Gebetes.

Die Chinesen sind an sich ein sehr fröhliches Volk; Feste und Feiern aller Art werden deshalb bei ihnen groß geschrieben. Welch ein Glück, daß wenigstens im freien Teil Chinas diese gute Tradition beibehalten wird.

Ein besonderes Ereignis ist für die Chinesen das Neujahrsfest. Da das Han-Volk einen Mondkalender hat, fällt dieses Fest, das besonders lange und ausgiebig gefeiert wird, in jedem Jahr auf einen anderen Tag des europäischen Kalenders. Tagelang vorher wird dieses Fest vorbereitet. Es werden Süßigkeiten und Naschereien gebacken und gekocht, lukullische Gerichte vorgekocht. Nach alter chinesischer Sitte bekommen alle neue Kleider, auch sollten alle Schulden vor dem Neujahr bezahlt sein.

Das Neujahrsfest wird jedoch nicht nur zu Hause bei üppigen Mahlzeiten gebührend gefeiert, sondern auf den Straßen geht es dann fast so bunt zu wie beim rheinischen Karneval. Trommelwirbel begleiten Drachen- und andere Tänze – der Drache gilt in China als Glücksbringer –, und abends ist ein ohrenbetäubendes, aber optisch herrliches Feuerwerk zu sehen, das ähnlich wie in Europa zu Silvester die bösen Geister vertreiben soll. Und zu Neujahr besuchen die Chinesen sich gegenseitig, die Häuser sind geschmückt mit roten »Transparenten«, auf denen mit goldgelber Farbe glückbringende Sprüche und Zeichen angebracht sind, denn rot und gold sind die traditionellen chinesischen Glücksfarben.

Ein weiteres, von Chinesen in aller Welt gefeiertes Ereignis ist das Drachenbootfest: Dabei rudern die Teilnehmer auf Booten in Drachenform. Sie suchen nach dem Leichnam eines berühmten Ministers aus der alten chinesischen Geschichte. Der im Jahre 229 vor Christus gestorbene *Chu Yüan* war ein unbestechlicher und ehrlicher Beamter des Königsreichs *Chu*. Aus Protest gegen die Korruption des Königs sprang er in einen Fluß in der heutigen Provinz Hunan und ist dabei ertrunken. Die Legende besagte, daß die Bevölkerung sofort in Boote sprang, um ihn zu retten. Als dies mißlang, warfen sie gekochten Reis in den Fluß, damit die Fische satt wurden und den Minister nicht auffraßen. Diese Erinnerung an einen ehrlichen Staatsdiener wird heute noch grandios begangen: dabei wird Reis in Bambusblätter eingewickelt und den Gästen serviert.

Mit dem Drachenbootfest, das in aller Regel am Ende des Frühlings oder Anfang des Sommers stattfindet, begrüßen die Chinesen gleichzeitig den Sommer und erhoffen sich vom Drachen, der Wasser und Regen beherrscht, daß er für genügend Regen für die Ernten sorgt. Auch dieses Fest ist mit vielen religiösen Aktivitäten verbunden, die in Taiwan völlig ungehindert nach alter Tradition ausgeübt werden.

Die Verehrung des Philosphen *Konfuzius* hat auf Taiwan staatlichen Segen erhalten. Der 28. September ist der Geburtstag des Weisen, er ist in China als »Tag des Lehrers« ein Feiertag. In zahlreichen Tempeln, die dem »Meister« Kung gewidmet sind, finden prachtvolle Zeremonien statt, in gelben und roten Gewändern gedenken Mönche des großen Lehrers der gesamten chinesischen Nation. Zu der traditionellen Ehrung für Konfuzius in Taipeh kommt regelmäßig der Innenminister der Republik China, ein Indiz für die hohe Verehrung des Philosophen, der vor 2500 Jahren lebte und noch heute fundamental das Denken und Handeln der Chinesen bestimmt.

Für mich als deutschen Journalisten aus dem chinesischen Kulturkreis war es besonders erfreulich festzustellen, daß auch die traditionelle chinesische Musik und Oper nach Taiwan hinübergerettet werden konnte. Die chinesische Oper (die bekannteste ist die sogenannte Peking-Oper) hat immerhin eine Tradition von fast 1000 Jahren. Sie wurde in der Zeit der *Sung-Dynastie* unter dem Kaiser *Chen Tsung* (997–1022) entwickelt und ist damit 600 Jahre älter als die europäische Oper, deren Beginn mit 1600 angegeben wird. Auf Taiwan gibt es seit dem Jahre 1966 eine »Kulturelle Renaissance Bewegung« zur Erhaltung der alten chinesischen Zivilisation. Ist es Zufall, daß auf dem Festland die »Kulturrevolution« gerade damals zu wüten begonnen hatte, um die gesamte 5000jährige Kultur Chinas durch die Platitüden der »Ideen Maos« zu ersetzen?

Mich hat die chinesische Oper seit jeher deshalb so fasziniert, weil sie auf äußerliche Details fast gänzlich verzichtet. Die Bühne ist denkbar schlicht, es gibt keine Dekoration, auch die Handlungen werden weitgehendst durch wenige Schauspieler ausgeführt. Dennoch, gerade dieses Beschränken auf das Wesentliche, verbunden mit viel Symbolik und einer perfekten Körperbeherrschung der Schauspieler (auch Frauenrollen werden von Männern gespielt), die in Akrobatik und Tanz in Vollendung zum Ausdruck kommt, dazu die einmalig eindrucksvolle Musik und der für europäische Ohren durchdringende Gesang haben die chinesische Oper auch im Ausland zu hohem Ansehen gebracht. Und in Taiwan sind alle Arten dieser Oper heute unverfälscht zu sehen und zu hören.

Beeindruckt war ich auch vom reichen kulturellen Leben der nichtchinesischen Minderheiten auf der Insel Taiwan. Dort leben noch rund 250 000 Angehörige von Stämmen, die eher der malayisch-thailändischen Rasse zugehörig sind. Ich besuchte den Stamm der Amis und erlebte einige Vorführungen ihrer von den Chinesen völlig unterschiedlichen Tänze. In dem Touristenort Hualien gibt es heutzutage für Touristen die Möglichkeit, die Zeugnisse dieser alten Stammeskultur zu sehen. Und wie mir berichtet wurde, ist die Regierung in Taipeh seit vielen Jahren erfolgreich dabei, die Integration, bei voller Achtung der Kultur, Sitten und Gebräuche dieser Minderheiten, zu fördern.

Waren die zehn verschiedenen nichtchinesischen Völker in der Zeit der japanischen Besetzung bis 1945 fast ausschließlich Analphabeten, so besuchen fast alle ihre Kinder heute die Schulen und die Universitäten des Landes. Die Ansagerin für das Kulturprogramm der Amis sprach perfekt Chinesisch und Englisch. Erstaunlicherweise erinnerte die Kleidung der Tänzer und Tänzerinnen stark an Indianer, vor allem durch das Tragen von Federn als Kopfschmuck. Man sagt ja, daß die Indianer in ferner Vergangenheit aus Asien nach Amerika ausgewandert sind. Vielleicht sind sie mit den Ureinwohnern Taiwans verwandt?

Der einzige Punkt, bei dem sowohl im kommunistischen als auch im freien China Übereinstimmung herrscht, ist die Pflege der Akupunktur, der alten chinesischen Medizin durch Nadelstiche. Neben dem Ausbau eines modernen Gesundheitswesens nach westlicher Medizin, und hier ist Taiwan führend in Ostasien, wird auch der Entwicklung und Erforschung der Akupunktur auf Taiwan große Bedeutung beigemessen. Ärzte aus aller Welt, auch aus der Bundesrepublik, kommen immer wieder nach Taiwan, um sich hier auf Seminaren ausbilden zu lassen. Bekanntlich wird diese wirkungsvolle, chemiefreie Methode der Heilung auch in Europa und Amerika immer beliebter, fast ist sie zu einer »Mode« geworden.

Alles in allem: die 5000 Jahre alte chinesische Kultur ist im freien China in besten Händen.

Die Zerstörung der chinesischen Kultur durch die KP Chinas

Zwei Mal besuchte ich die Volkrepublik China: 1962, in Begleitung meines Vaters, eines bekannten Zeitungsverlegers und Vorsitzenden der Gesellschaft für Indonesisch-Chinesische Freundschaft, eines glühenden Sympathisanten des maoistischen Regimes. Wie auch viele andere Auslandschinesen (siehe das entsprechende Kapitel) war mein Vater beileibe kein Kommunist, sondern ein chinesischer Nationalist und Patriot. Er war der geistige Führer der Chinesen in Indonesien, die sich vor allem nach China orientierten. Daß mein Vater wie viele andere, ansonsten durchaus »kapitalistisch« denkende und handelnde, wohlhabende Chinesen im Ausland sich dem kommunistischen Regime zuwandten, hat mehrere Ursachen. Dies werde ich im Abschnitt über die »Hua-Qiaos« oder »Chinesen in Übersee« noch näher erläutern.

Das erste Mal war der sechs Wochen dauernde Besuch dadurch gekennzeichnet, daß für meinen Vater (also auch für mich) ein

»großer Bahnhof« bereitet wurde. Überall wurden wir von hochrangigen Vertretern des mächtigen »Komitees für die Auslandschinesen« empfangen, bewirtet und natürlich auch in Form von »Reisebegleitern« auf Schritt und Tritt bewacht und bespitzelt.

Obwohl in jener Zeit als Folge des sogenannten »Großen Sprungs nach vorn« (Ta yue-tschin) Ende der 50er Jahre, einer völlig verfehlten Wirtschaftspolitik Mao Tse-tungs, die chinesische Bevölkerung unter katastrophalen Lebensbedingungen lebte und hungerte, merkten wir kaum etwas davon. Im Kapitel über den Vergleich des Alltagslebens im freien und kommunistischen China werde ich noch detaillierter auf dieses Thema eingehen.

Beim zweiten Besuch von Verwandten und Bekannten im Jahre 1964 war ich wirklich ganz privat zwei Monate in der Volksrepublik. Dabei habe ich noch tiefere Einblicke in den kommunistischen Alltag unter der »Sonne Mao Tse-tungs« erleben können. Seitdem ist mir die Lust vergangen, wieder dorthin zu reisen.

Manche Leser werden sofort einwenden: aber inzwischen sind doch 20 beziehungsweise 18 Jahre vergangen. Hat sich nicht vieles gebessert, zumindest nach dem Tode Maos 1976 und nach der Zerschlagung der »Viererbande« um die Witwe Maos? Man kann doch nicht die Lage auf Taiwan 1982 mit der Lage in Peking 1962 vergleichen!

Dieser Einwand ist richtig. Und ich habe auch nicht vor, die Verhältnisse von damals im kommunistischen China mit denen des heutigen Taiwan zu vergleichen, das wäre unfair und sinnlos. Aber ich habe die Entwicklung in der VR China aus beruflichen und privaten Gründen (dort lebten und leben viele Freunde und Verwandte von mir) sorgfältig weiter verfolgt. Und meine Schlußfolgerung: in den 20 Jahren nach meinem ersten Besuch in Peking hat sich im wesentlichen nichts zum Besseren für die eine Milliarde Chinesen auf dem Festland geändert. Im Gegenteil, die »Kulturrevolution«, die korrekterweise »Kulturzerstörung« hätte heißen müssen, hat einen nicht wiedergutzumachenden Schaden angerichtet.

Und die zaghaften, krampfhaften Bemühungen der Mao-Nachfolger, wenigstens nach außen hin sich wieder wie zivilisierte Menschen zu benehmen, was im Westen voreilig als »Liberalisierung« bejubelt wird, hat die destruktive Politik der tobenden und atavistischen »Hung-Wei-bings« (»Rotgardisten« der Witwe Maos) im wesentlichen nicht rückgängig machen können. Denn im Grunde genommen war das, was die Schauspielerin Tschiang Tsching mit Billigung ihres Mannes Mao getan hat, nur die konsequente Anwendung der kommunistischen Lehre und der »Ideen Mao Tse-tungs«. Gewalt ist zunächst einmal das Grundprinzip der kommunistischen Lehre. Dies kann jeder im »Kommunistischen Manifest« von *Marx* und *Engels* nachlesen, insbesondere aber in den Schriften *Lenins* und *Stalins*. Mao sagte es noch prägnanter: »Jeder Kommunist muß diese Wahrheit begreifen: die politische Macht kommt aus den Gewehrläufen«, nachzulesen in der »Mao-Bibel« und in den Ausgewählten Schriften Mao Tse-tungs.

Und die zerstörerische Kulturrevolution von 1966–1976 in China wurde durch Maos These gestützt: »Die revolutionäre Kultur ist für die breiten Volksmassen eine machtvolle Waffe der Revolution«. Und weiter: »Unsere Literatur und Kunst dienen den Volksmassen, vor allem den Arbeitern, Bauern und Soldaten, werden für die Arbeiter, Bauern und Soldaten geschaffen, von ihnen benutzt«. Letzteres erklärte Mao in Yenan, dem Stützpunkt der KP Chinas, schon 1942. Wie sah das nun konkret aus?

Die gesamte Kultur wurde von den zuständigen Behörden und Abteilungen der KP Chinas in den ersten Jahren der Macht daraufhin untersucht, welche für die Partei von Nutzen sei und welche »reaktionär« und deshalb abzulehnen sei. Dabei gab es ein ständiges Auf und Ab, denn es war gar nicht so einfach, die unermeßlich reiche chinesische Literatur, Malerei, Architektur und Philosophie nach dem Schema der »Klassentheorien« von *Mao* oder *Marx* immer richtig einzuordnen. Viele Werke chinesischer und ausländischer Autoren wurden mal verboten, dann wieder zugelassen, dann erneut als »revisionistisch« oder »volksfeindlich« abgestempelt und auf den Index gesetzt. So war zu Anfang das große Kulturerbe Chinas immer wieder das Opfer von unwissenden Parteifunktionären. *Mao* selber sorgte für Verwirrung, weil er, je nach Lust und Laune, unterschiedliche Parolen ausgab. Bekannt ist die These von »Laßt hundert Blumen blühen, laßt 100 Schulen miteinander streiten« aus dem Jahre 1956. Mao war sichtlich beeindruckt von den Aufständen .in Ungarn und Polen und von der Entstalinisierung in der Sowjetunion. Diese Ereignisse hatten zwangsläufig auch breite Teile der unzufriedenen chinesischen Intelligenz erfaßt. *Mao*, ein geschickter Taktiker, dies hat sein Lebenslauf mehr als einmal bewiesen, nutzte die Chance, für einige Zeit als liberaler und weiser, toleranter Staatsmann zu gelten. Dies erinnert mich fatal an die »Liberalisierung« nach dem Ende der Kulturrevolution, die jetzt schon wieder erstickt wird, weil ein kommunistisches Regime, egal ob in Ost-Berlin, Havanna oder Moskau oder auch Peking, sich wirkliche Freiheiten und echte Bürgerrechte gar nicht leisten kann, ohne sich selber in Frage stellen zu müssen. Der Prager Frühling und der Warschauer Herbst sind dafür beredte Beispiele.

Die endgültige Zerstörung der alten chinesischen Kultur wurde jedoch 1966 mit Beginn der sogenannten »Großen Proletarischen Kulturrevolution« ernsthaft in die Wege geleitet. Die zehn Jahre dieser Zeit müssen als die größte Tragödie in der Geschichte Chinas betrachtet werden. Es waren diesmal keine ausländischen Aggressoren, die Chinas Kulturschätze vernichteten, um China in ein Chaos zurückzuwerfen, diesmal waren es selbstzerstörerische chinesische Kräfte, die einen Amoklauf ohnegleichen veranstalteten.

Das ganze Ausmaß der materiellen und geistigen Zerstörungen, die die Kulturrevolution verursachte, ist bis heute unbekannt, wahrscheinlich übertrifft sie jedoch selbst die schlimmsten

Befürchtungen. Das jetzige Regime in Peking, das zwar die Hauprädelsführer der »Viererbande« vor Gericht gestellt hat und die Witwe Maos gar zum Tode verurteilt hat – auch wenn diese härteste Strafe zunächst noch nicht vollstreckt wird, ist nämlich viel zu sehr in die Ereignisse verstrickt gewesen. Denn bis auf *Teng Hsioa-ping* und einige wenige andere, die selber Opfer dieser Zeit waren, haben die meisten KP-Funktionäre die rabiaten Aktionen der Rotgardisten aktiv unterstützt oder aber zumindest geduldet und sich damit vor der Geschichte und dem Volk Chinas mitschuldig gemacht.

Schon während meiner Besuche in China, zu einer Zeit vor der Kulturrevolution also, fiel mir der gigantische Kult um Mao Tsetung auf. Überall Mao-Bilder, Mao-Parolen, Sprüche und Zitate des »Großen Vorsitzenden«. Keine Tischrede ohne Zitate und Dankesbezeugungen für Mao. Eine solche Verherrlichung eines Staatsoberhauptes ist nur bei totalitären Diktaturen üblich und verheißt niemals etwas Gutes. Das selbständige Denken des Bürgers wird dadurch gewaltsam niedergedrückt, nur der große Mao hat alles richtig gesagt und gewußt. Und diese stalinistische Atmosphäre berherschte schon damals das Leben in China.

Noch schlimmer wurde es, als in den Jahren 1965/66 *Tschiang Tsching* ihre Kulturrevolution begann. Man sagt in China, daß hier neben der politischen Radikalität der Frau Maos auch persönliche Rachegefühle eine Rolle spielten. Denn viele führende Parteifunktionäre, die in dieser Periode bis zur Entmachtung der ultralinken Kräfte in der KP Chinas das Opfer der Säuberungen und Demütigungen waren, wie *Teng Hsiao-ping* und sogar *Tschou En-lai*, der während der Kulturrevolution eine sehr schwierige Zeit erlebte, hatten sich einst gegen die Heirat Maos mit Tschiang Tsching ausgesprochen. Denn die Heirat mit der politisch unbedeutenden, nach Meinung vieler drittklassigen Schauspielerin aus Schanghai empfanden die führenden Genossen der KP Chinas als nicht Sozialismus-konform, wir würden sagen, nicht »salonfähig«.

In der Zeit der Kulturrevolution war jeder verdächtig, ein Revisionist, ein Bourgeois, ein Imperialist, ein Verräter an der Revolution zu sein, der in irgendeiner Weise auch nur einen Millimeter von den »Ideen Mao Tse-tungs« abwich. Ein solches »Element« wurde verhaftet, entlassen, in ein »Umerziehungslager« geschickt, bespuckt, mit Fäkalien beworfen, auf Marktplätzen herumgetragen, gedemütigt. Nicht wenige begingen Selbstmord oder wurden auch zu Tode gequält.

Dies war die eine Seite der Kulturrevolution. Neulich sah ich im deutschen Fernsehen einen Film aus der Volksrepublik China, der mich tief beeindruckte: er handelte von einem überzeugten und ehrlichen Kommunisten, der ein Opfer der Kulturrevolution wurde und überall auf eine Mauer des Schweigens stieß, als er versuchte, sich zu rehabilitieren. Denn die, die ihn rehabilitieren konnten, waren selber an seiner Verfolgung beteiligt gewesen. Und genau hier liegt das Dilemma für die Mao-Nachfolger.

Der einfache Bürger hatte es und hat es im kommunistischen China schwer. Denn nicht nur die Gegner des Regimes werden verfolgt. Auch der Bürger, der seine Ruhe haben will und sich nicht mit Politik befassen will, macht sich verdächtig. Die offizielle Parole lautet dann auch: »Wer nicht die rote Flagge hißt, der hißt im Grunde eine weiße«. So wird jeder Chinese auf dem Festland gezwungen, wenn auch nicht mehr auf Mao (nach der Entmaoisierung), so doch auf die KP Chinas immer wieder Lobeshymnen anzustimmen.

Der bekannte schwedische Journalist *Olof Lagercrantz*, Chefredakteur der größten dortigen Zeitung »Dagens Nyheter«, hatte Gelegenheit, während der Kulturrevolution China zu besuchen. Und er berichtete folgendes: Damals galt ein Mensch, der auf die Frage »Wie geht es?« geantwortet hatte, »Danke, sehr gut«, als »nicht sehr aktiver Staatsbürger«. Die »richtige Antwort« hätte in etwa lauten müssen: »Dank der Tatsache, daß ich jeden Tag Mao studiere, geht es mir gut«. Oder, falls es ihm schlecht ginge, wäre die »korrekte« Antwort etwa gewesen: »Mein persönliches

Wohlbefinden spielt in dieser entscheidenden Periode des sozialistischen Aufbaus keine Rolle«. Welch eine Perversion und Vergewaltigung der persönlichen Freiheit. Dabei sind dies nur lächerliche Episoden am Rande der »Kulturrevolution«.

Die »Kulturrevolution« hatte sich ganz offen zum Ziel gestellt, die »Vier Alten« zu liquidieren: »Alte Ideen, die alte Kultur, alte Sitten und Gewohnheiten.« Auf eine Kurzformel gebracht: statt Konfuzianismus sollten die »Ideen Maos« das Leben in China total und bedingungslos beherrschen.

Erste Opfer der Kulturrevolution waren deshalb Schulen, Universitäten, Bildungsstätten, Bibliotheken, Verlage, Medien. Lehrer und Professoren, Wissenschaftler und Journalisten wurden auf die Straße gesetzt, verhaftet, verurteilt, in Umerziehungslager geschickt. Universitäten und Hochschulen waren oft jahrelang geschlossen, die Bildung im kommunistischen China wurde zu einer Farce. Mao-Zitate mußten auswendig gelernt werden, statt wissenschaftlicher Argumente kam das Eindreschen von Mao-Phrasen. Die ohnehin langsamen Fortschritte in Sachen Bildung wurden mit einem Schlag um Jahrzehnte zurückgeworfen. Die Wirtschaft stagnierte ebenfalls vollends, denn die wenigen guten Experten waren oft politisch nicht zuverlässig genug, an ihre Stelle kamen »revolutionäre« Kader. In allen Einrichtungen des Staates und der Bildung wurde die Leitung durch ein »Revolutionskomitee« ersetzt. Ein namhafter Chirurg sagte mir in Peking: »Ich habe es satt, wenn die Putzfrau mir einzureden versucht, wie ich eine Operation richtig zu machen habe, nur weil sie als Parteisekretär mehr Macht hat als ich, der Chefarzt«.

In jener Zeit erfand das Regime auch solche widersinnigen Aktionen wie »Barfüßlerjournalisten« und »Barfüßlerärzte«. Ungeeignete Personen aller Art, Hauptsache ihre ideologische Ausrichtung stimmte, sollten die wirklich ausgebildeten Fachleute ersetzen. Niemand vermag zu sagen, wieviele Menschen durch unsachgemäße Behandlung solcher »Ärzte« gestorben sind, oder wieviele Betriebe durch diesen revolutionären Unsinn, anders kann man das nicht nennen, zugrunde gegangen sind. Für mich rätselhaft bleibt nur, wieviele ernstzunehmende Journalisten und Schriftsteller es im freien Westen gibt, die dieses »Experiment« in China auch noch billigten oder zumindest um »Verständnis« für die Exzesse geworben haben.

Das besonders Perfide an der chinesischen »Kulturrevolution« besteht vor allem darin, daß deren Vollstrecker Kinder und Halbwüchsige waren. Ähnlich wie einst die Hitler-Jugend waren auch die Chinesen in diesem Alter bereit, dem »Führer« Mao zu folgen. Sie randalierten, belästigten und quälten jeden, schrien nächtelang Mao-Parolen. Sie demolierten ausländische Botschaften, schürten und praktizierten einen primitiven, rassistischen Ausländerhaß unvorstellbaren Ausmaßes.

Schlägereien auf den Straßen, in Schulen, Kinos, in den Theatern gehörten in jenen Jahren zum schrecklichen Alltag in China. Selbstmorde waren häufig die Folge dieses Terrors. Kirchen, Tempel, kulturelle Einrichtungen wurden entweiht. Auf riesigen Wandzeitungen (Ta tse-paos) wurden Denunziationen größten Stils tagtäglich praktiziert. Dabei wurden einfache Bürger genauso maßlos angegriffen wie verdiente Parteifunktionäre, die auf die schwarzen Listen der Rotgardisten kamen.

Augenzeugen dieser Zeit erinnern sich mit Grauen, daß Passanten von Rotgardisten angehalten wurden, Frisuren und Kleidung gewaltsam geändert bzw. zerrissen wurden, wenn sie nach Ansicht der Agitatoren »bürgerlich« oder »konterrevolutionär« waren. Auch vor alten Leuten schreckten die Achtgroschenjungen Mao Tse-tungs nicht zurück. Und dies, obwohl nach der konfuzianischen Lehre und der chinesischen Tradition die Ehrfurcht vor älteren Menschen besonders groß geschrieben und praktiziert werden soll.

Ein einzigartiges Dokument sind die sogenannten 23 Forderungen der Rotgardisten, die dann auch konsequent und mit aller Brutalität durchgeführt wurden. Es ist ein historisches Armutszeugnis für die Mao-Epoche Chinas und es sollte über jedem Bett der maoistischen Jugendlichen Europas hängen, die für Mao, Che Guevara oder Castro schwärmen:

- Jeder Bürgerliche muß mit den Händen arbeiten.
- Kinos, Theater, Buchhandlungen müssen ohne Ausnahme mit Bildern von Mao Tse-tung geschmückt sein.
- Die Worte Maos müssen überall angebracht werden: innerhalb und außerhalb der Gebäude und Häuser.
- Die alten Gewohnheiten müssen verschwinden.
- Die Geschäfte sollen reorganisiert werden, sie müssen den Arbeitern, Bauern und Soldaten dienen.
- Es gehört sich nicht, Gegnern gegenüber taktvoll zu sein.
- Luxusrestaurants müssen abgeschafft werden.
- Private Vermögen müssen vom Staat beschlagnahmt werden.
- Die Politik ist das Wichtigste.
- Losungen dürfen nur mit roten und nicht mit goldfarbenen Schriftzeichen geschrieben werden.
- Revisionistische Bezeichnungen müssen verschwinden.
- In allen Straßen sind Lautsprecher anzubringen, um die offiziellen Verlautbarungen bekanntgeben zu können.
- Schon im Kindergarten muß mit dem Studium der Ideen Mao Tse-tungs begonnen werden.
- Die Intelligenz hat die Pflicht, auf dem Lande körperlich zu arbeiten.
- Bankzinsen sollen verboten werden.
- Alle sollen am Gemeinschaftsessen teilnehmen, entsprechend den Gepflogenheiten der ersten Volkskommunen aus dem Jahre 1958.
- Verzicht auf Parfums, Schmuck, Kosmetika, nichtproletarische Kleidung und Schuhe.
- Abschaffung der 1. und Luxusklasse bei der Eisenbahn.
- Verbot der Fotos von angeblich hübschen Mädchen.
- Es ist notwendig, die Massenaktionen zu koordinieren, was die Änderung bestimmter Straßennamen und die Erhaltung

bestimmter Baudenkmäler betrifft.
- Es ist verboten, daß irgendein Bild oder eine künstlerische Form nicht mit den Ideen Mao Tse-tungs übereinstimmt.
- Die traditionelle Malerei, die sich dem Bambus und unpolitischen Motiven widmet, muß abgeschafft werden.
- Bücher, in denen sich die Gedanken Mao Tse-tungs nicht widerspiegeln, müssen verbrannt werden.

Ich glaube, hierzu ist jeder weitere Kommentar überflüssig.

Viele europäische Fernsehzuschauer hatten in der Zeit der Kulturrevolution und auch danach Gelegenheit, die »revolutionären Opern« zu sehen, die auf Weisung Frau Tschiang Tschings entstanden sind. Ich kenne nichts Kitschigeres und Grauenvolleres als diese »Kunst«. Sie ist für das chinesische Volk eine Zumutung.

In den Buchhandlungen Chinas zu jener Zeit konnte man deshalb eigentlich nur die Werke Mao Tse-tungs kaufen. Sowohl inländische als auch ausländische Belletristik gab es so gut wie nicht mehr. Hatte man noch vor der Kulturrevolution, wenn auch nur in kleinen Auflagen, Werke der Weltliteratur (Goethe, Shakespeare, Balzac, Victor Hugo) auch im kommunistischen China verlegt, so wurden sie plötzlich über Nacht zu »Apologeten des Imperialismus«, »Verräter an der Sache der Arbeiterklasse« und dergleichen mehr.

In jener Zeit war es durchaus »human«, wenn eine bekannte Chefredakteurin plötzlich von Rotgardisten gezwungen wurde, Latrinen zu säubern, weil sie angeblich Kritik an der Kulturrevolution geübt haben soll. Bekannte Sänger und Schauspieler mußten Schwerstarbeit in Bergwerken ableisten; Klavierspieler, die ohnehin keine Arbeit mehr hatten, weil auch Beethoven oder Mozart als »ausländische dekadente imperialistische Musiker« eingestuft worden waren, ruinierten ihre Fingerfertigkeit am Fließband. Ganz China versank in ein unglaubliches und nie dagewesenes Chaos. An eleganten Schreibtischen in luxuriösen

Büros sinnierten indes wohlhabende Schriftsteller und Journalisten Westeuropas über das »Experiment« Chinas. Sie schrieben, man könne die Kulturrevolution nicht mit europäischen Maßstäben messen und voreilig verurteilen.

Ich stimme dem zu und messe die Kulturrevolution von 1965–1976 mit chinesischen Maßstäben: um so schlimmer muß die Verurteilung sein. Jeder Chinese bekommt heute noch eine Gänsehaut, wenn er an diese Periode zurückdenkt, sogar einige Kommunisten, obwohl die Partei und deren »großer Steuermann« es waren, die sie entfesselt hatten.

Die politische Entwicklung auf Taiwan nach 1949

Während im kommunistischen China die politischen Parolen auch heute noch jeden Besucher irritieren, ist schon das äußerliche Bild in Taipeh und anderen Städten Taiwans viel freier und insgesamt sympathischer. Nur wenige politische Slogans, vor allem bekannte Aussagen von Dr. Sun Yat-sen, dem Gründer der Chinesischen Republik, sind an Wänden und Gebäuden angebracht. Noch seltener sind Inschriften mit Zitaten des langjährigen Präsidenten Tschiang Kai-schek oder seines Nachfolgers und Sohnes Tschiang Tsching-kuo zu sehen.

In der Republik China verehrt man, nach chinesisch-konfuzianischer Sitte, das Staatsoberhaupt und den Gründer der Republik. Sie werden jedoch nicht, wie Mao und Stalin, zu Göttern ohne Fehler und Mängel emporstilisiert. Undenkbar, daß auf Taiwan ein Chirurg nach einer gelungenen Herzoperation erklärt: »Diese Fähigkeit verdanke ich dem Studium der Werke Tschiang Kai-scheks«, oder ähnlichen Unsinn mehr, dem man in Peking-China auf Schritt und Tritt begegnen konnte. Oder daß ein Nudelverkäufer erklärt: »Diese Portion ist besonders gut gelungen, weil ich bei deren Zubereitung an den letzten Kongreß der Kuomintang gedacht habe, vor allem an die richtungweisende Rede von Präsident Tschiang Tsching-kuo«.

Stattdessen habe ich im heutigen freien China der 80er Jahre eine stabile, chinesische Demokratie vorgefunden. Sie ist kein Abklatsch einer westlichen Demokratie, auch wenn in der Verfassung der Republik China von heute Elemente der amerikanischen und europäischer Verfassungen enthalten sind. Denn das chinesische Grundgesetz wurde von Sun Yat-sen entwickelt, der viele Jahre im Ausland verbrachte.

Eine chinesische Demokratie bedeutet konkret: der Bürger der Republik China auf Taiwan hat faktisch alle Menschenrechte, die auch in Europa und den USA Bestandteile der dortigen Verfassungen sind. Sei es das Recht auf freie Rede, Information, Pressefreiheit, das Recht auf Auswanderung, Demonstrationen.

Trotzdem sind gewisse Einschränkungen als Folge der Tatsache vorhanden, daß der Bürgerkrieg von 1947 bis heute nicht beendet ist. Deshalb ist der Ausnahmezustand auf Taiwan bis heute noch gegeben.

In der Republik China ist es allerdings im Gegensatz etwa zu den anderen demokratischen Staaten des Westens verboten, kommunistische Propaganda zu betreiben. Auch die KP Chinas ist nicht zugelassen. Wer für die Volksrepublik China tätig ist, muß mit Strafen rechnen.

Doch ist dies nicht allzu verständlich, wenn man gerade das Kapitel über die Kulturrevolution gelesen hat? Muß man nicht solchen katastrophalen und schändlichen Entwicklungen zuvorkommen? Nebenbei bemerkt hatte ich den Eindruck, daß es auf Taiwan sehr wenige Sympathisanten für Peking gibt. Schon ein sehr oberflächlicher Vergleich des Lebensstandards und der tatsächlichen geistigen Verhältnisse auf dem Festland und auf der Insel muß zugunsten Taipehs wirken. Wer ferner die diktatorischen Verhältnisse auch in den nichtkommunistischen Ländern Asiens einigermaßen kennt, weiß, daß die Chinesen in der Inselprovinz Taiwan die meisten Freiheiten und Bürgerrechte nicht nur auf dem Papier, sondern auch in Wirklichkeit genießen.

Diese Entwicklung und Demokratisierung verlief nicht einfach und nicht ohne Widersprüche. Denn als im Jahre 1949 die geschlagene Armee Tschiang Kai-scheks und die Verwaltung der Republik nach Taiwan fliehen mußten, war es natürlich nicht möglich, sofort ein derart liberales System einzuführen. Das heutige Regime auf Taiwan ist das freiheitlichste und das demokratischste in der Geschichte Chinas. Bis 1911 kannten die Chinesen Tausende von Jahren nur die kaiserliche Autorität. Dann folgte zwar eine Republik, aber zunächst nur auf dem Papier. Provinzgouverneure und örtliche Generäle mißachteten die Gesetze der Zentralregierung und regierten wie kleine Feudalfürsten weiter. Der chinesisch-japanische Krieg von 1937 bis 1945 verhinderte ebenfalls die Entwicklung zu einer Demokratie. Und danach begann der Bürgerkrieg mit den Kommunisten. Wann also soll China gelernt haben, demokratisch zu sein? Was heute auf Taiwan demonstriert wird, ist für *chinesische* Verhältnisse so als großer demokratischer Fortschritt anzusehen.

Die Verfassung der chinesischen Republik aus dem Jahr 1947 regelt das politische System auf Taiwan, das, wenn China einmal unter den drei Prinzipien des Volkes wiedervereinigt wäre, natürlich für ganz China gelten würde.

Als die Kuomintang-Regierung der Übermacht der kommunistischen Armeen nachgeben mußte und sich auf der Insel Taiwan etablierte, wurde zunächst die Verwaltung wiederhergestellt. Taipeh wurde zur provisorischen Hauptstadt, die Insel zu einer Provinz Chinas deklariert. Die wichtigsten Organe in der Republik China sind seitdem die gleichen geblieben: Die Nationalversammlung entspricht dem westlichen Parlament. Der Präsident (heute: *Tschiang Tsching-kuo*, der Sohn Tschiang Kai-sheks, der 1975 starb) hat allerdings mehr Vollmachten als in den meisten westeuropäischen Staaten. Die Stellung des chinesischen Staatsoberhauptes ist etwa vergleichbar mit dem Amt des amerikanischen Präsidenten. Da die meisten Chinesen, die im Ausland studierten, dies in den USA taten und tun, sind amerikanische Einflüsse im Leben in der Republik China sehr stark, ohne daß die Gesellschaft völlig amerikanisiert wäre. Im Gegenteil, das starke Nationalbewußtsein der Chinesen ist wohl eine unüberwindliche Sperre für eine totale Verwestlichung. Die Nationalversammlung repräsentiert das gesamte chinesische Volk, auch die auf dem Festland lebenden Landsleute und die Auslandschinesen. Ihre Mitglieder sind alle sechs Jahre zu wählen. Zu den Zuständigkeiten der Nationalversammlung gehören die Wahl und Abdankung des Präsidenten, die Verfassungsänderungen und etwaige Änderungen der Staatsgrenzen.

Auch der Präsident und der Vizepräsident der Republik China werden für einen Zeitraum von sechs Jahren gewählt, sie können jedoch einmal wiedergewählt werden. Solange jedoch die »kommunistische Rebellion« noch anhält, d. h. solange es noch das kommunistische China gibt, kann der Präsident nach einer Sonderregelung auch öfter als zwei Mal in sein Amt berufen werden. Auf diese Weise wurde Tschiang Kai-schek im Jahre 1972 zum fünften Mal zum Staatsoberhaupt gewählt. Dies war in Anbetracht der besonderen Lage damals sicherlich notwendig.

Bekanntlich mußte ein Jahr zuvor (1971) Nationalchina seinen Sitz in der UNO und im Weltsicherheitsrat zugunsten Pekings räumen. Es begann die Periode der zunehmenden diplomatischen Isolierung der Kuomintang-Regierung, denn nach und nach erkannten fast alle Verbündeten und »Freunde« Taipehs aus außenpolitischen, weltstrategischen (»die China-Karte gegen Moskau«) und wirtschaftlichen Gründen (»der Markt einer Milliarde Chinesen«) nur noch die Volksrepublik China als rechtmäßige Vertreterin ganz Chinas an. In einer solchen schwierigen Zeit mußte eine starke Persönlichkeit wie Tschiang Kai-schek an der Spitze der chinesischen Republik bleiben. Seine Abwahl hätte unvorhersehbare Konsequenzen gehabt.

Fünf »Regierungshöfe« (»Yüan«) haben verschiedene Aufgaben und stellen eine Mischung westlicher und chinesischer staatsrechtlicher Auffassungen dar. Der Exekutiv-Yüan entspricht der Regierung oder dem Kabinett eines westlichen Staates. An der Spitze dieses Organs steht der Premier (Ministerpräsident), er wird vertreten durch einen Vize-Premier. Die Regierung besteht aus mehreren Ministern, derzeit acht, sowie aus den Vorsitzenden von Kommissionen und Ministern ohne Geschäftsbereich. Zu den wichtigsten Kommissionsvorsitzenden im Exekutiv-Yüan zählt der Minister für Auslandschinesen: denn er ist ja für 20 Millionen Chinesen in aller Welt zuständig, mehr als die Gesamteinwohnerzahl Taiwans!

Gegenwärtig hat die Regierung folgende Ressorts: das Innen- und Außenministerium, Ministerien für Verteidigung, Finanzen, Bildung, Justiz, Wirtschaft und Kommunikationen, ferner die Kommissionen für tibetische und mongolische Angelegenheiten und die bereits genannte Kommission für die Chinesen in Übersee. Der »Legislativ-Yüan« ist das gesetzgebende Organ der Republik, dessen Mitglieder für drei Jahre gewählt werden. Der »Justiz-Yüan« befaßt sich mit zivilen, kriminellen und verwaltungstechnischen Fällen. Seit einigen Jahren ist auch das Justizministerium unter die Aufsicht dieses Yüans gestellt.

Ein Erbe aus vergangener Zeiten ist zweifellos der «Prüfungs-Yüan». Er ist verantwortlich für die Auswahl der fähigsten Mitarbeiter für den Staatsdienst. Dabei hat das Gremium auch die schwierige Aufgabe, allen Bürgern die gleichen Chancen einzuräumen, in den Staatsdienst einzutreten, sofern sie die fachlichen Voraussetzungen mitbringen. Der »Kontroll-Yüan« schließlich hat die Pflicht und die Möglichkeiten, Staatsbeamte zu kontrollieren und bei Verletzung ihrer Pflichten ihrer Ämter zu entheben und Disziplinarmaßnahmen zu ergreifen. Mitglieder dieses höchsten Kontrollorgans werden von den regionalen Parlamenten, Städten, Grenzgebieten, Minderheiten gewählt, und zwar für sechs Jahre.

Ein Kuriosum, bedingt durch den formell noch nicht beendeten

Bürgerkrieg ist die Tatsache, daß die Mitglieder der Nationalversammlung, des Legislativ- und Kontroll-Yüans seit 1947 im Amte sind, da auf dem Festland bekanntlich keine freien Wahlen für diese Organe möglich sind. Durch Tod und Krankheit sind naturgemäß viele Mitglieder dieser Gremien ausgeschieden und ihre Zahl sinkt weiterhin ständig. Nur für die Provinz in Taiwan und die Auslandschinesen gibt es seit 1972 die Möglichkeit, neue Mitglieder in die genannten Yüans zu schicken, so daß die Dezimierung etwas gebremst werden konnte.

Um hervorzuheben, daß die Regierung in Taipeh die Zentralexekutive für ganz China ist, gibt es deshalb auch eine Provinzialregierung für die Insel Taiwan. Diese Provinzregierung hatte zu Beginn ihrer Gründung 15 Mitglieder, von denen sieben Personen Taiwanesen waren, das heißt Chinesen, die auf der Insel geboren sind. Seit 1972 hat die Provinzregierung 21 Mitglieder, von denen 11, einschließlich des Gouverneurs der Insel, Taiwan-Chinesen sind. Diese Einteilung ist wichtig, um Friktionen zwischen den Taiwan-Chinesen und den Festland-Chinesen, die nach 1949 auf die Insel gekommen sind, möglichst gering zu halten. Ich konnte mich jedoch persönlich davon überzeugen, daß es echte Gegensätze zwischen beiden Bevölkerungsgruppen kaum noch gibt; denn inzwischen sind ja vor allem die jüngeren Menschen auf der Insel, auch wenn sie von Festland-Einwanderern stammen, allesamt auf Taiwan geboren. Sie sprechen neben dem Hochchinesischen oder dem Heimatdialekt der Eltern auch die auf der Insel üblichen Dialekte. Die Integration ist also gelungen, was nicht verwunderlich ist, denn es handelt sich bei beiden Gruppen um Chinesen.

Die Zentralregierung auf Taiwan hat rasch erkannt, daß sie gegenüber der alteingessenen Bevölkerung eine großzügige, tolerante Politik betreiben mußte. Deshalb wurde auch ein taiwanesisches Parlament gewählt, und den örtlichen Verwaltungen wurden weitgehende Kompetenzen gewährt. Dadurch vollzog sich auf der Insel eine langsame, aber stete Demokratisierung, trotz des Kriegsrechts. Die wirtschaftlichen Erfolge der Republik China, auf die später noch detailliert eingegangen wird, wären ohne ein solches demokratisches System nicht möglich. Denn zur Entfaltung einer blühenden Wirtschaft gehört auch ein politisches System, das die Voraussetzung für eine gesunde ökonomische Entwicklung bildet.

Die Regierung in Taipeh hat sich intensiv um die nationalen Minderheiten in den gebirgigen Gegenden der Insel gekümmert. Dazu zählen nicht nur die Gründung von Schulen, Krankenhäusern und Selbstverwaltungen, sondern auch die Befreiung der noch schwach entwickelten Stämme von Steuern und Zöllen. 30 Dorfeinheiten der Minderheiten mit eigener Verwaltung sind gegründet worden, die Dorfschulen und Stammesältesten werden direkt von den Angehörigen der Minderheiten gewählt, so daß sie weitestgehend autonom sind. Ferner ist garantiert, daß diese Bergvölker sowohl im Provinzparlament als auch in der Provinzregierung Vertreter entsenden.

Die kluge Politik *Tschiang Kai-scheks*, der aus den Fehlern der Kuomintang in der Vergangenheit gelernt hat – Tschiang selber hat die volle Verantwortung für solche Fehler übernommen, obwohl oft seine Umgebung oder unfähige Beamte unmittelbar für solche Mißstände verantwortlich waren – hat dazu geführt, daß Taiwan eine der stabilsten politischen Verwaltungen der Welt hat. In Südostasien und im Fernen Osten gibt es keine vergleichbare politische Stabilität. Vor allem wenn man sie mit dem Auf und Ab, den Unruhen, Intrigen, Säuberungswellen in Rotchina vergleicht, ist Taiwan tatsächlich eine Oase der Ruhe und Harmonie. Die letzten ernsten Unruhen geschahen 1947, als ein unkluger Gouverneur den Zorn der Taiwanesen auf sich zog. Er wurde sofort aus dem Amt entlassen.

Eine der wichtigsten Ursachen für diese Stabilität auf Taiwan ist die Tatsache, daß es *Tschiang Kai-schek* endlich gelang, sich von korrupten Mitarbeitern zu befreien, die auf dem Festland mit dazu beigetragen hatten, daß die Kommunisten mit ihrer Propaganda ein relativ leichtes Spiel hatten. Die Beseitigung und Abschaffung der Korruption ist eine der größten Leistungen Tschiangs, denn dieses Phänomen hatte Chinas Geschichte seit Jahrtausenden begleitet. Korruption ist heute noch im gesamten Fernen Osten, auch im kommunistischen China (schamhaft versteckt hinter dem Puritanismus und der angeblich asketischen Lebensweise der Parteifunktionäre), in den ASEAN-Ländern wie in der gesamten Dritten Welt weit verbreitet. Ich konnte, als ich im vergangenen Jahr Taiwan besuchte, auf den Philippinen diesbezüglich Vergleiche anstellen. Dort ist ohne Bestechung kaum etwas in Bewegung zu bringen. Die Beamten auf Taiwan dagegen machten ausnahmslos einen fast pedantisch-korrekten Eindruck, sind verantwortungsbewußt und helfen auch den einfachen Bürgern im Rahmen ihrer Kräfte und Möglichkeiten.

Eine Korruption erfolgreich zu bekämpfen setzt natürlich auch eine freie Presse voraus, die als Wächter über die Staatsgewalt zu fungieren hat. In Gesprächen mit vielen Kollegen von Zeitungen, Funk und Fernsehen wurde mir klar, daß auf Taiwan keine Pressezensur stattfindet. Kritik ist durchaus erwünscht. Nur eines ist verboten: kommunistische Propaganda zu betreiben. Angesichts des Konfrontationszustandes mit Peking eigentlich nur konsequent und verständlich. Dagegen ist im kommunistischen China keine Kritik an Staat und Partei erlaubt, auch nicht in Detailfragen, deshalb blühen gerade dort die geheime und unkontrollierte Vetternwirtschaft und die Korruption. So berichteten mir Verwandte bereits in den 60er Jahren, daß man sich mit Gold und Luxusuhren sogar von einer Strafe freikaufen könne: Wenn das nicht das alte Übel ist, wogegen die »Revolution« eigentlich gemacht wurde!

Ein weiterer wichtiger Faktor für die politische Entwicklung auf Taiwan ist die Durchführung von freien Wahlen in der Republik China. Zwar ist die dominierende Partei die Kuomintang (Nationalpartei), die bereits 1919 gegründet wurde, aber daneben gibt es noch die Jung-China Partei und die China

Demokratische Sozialistische Partei. Sie haben einen relativ geringen Einfluß. Jedoch wäre es unrichtig, sie – wie dies in manchen Ostblockstaaten oder in der VR China der Fall ist – als »Satelliten« der Regierungspartei zu bezeichnen. Denn im Gegensatz zu den »Blockparteien« von Gnaden der jeweiligen Kommunistischen Partei üben die Oppositionellen Kritik an Regierung und Kuomintang. Auch Parteilose können auf Taiwan bei Wahlen kandidieren, und nicht wenigen gelang der Sprung ins Parlament. Die Wahlergebnisse, die durchaus von Wahl zu Wahl, von Ort zu Ort schwanken, zeugen von der Möglichkeit des Wählers, sich frei zu entscheiden. Es gibt auf Taiwan auch keine Bewegung, wie dies in kommunistischen Ländern meistens der Fall ist, daß die Bürger sich vor den Wahlen »verpflichten«, offen die Kandidaten der »Nationalen Front« und dergleichen Einheitslisten mehr zu wählen, so daß der gesamte Wahlakt nur noch eine Farce wäre.

In den ersten Jahren nach der Flucht der Nationalregierung war die Befürchtung groß, daß die Kommunisten Taiwan gewaltsam erobern würden. Zumal die Pekinger Führung in jenen Jahren, Ende der 40er, Anfang der 50er Jahre, unverblümt von einer »Befreiung Taiwans« gesprochen hatte. Erst als die USA ihre siebente Flotte in die Straßen von Taiwan entsandten und eine unmittelbare »Befreiung« nicht bevorstand, konnte die Regierung in Taipeh auf dem Gebiet der inneren Sicherheit Lockerungen durchführen. Heute kann man getrost sagen, daß auf Taiwan die Menschen noch nie soviele Rechte hatten wie jetzt. Es wäre deshalb zweckmäßig, wenn Organisationen wie »Amnesty International« sich intensiver mit der Verletzung von Menschenrechten auf dem Festland mit seinem riesigen Gulag-Archipel in Form von »Umerziehungslagern« befassen würden als mit angeblichen Verletzungen von Menschenrechten auf Taiwan. Für *chinesische* Maßstäbe, und nur diese kann man ja anlegen, sind die Verhältnisse auf Taiwan in hohem Grade human.

Trotz der dominierenden Rolle der Kuomintang kann man sie

auch in keiner Weise mit der KP Chinas oder überhaupt mit einer regierenden kommunistischen Partei vergleichen. Als Organisation hat sie wenig Einfluß auf Außenpolitik, Wirtschaft oder gar Armee. In kommunistischen Ländern ist es ja umgekehrt: da ist die Regierung nur Vollstreckungsorgan der Partei. Auch ist eine Karriere auf Regierungsebene auf Taiwan nur selten mit einer Parteikarriere verbunden. Die Kuomintang ist eine echte Volkspartei: sie zählt heute auf der Insel rund 1,5 Millionen Mitglieder. Das sind rund 20 Prozent aller Personen, die das geforderte Mindestalter von 19 Jahren erreicht haben.

Die Stabilität Taiwans wurde nicht zuletzt ermöglicht durch die konsequente Lösung der sozialen Probleme. Diese wurden auf dem Festland, obwohl sie bereits von Sun Yat-sen und Tschiang Kai-schek durchaus erkannt worden waren, nicht gelöst und konnten auch damals nicht gelöst werden. Denn im China jener Zeit herrschten Chaos, Krieg, Bürgerkrieg. Niemand konnte, selbst wenn er ernsthaft soziale Reformen gewollt hätte, etwa eine Bodenreform durchführen. Stattdessen mußte *Tschiang Kai-schek* einen Mehrfrontenkrieg führen: gegen Japaner, gegen die immer mächtiger werdenden Kommunisten und rebellischen Generäle und Gouverneure in den Provinzen. Und gegen einflußreiche Gegner in der Kuomintang, die aus persönlichem Ehrgeiz Intrigen anzettelten und die Regierung faktisch lahmlegten.

Erst auf der Insel Taiwan erhielt Tschiang die Chance, seine Reformpläne zu praktizieren, ein Modell für ganz China und die Dritte Welt zu schaffen, ein neues, wirklich freies China nach den Vorstellungen Sun Yat-sens zu entwickeln. Diese letzte Chance hat Tschiang genutzt. Das ist sicherlich sein größtes Verdienst um China.

30 Jahre Volksrepublik – 30 Jahre Chaos

Die Kulturrevolution der Jahre 1966–1976 haben wir eben behandelt. Ja aber, wird mancher Leser sagen, dies war doch nur eine kurze Episode. Hatte die VR China nicht in den Jahren vorher Gigantisches geleistet, wie man auch in der westlichen Presse immer wieder lesen konnte und kann? Und hat die Führung der KP Chinas nach Maos Tod nicht erste Schritte zu einer Liberalisierung gemacht, und wurden auf dem wirtschaftlichen Sektor nicht allmählich wieder »kapitalistische Marktmethoden« eingeführt?

Und vor allem, werden die Anhänger der »chinesischen Karte« gegenüber Moskau einwenden, hat nicht *Mao Tse-tung* das politische Gleichgewicht in der Welt objektiv zugunsten der freien Welt geändert, als China sich Ende der 50er Jahre von Moskau abwandte und dem sozialistischen monolithischen Block einen unermeßlichen Schaden zufügte? Verdient nicht zumindest die antisowjetische Politik Pekings gegenüber Moskau eine gewisse Anerkennung und muß man da nicht Konzessionen in der Taiwan-Frage machen? Sicherlich, so argumentieren durchaus wohlwollende Politiker und Journalisten, sei es bedauerlich, daß das kleine Taiwan geopfert werden müsse, aber gehe es schließlich nicht um die Eindämmung des sowjetischen Kommunismus mit Hilfe des chinesischen Maoismus?

Auf diese Fragen werde ich versuchen eine objektive Antwort zu geben, denn seit Jahrzehnten haben sie mich nicht mehr losgelassen. Und erst nach meinem Besuch auf Taiwan habe ich das ganze Ausmaß des Irrtums begriffen, das in der oben genannten Fragestellung enthalten ist.

In der Tat: die Kommunisten in China, von denen viele zweifellos aus Idealismus und Überzeugung für die Revolution kämpften, haben auch aus eigenem Interesse versucht, vieles, was im alten China im argen war, zu verbessern. Sie haben eine Agrarreform durchgeführt. Sie haben gegen das Analphabetentum gekämpft, sie haben versucht, die große Armut zu beseitigen und China zu einer respektablen Großmacht zu machen, das nicht mehr von ausländischen Mächten gedemütigt wird. Teilweise haben sie Erfolge erzielt. Und die Loslösung von Moskau wurde deshalb nicht nur aus naheliegenden Gründen in der freien Welt aufmerksam und mit Schadenfreude (gegenüber Moskau) verfolgt, sondern bei vielen Auslandschinesen als Zeichen eines echten Patriotismus von Mao Tse-tung empfunden. So erging es ja auch beispielsweise meinem Vater: seine Sympathie für Peking war vor allem der Eindruck, daß nach der Gründung der VR China endlich ein starkes, einiges, von allen Ländern der Erde respektiertes und gefürchtetes, mächtiges China entstanden sei. Ein China, das sicherlich auch die bisher schutzlosen Chinesen in aller Welt beschützen könnte, ihre Interessen gegenüber ausländischen Staaten wahrnehmen könnte (dies stand ja auch in der neuen Verfassung der Volksrepublik). Als China 1964 die erste Atombombe explodieren ließ, wurde dann auch in vielen China-Vierteln in Südostasien aus Freude über die neue Atommacht ausgiebig gefeiert.

Allerdings, wer genauer hinsah, mußte feststellen, daß die genannten Erfolge sehr teuer, zu teuer bezahlt wurden. Denn das kommunistische Regime Maos zeigte von Anfang an eine so hochgradige Intoleranz gegenüber Andersdenkenden, die sogar sowjetische und andere kommunistischen Staaten in dieser Hinsicht bei weitem übertraf. Und die Grausamkeit, mit der die neue Volksrepublik mit tatsächlichen oder vermeintlichen Gegnern umging, übertraf alles bisher dagewesene.

Heute, mehr als 37 Jahre nach Kriegsende, zeigt man immer noch mit erhobenem Zeigefinger auf die Vernichtung von Millionen von Juden in deutschen KZs. Das ist sicherlich richtig, auch wenn die heutige deutsche Jugend natürlich nicht dafür verantwortlich gemacht werden kann. Wer zählt aber die Millionen, die in den fast 30 Jahren des Mao-Regimes ermordet wurden? Genaue Zahlen gibt es nicht, aber Schätzungen sprechen von 12 bis 80 Millionen Menschen, dies übertrifft alle bisherigen Zahlen von Völkermord in der Geschichte der ganzen Menschheit. Dazu zählen beispielsweise während der Zwangskollektivierung der Bauern und der Bildung der »Volkskommunen« (Renmin Kungshih) sogenannte Großgrundbesitzer, andere »feudale Elemente» und »Konterrevolutionäre« aller Art.

Wer gedenkt der Millionen von Intellektuellen, Arbeitern und Handwerkern, die als »kapitalistische« oder »revisionistische Elemente« Jahre oder Jahrzehnte in »Umerziehungslagern« verbringen mußten oder sich dort noch aufhalten und unter unmenschlichen Bedingungen dahinvegetieren? Wer kümmert sich um die vielen Priester, Pfarrer, Mönche und andere religiöse Menschen, die wegen ihres Glaubens unmenschlichen Verfolgungen ausgesetzt waren und sind? Von Opfern der Berufsverbote und anderen kleinlichen absurden Schikanen wollen wir gar nicht erst anfangen zu schreiben, dies würde den Umfang dieses und jedes anderen Buches sprengen.

Und dann kamen Mao und seine Genossen 1958 auf die »geniale« Idee (so wurde sie damals allen Ernstes bezeichnet), den sogenannten »Großen Sprung nach vorn« zu wagen. In den Volkskommunen herrschte angeblich schon der Kommunismus, die höchste Form des Sozialismus: alles gehörte allen, Geld wurde abgeschafft, alles lebte glücklich und harmonisch im großen Kollektiv, das Paradies auf Erden war dank Maos Ideen geschaffen. So jedenfalls damals die Propaganda, die im Westen begierig aufgegriffen wurde und nicht wenige Köpfe junger Studenten und Menschen verwirrte und vernebelte.

Die Wirklichkeit sah, wie wir von vielen Augenzeugen wissen, ganz anders aus: die Bauern, von der Partei und der »Volksmacht« gewaltsam in die Volkskommunen gezwungen, verloren jegliches Interesse an der Zwangsarbeit, zumal das meiste, was sie erarbeitet hatten, dem Staat abgeliefert werden mußte. Es kam zu passivem und aktivem Widerstand, zu Mißernten und Rückschlägen schlimmster Art. Große Hungersnot herrschte

Ende der 50er und Anfang der 60er Jahre in ganz China.

Als meine Verwandten und Freunde in China erfuhren, daß ich sie im Jahre 1962 besuchen wollte, erhielt ich zahlreiche Bitten, vor allem Lebensmittel und Konserven mitzubringen, Dauerwürste und Speck, denn vor allem herrschte Mangel an Eiweiß und Fett. Und in der Tat, als mein Vater und ich 1962 in Peking waren, mußten wir feststellen, daß zwar in den Hotels für Ausländer und Auslandschinesen fast alles da war, was das Herz begehrte, aber eben nur für diesen privilegierten Personenkreis. Als wir erschüttert über die bittere Not, in der sich unsere Verwandtschaft befand, und das mitten in der Hauptstadt Peking, wo die Versorgung ohnehin besser war als anderswo, sie zum Essen in unser Hotel einladen wollten, durften sie nicht herein! Wer erinnert sich da nicht an das Schild in Schanghai bei den Engländern: »Eintritt für Hunde und Chinesen verboten«? Aber in diesem Falle war es eine kommunistische chinesische Regierung, die Chinesen daran hinderte, andere Chinesen zu bewirten. So beschlossen wir, alle Lebensmittelmarken, die wir aufgrund des Umtausches von DM in chinesische Währung erhalten hatten, den Verwandten und Bekannten zu schenken. Hierüber waren sie erfreut wie Kinder unter dem Weihnachtsbaum, denn damals bekam man auch in Restaurants für »normale« Chinesen nur etwas zu essen, wenn man entsprechende Lebensmittelmarken und natürlich auch das nötige Kleingeld hatte. Auch durften wir, mein Vater und ich, als Ausländer bestimmte Läden besuchen, wo nur Devisen akzeptiert wurden: auch hier gab es alles zu kaufen, wovon die Bevölkerung draußen nicht einmal zu träumen wagte. Aber das ist ja alles schon 20 Jahre her, heute ist doch alles viel besser, wird der eine oder andere uninformierte Leser meinen.

Gerade in diesen Tagen (Juni 1982) las ich eine Meldung eines deutschen Korrespondenten in Peking. Darin schildert er, daß heute in der VR China, ähnlich wie in der DDR und anderen osteuropäischen Ländern, immer mehr dazu übergegangen wird, nur gegen westliche Devisen Waren und Dienstleistungen zu verkaufen und anzubieten. Ob im Hotel, im Zug, im Lokal »gute« Sachen sind nur devisenstarken Gästen vorbehalten. Und woher soll der arme Arbeiter, der im Monat umgerechnet 50 DM verdient, zu Dollar oder DM kommen? Es hat sich also nichts verändert, denn die kommunistischen Länder sind alle in diesem Punkt gleich: sie verdammen in Worten das marktwirtschaftliche System, gieren jedoch nach den »kranken« Währungen eben dieser Länder.

Aber auch im Bereich der Industrie zerrten *Mao Tse-tung* und seine Jünger China von einem chaotischen Experiment ins nächste. Und in der Tat, in der Wirtschaftspolitik war und ist das kommunistische China, wie wir bereits auf dem Sektor der Landwirtschaft gesehen haben, immer wieder das Opfer einer höchst diletantischen, kindlich-naiven Politik Maos und seiner staatlichen Planungsbürokratie. In den ersten Jahren der Volksrepublik, als die Sowjetunion und Stalin noch täglich und stündlich devot gelobt und blindlings angebetet wurden, kopierte die Wirtschaft Chinas ohne Rücksicht auf die Besonderheiten der Agrarstruktur des Riesenlandes die sowjetischen Schablonen. Zehntausende von »Experten« und »Beratern« aus der Sowjetunion kamen nach China. Ihre arrogante Haltung gegenüber dem chinesischen Volk und auch den Staats- und Parteifunktionären war damals mit ein Grundstück für die wachsende Antipathie gegen den »großen Bruder« im Kreml.

In China wurde unter primitivsten Bedingungen eine Schwerindustrie aufgebaut. Die Konsum- und Leichtindustrie wurde total vernachläßigt. Schon in den ersten Jahren des Regimes gab es große Versorgungsschwierigkeiten. Hinzu kam in jener Zeit, als Folge des Korea-Krieges (1950–53), ein wirtschaftlicher Boykott Pekings durch die freie Welt.

Während der Zeit des »Großen Sprungs nach vorn«, der korrekterweise »Großer Sprung nach hinten« heißen müßte, wollte *Mao Tse-tung* allen Ernstes in etwa 15 Jahren das rückständige China so weit vorantreiben, daß beispielsweise England »überholt« werden konnte. Wer erinnert sich nicht an die Fotos von Hinterhofhochöfen in ganz China, in denen minderwertiger Stahl in höchst unproduktiver Weise hergestellt wurde? Auf die Menschen wurde damals wie heute keine Rücksicht genommen. Die Massenmedien in Rotchina berichteten voller »Enthusiasmus« von Arbeitern und Bauern, die gleich an ihrer Arbeitsstätte übernachteten, um sofort nach dem Aufstehen wieder »am Aufbau des Sozialismus« tätig sein zu können. 14- und 16stündige Arbeitszeiten am Tage waren damals durchaus normal. Es versteht sich fast von selbst, daß ein freies Wochenende, Urlaub, Ferien und ähnliche »kapitalistischen« Überreste im Mao-Reich völlig unbekannt waren und heute auch weitestgehend nicht existieren.

Chinas Medien, und die westlichen echoten kritiklos nach, zeigten, wie Millionen von Chinesen unter Trommelwirbel und mit wehenden Fahnen und Transparenten Dämme und Eisenbahnschienen bauten, gigantische Erdlöcher aushuben. Die Legende von den blauen Ameisen machte ihre Runde. In Wirklichkeit war das Ganze eher eine Phantom-Erscheinung: heraus kam eine chaotische, schlecht funktionierende Wirtschaft. Fehlende Infrastruktur und die geringen Möglichkeiten des chinesischen Know-how wurden durch Mao-Zitate übertüncht. Die gräßlichen, altmodischen und in keiner Weise auch für chinesische Verhältnisse taugenden Produkte jener Zeit habe ich selber bei meinen Besuchen in China gesehen. Die Gesundheit von Hunderten von Millionen Menschen wurde ruiniert bei dieser unmenschlichen und im Grunde genommen auch sinnlosen Ausbeutung.

Die Führung der KP Chinas sah natürlich, daß der »Große Sprung nach vorn« ein Eigentor war, zu groß waren die Kalamitäten in China. Das Volk murrte, denn es gab kaum etwas zu essen, Schuhe, Textilien und die notwendigsten Artikel für den Alltag gab es nur auf Bezugsscheine und auch das nur sehr unzureichend. Vom versprochenen Paradies auf Erden war nur die graue trübe Realität übrig geblieben. Auf der anderen Seite lebten die Spitzenfunktionäre der KP und der Regierung in einem unvorstellbaren Luxus. Ich nahm damals an zahlreichen Empfängen teil: während draußen bitterste Hungersnot herrschte, wurde beispielsweise am 1. Oktober, dem Gründungstag der Volksrepublik, für 5000 Gäste in der »Großen Halle des Volkes« getafelt mit 15 Gängen, der 60prozentige Maotai-Schnaps floß in Strömen. Die angeheiterten Funktionäre und ausländischen Gäste wurden nicht müde, auf die Gesundheit des »großen Vorsitzenden« Mao das Glas zu erheben und ihm »10000 Jahre Leben« zu wünschen. Eine wahrhaft makabre Vorstellung!

Innerhalb der KP Chinas gab es Stimmen, auch in den höchsten Gremien, den »Sprung nach vorn« zu beenden. 1963 und 1964 trat Mao auf die Bremse. China atmete auf, die Versorgung besserte sich ein wenig. Aber die Atempause war nur kurz. 1966 begann, wie bereits erwähnt, die »Kulturrevolution«, die dann zehn Jahre lang das Land terrorisierte.

Sowohl vor, während als auch nach der Kulturrevolution gab es innerhalb der Führung der KP Chinas heftige Machtkämpfe und Intrigen. Maos Position war keineswegs so stark, wie das gelegentlich vor allem im Ausland den Anschein hatte. Sicherlich gibt es auch in der freien Welt Machtkämpfe. Eigenartigerweise sind sie in Diktaturen jedoch besonders intensiv. Offensichtlich lockt die große Machtfülle in einer solchen Gesellschaft, wo eine öffentliche Kontrolle durch demokratische Institutionen (Parlament, Presse und Medien) nicht existiert, ehrgeizige Politiker besonders. Man kann dies auch in der Sowjetunion, anderen Ostblock-Staaten und überhaupt in Diktaturen immer beobachten.

Im kommunistischen China begann die erste große Säuberungswelle bereits im Jahre 1951, anderthalb Jahre nach der Gründung der Volksrepublik. Sie nannte sich damals »Kampagne zur Unterdrückung konterrevolutionärer Elemente«. Parallel dazu lief eine »Bewegung zur Umerziehung der Intellektuellen«. Mit dieser Säuberungswelle wollte Mao auch unbotmäßige Spitzenfunktionäre fester unter seine Kontrolle bringen. Ende 1952 schickte Mao einen großen Teil dieser Spitzenkader aus der Provinz nach Peking, um sie besser in den Griff zu bekommen und um zu verhindern, daß sie weitab von der Hauptstadt zu viel Macht und Ungehorsam entwickelten, eine in diesem Riesenreich in seiner Geschichte oft in Erscheinung tretende Tendenz.

Einer der gefährlichsten Gegner Maos in diesen ersten Jahren der Revolution war kein geringerer als *Kao Kang*, Parteichef der Mandschurei. *Stalin* förderte Kao Kang, mit der Mandschurei schloß Moskau sogar ein separates Handels- und Wirtschaftsabkommen ab. Zu diesem Zweck wurde Kao Kang nach Moskau eingeladen. Wollte Stalin etwa nach japanischem Muster ein neues Mandschukuo ins Leben rufen als Gegengewicht zu Mao? Der Tod Stalins 1953 verhinderte ein weiteres Wachsen der ehrgeizigen Pläne Kao Kangs. Und 1954–55 wurde erneut eine »Antiparteiclique« entlarvt, eine Säuberung »reinigte« die Führung der KP Chinas von unerwünschten Elementen.

Bereits zu Anfang der Gründung des kommunistischen Regimes gab es immer wieder ernste Differenzen zwischen Mao und dem späteren Staatspräsidenten *Liu Schau-tschi*. Letzterer war offensichtlich ein realistisch denkender Kommunist. Liu kritisierte scharf das von Mao gewünschte und auch durchgeführte Tempo der Zwangskollektivierung der Landwirtschaft. Liu und seine einflußreichen Freunde im Parteiapparat und in der »Volksbefreiungsarmee« wurden von Mao als »Rechtskonservative« verunglimpft. Liu habe die Entwicklung des sozialistischen Aufbaus stark gebremst. Nicht nur das allein, sondern das Staatsoberhaupt beschreite den »Weg zum Kapitalismus«, hieß es schon damals beispielsweise in einem Geschichtslehrbuch, das in Peking 1958 herausgegeben wurde.

1957 reiste Mao Tse-tung nach Moskau. Bei einen Treffen mit

dem damaligen Parteichef *Nikita Chrustschow* wurde Mao deutlich klargemacht, daß die Moskauer Führung mit Maos Politik in Wirtschaft, Ideologie und Außenpolitik nicht einverstanden war. Die KP Chinas betreibe eine linkssektiererische Politik, sie lehne beispielsweise die vom Stalin-Nachfolger entwickelte Strategie der »friedlichen Koexistenz« mit dem Imperialismus ab. Zur Strafe beschloß Moskau, Peking keine weiteren militärischen und wirtschaftlichen Hilfeleistungen mehr anzubieten. Ergrimmt kehrte Mao von den Feierlichkeiten zum 40. Jahrestag der Großen Oktoberrevolution in Moskau zurück nach Peking. Der Bruch mit Moskau war beschlossene Sache.

Moskau seinereits informierte sofort die Führungen der kommunistischen Parteien in Osteuropa. Obwohl in der DDR offiziell nichts bekannt wurde, kam bereits Anfang 1959 *Horst Sindermann*, einer der führenden SED-Propagandisten, in die Fakultät für Journalistik nach Leipzig. Er verkündete in einer vertraulichen Sitzung den künftigen DDR-Journalisten, daß zwischen der VR China und der Sowjetunion »ernste ideologische« Differenzen existierten, und daß man mit einer langen Krise innerhalb der internationalen Arbeiterbewegung zu rechnen habe. Damals konnte es passieren, daß im SED-Zentralorgan »Neues Deutschland« lobend die »Volkskommunen« in China erwähnt wurden. Einige Tage später wurde der Artikel »korrigiert« mit der Bemerkung, die »Volkskommune« sei möglicherweise für China gut, jedoch nicht für die anderen sozialistischen Länder.

Wenig bekannt im Westen ist die Tatsache, daß schon drei Monate nach Beginn der Gründung der Volkskommunen, die angeblich in China den »Übergang zum Kommunismus« unter Umgehung des Sozialismus ermöglichen sollte, das ZK-Plenum Ende 1958 die Mißerfolge dieser Politik und eine »Korrektur« beschloß. Verteidigungsminister *Peng Teh-huai* verbreitete eine »Denkschrift«, von vielen anderen führenden Parteifunktionären unterzeichnet, in der eine heftige Kritik an dem »linken Abenteuertum« Maos geübt wurde. Statt Mao wurde damals sein Erzfeind Liu Schao-tschi zum Staatspräsidenten gewählt. Mao wurde entgegen früheren Absichten nur noch Parteichef mit der nicht gerade schmeichelhaften Bemerkung des ZK, er könne sich nunmehr intensiver den »Fragen der marxistisch-leninistischen Theorie« widmen!

Es wäre langweilig, den zermürbenden Kampf zwischen Mao und Liu im Einzelnen weiter auszuführen. Das Ende ist bekannt: mit Hilfe der »Kulturrevolution« wurden Liu und seine Anhänger liquidiert. Mao blieb bis zum Tode der Alleinherrscher Chinas. Aber sogar in dieser Zeit gab es neue Intrigen. Mao-Erbe, Marschall *Lin Piao*, der in seinem Vorwort zur »Mao-Bibel« geschrieben hatte: »Genosse Mao Tse-tung ist der größte Marxist-Leninist unserer Zeit. In genialer, schöpferischer und allseitiger Weise hat Genosse Mao Tse-tung den Marxismus-Leninismus als Erbe übernommen, ihn verteidigt und weiterentwickelt; er hat den Marxismus-Leninismus auf eine völlig neue Stufe gehoben«, intrigierte gegen Mao, jedenfalls wurde dies behauptet. 1971 versuchte Lin Piao, in die Sowjetunion zu fliehen, offenbar hatte er von dort Unterstützung für sein Vorhaben bekommen, Mao zu stürzen. Unter bis heute ungeklärten Umständen stürzte das Flugzeug des Marschalls über der Mongolei ab. Sicher ist nur, daß Lin Piao den Judaslohn in Form seines frühen Todes empfangen hatte. Eine weitere Verschwörung gegen den »großen Steuermann« war gescheitert. Mit Lin Piao war eine echte Opposition gegen Mao buchstäblich gestorben. Mao und Ehefrau Tschiang Tsching konnten ungehindert die Führung Chinas an sich reißen.

Erst nach Maos Tod wagten es relativ vernünftige Kommunisten wie *Teng Hsiao-ping*, gegen die Verantwortlichen der Kulturrevolution vorzugehen. Dies waren vor allem die Mao-Witwe Tschiang Tsching und ihre drei wichtigsten Mitarbeiter (deshalb die Bezeichnung »Viererbande«). Gestützt auf Armee und Geheimdienst wurde als Kompromißnachfolger zunächst *Hua*

Kuo-feng zum Parteichef ernannt, der auch für die alten Maoisten zunächst akzeptabel erschien: hatte Hua als Minister für öffentliche Sicherheit doch selber zu viel Schuld auf sich geladen, um allzu scharf gegen sie vorzugehen. Hua vollzog jedoch brav die Weisungen des Drahtziehers hinter den Kulissen, Teng Hsiao-pings: Er verhaftete Frau Mao und Genossen.

Nach dem Motto »Der Mohr hat seine Schuldigkeit getan, der Mohr kann gehen«, wurde Hua seinerseits von Teng kaltgestellt und abgelöst. Ein im Ausland völlig Unbekannter namens *Hu Yao-bang* besorgt jetzt offiziell die Geschäfte der Partei, in Wirklichkeit lenkt der greise Teng die Geschicke Rotchinas.

Man kann schon jetzt, ohne ein Prophet zu sein, voraussagen: auch Tengs Nachfolger werden um die Macht in Peking kämpfen. Die Führung der KP Chinas befindet sich in einer tiefen Krise. Die Öffnung nach dem Westen bedeutet für das kommunistische Regime in Peking eine Belastung, die es überfordert. Immer besser werden die Massen in China durch den Zustrom von Besuchern aus westlichen Ländern über die Verhältnisse in der freien Welt, einschließlich Taiwans, informiert. Westliche Besucher, die auf Taiwan waren und dies ihren Gesprächspartnern in China mitteilten, wurden sofort ausgefragt, vor allem nach den Lebensverhältnissen der Landsleute auf der Insel. Auch Auslandschinesen sind begehrte Gesprächspartner der Festlandchinesen, wissen sie doch auch märchenhafte Dinge zu erzählen über Amerika, Europa, Singapur und Taiwan. Die Unzufriedenheit wächst auf dem Festland, man hat die Versprechungen langsam satt, nach mehr als 30 Jahren Volksrepublik wankt der Koloß auf tönernen Füßen ohnmächtig und erschüttert von inneren Unruhen.

Kaum noch Analphabeten in der Republik China

Die Regierung in Taipeh hat von Anfang an klar erkannt, daß der Aufbau eines neuen, freien und demokratischen China nur möglich ist, wenn die Bildungspolitik diesen Zielen entspricht und dient. Zielstrebig wurden die materiellen und geistigen Voraussetzungen geschaffen, der chinesischen Jugend umfassende und weitgehend kostenlose Bildungschancen einzuräumen. Heute gibt es auf Taiwan nur noch 7 Prozent Analphabeten. Dabei handelt es sich meistens um ältere Leute, die keine Gelegenheit hatten, in der Zeit der japanischen Kolonialherrschaft die Schule zu besuchen, oder aus gesundheitlichen und anderen Gründen auch heute keine Möglichkeit mehr haben, diesen Mangel nachzuholen. Rein zahlenmäßig gehört deshalb die Republik China heute nicht nur in Asien, sondern auch in der Welt zu den am besten entwickelten Staaten der Erde hinsichtlich des Bildungsstandards ihrer Bevölkerung. In nüchternen Zahlen ausgedrückt: gab es vor 30 Jahren (1952/53) nur 1769 Schulen auf Taiwan, so lautet diese Zahl für 1980/81 bereits 5034. Die Zahl der Schüler stieg von 1,18 Millionen auf 4,5 Millionen. Eine Schulpflicht besteht für neun Jahre (seit 1968), mehr als 99 Prozent der Schulpflichtigen gehen tatsächlich in die Schule.

Das heutige Schulsystem in der Republik China ist das Ergebnis einer 70jährigen Entwicklung. Denn die ersten modernen Schulen gab es bereits im kaiserlichen China im Jahre 1902. Sie waren ein Abklatsch der japanischen Schule, die ihrerseits westliche Modelle zum Vorbild hatte. Nach der Gründung der chinesischen Republik im Jahre 1912 wurde in China systematisch die Bildung nach westlichem, vor allem amerikanischem Muster reformiert. Zehn Jahre später wurde das amerikanische Schulsystem überall in China übernommen: sechs Jahre Grundschule, zwei Oberschulstufen zu je 3 Jahren (junior und senior high school) und vier Jahre Hochschulstudium.

Vor dem Beginn des Krieges mit Japan wurden dann noch

europäische, vor allem französische Bildungselemente in die chinesische Schule integriert.

In den Nachkriegsjahren dominierten wieder amerikanische Einflüsse. Heute kann man sagen, daß das chinesische Schulsystem eine Mischung von chinesischen, europäischen und amerikanischen Elementen darstellt. Im Fach Staatsbürgerkunde werden die Ideen Sun Yat-sens und die Geschichte Chinas gelehrt, so daß der Jugend ein nationales geschichtliches Bewußtsein im Unterricht vermittelt wird. Es ist also kein reiner Abklatsch westlicher Bildungsziele und Methoden; chinesische Grundelemente werden beispielsweise auch in Fächern wie Ethik und Moral behandelt. Dabei spielen die konfuzianischen Prinzipien und Thesen eine zentrale Rolle. Eine einseitige Indoktrination und Politisierung bei Vernachlässigung der naturwissenschaftlichen Fächer wie im kommunistischen China findet in der Republik China – Gott sei Dank – nicht statt.

Dadurch, daß auch auf dem Lande faktisch alle schulpflichtigen Kinder die Schule besuchen, und das das »Kuo-yü« oder Hochchinesisch in allen Schulen Taiwans Unterrichtssprache ist, konnte die Integration und das Zusammenrücken der 18 Millionen Chinesen auf Taiwan heute weitestgehend verwirklicht werden. Ja, die Bildungsmöglichkeiten auf Taiwan sind heute so breit gefächert, wie dies niemals zuvor in der Geschichte Chinas möglich gewesen ist. Auch im außerschulischen Bereich gibt es eine breite Palette von Weiterbildungsmöglichkeiten. Dazu zählen auch die Massenmedien, denn im Lande gibt es außer 31 Tageszeitungen auch drei Fernsehsender mit einem umfassenden direkten und indirekten Bildungsangebot mit Abendschulen und Fernkursen. 14 Universitäten des Landes bilden heute 350000 Studenten (vor 30 Jahren nur 10000!) aus. Dabei haben die Universitäten und Hochschulen auf Taiwan internationales Niveau erreicht.

Neben den staatlichen Schulen, Hochschulen und Universitäten gibt es auf Taiwan, einer alten chinesischen Tradition entsprechend, zahlreiche private Bildungseinrichtungen. Ihre Zulassung und Anerkennung sind jedoch an strenge Kriterien gebunden. An privaten Schulen und Universitäten müssen naturgemäß mehr Gebühren bezahlt werden als in staatlichen Einrichtungen. Wenn sie sich trotzdem großer Beliebtheit erfreuen, so nicht nur wegen des anerkannt hohen Niveaus, sondern vielleicht auch, weil in China häufig die Meinung vertreten wird, was nichts kostet, könne wohl auch nicht viel taugen. Ein Grundsatz übrigens, der auch in Deutschland nicht selten zu hören ist.

Zu diesen privaten Einrichtungen zählen auch häufig christiche Bildungsstätten. Denn die Missionare haben in China bereits seit vielen hundert Jahren viel für die Verbreitung des modernen Bildungssystems getan und können auf lange Erfahrungen im Umgang mit Chinesen verweisen. In der Nähe von Taipeh befindet sich die katholische Fu-jen Universität. Ich war sehr beeindruckt von einem Gespräch mit dem Leiter der Deutschabteilung dieser Universität, Pater *Arnold Sprenger*. Die Kenntnisse dieses Deutschen nicht nur der chinesischen Sprache, sondern vor allem der Mentalität, Geschichte, ja sozusagen der Seele des Volkes sind erstaunlich. Es ist deshalb kein Wunder, daß gerade diese katholische Universität bei der Vermittlung der deutschen Sprache und Kultur unter chinesischen Studenten so überaus erfolgreich ist und im ganzen Fernen Osten als vorbildlich gilt.

Einer der Absolventen der deutschen Abteilung dieser Universität war mein Reisebegleiter *George Wu*. Der liebenswürdige Mitarbeiter des Regierungsinformationsamtes begrüßte mich immer mit einem schwäbischen »Grüß Gott«, da ich ja aus Stuttgart kam. Auf meine Frage, wo er denn so gut Deutsch gelernt habe, denn Wu spricht für einen Chinesen diese Sprache wirklich sehr gut, erklärte er zu meiner Verblüffung, er sei noch nie in Deutschland gewesen. Seine Kenntnisse über die Bundesrepublik, sogar über ein Bundesland wie Baden-Württemberg, waren aber exzellent, auch hinsichtlich des Pressewesens. Dabei ist seine wichtigste Informationsquelle im Amt die Lektüre des Hamburger Magazins »Der Spiegel« ... Aber seine hervorragenden Deutsch- und Deutschlandkenntnisse hat er an der Fujen Universität erworben.

Auch in vielen Gesprächen mit jüngeren Leuten auf Taiwan erhielt ich den erfreulichen Eindruck: hier werden Kinder, Schüler und Studenten nicht einseitig ideologisch indoktriniert. In der Republik China wächst eine Generation heran, die weltoffen, tolerant, lernbegierig und fleißig ist. Sie lernt die westliche Technik nicht blindlings kopieren, sondern immer kreativ. Die Chinesen im freien Teil ihres Landes sind keine Plagiatoren der westlichen Technologie, sondern sie bemühen sich, durch eigene Forschung und Erkenntnisse, diese Technologie weiter zu entwickeln. Vor allem werden die jungen Menschen im freien China dazu erzogen, die alten chinesischen moralischen und ethischen Prinzipien von Konfuzius und anderen chinesischen Weisen und Philosophen zu beachten und zu praktizieren. Die jungen Menschen auf Taiwan sind wohl deshalb höflich, freundlich und hilfsbereit, auch zu Ausländern, Auslandschinesen und Gästen. Sie verwirklichen, wie auch übrigens die erwachsenen Gastgeber, den Ausspruch von Konfuzius, daß es »keine größere Freude gibt, als Freunde aus fernen Ländern zu empfangen«.

Sicherlich ist es auch dieser ausgewogenen chinesischen Bildung und Erziehung zu verdanken, daß die Kriminalität auf Taiwan, gerade auch unter den Jugendlichen, im Vergleich zu ähnlichen entwickelten Ländern und Gesellschaften, gering ist. Daß es in den 60er Jahren, im Gegensatz zu den USA und Westeuropa auf Taiwan keine Studentenunruhen gab, hat manchen Beobachter verwundert. Wer jedoch die Verhältnisse in der Republik China objektiv studiert, wird den einfachen Grund schnell herausfinden: es gab und gibt keinen Anlaß für solche Turbulenzen.

Eine wichtige Rolle bei der Entwicklung des Bildungswesens und der neuen Technik in China spielten und spielen immer noch die Chinesen, die im Ausland studiert haben. Traditionsgemäß studieren etwa 80 Prozent dieser Studenten in den USA. Die Zahl der Chinesen, die in anderen Ländern ihr Wissen erworben haben oder noch erwerben, hat sich in den letzten 30 Jahren verzehnfacht: gab es 1952 nur 558 Studenten der Republik China im Ausland, so lautet die neueste Zahl (1980/81) fast 6000.

Am Anfang gab es bei vielen Chinesen die Tendenz, nach dem Studium im Ausland zu bleiben. Dieses Problem des »brain drain« war vor allem in den USA akut. Denn die ohnehin besten chinesischen Wissenschaftler erhielten oft verlockende Angebote von amerikanischen Firmen und Instituten, dort zu bleiben. Und sehr viele blieben, zumal in den 50er und 60er Jahren die politische Zukunft Taiwans sehr ungewiß schien.

Die Regierung in Taipeh hat dieses Problem, das auch den meisten Entwicklungsländern ernste Sorgen bereitet, frühzeitig erkannt. Durch die Gewährung von attraktiven Arbeitsplätzen und guten materiellen Bedingungen, den Appell an die patriotischen Gefühle der Studenten im Ausland und die wachsende wirtschaftliche und damit auch politische Stabilität auf der Insel wuchs die Zahl der rückkehrwilligen Studierenden von Jahr zu Jahr. Von nur 48 Rückkehrern im Jahre 1952 wuchs die Zahl auf 640 im Jahre 1980. Auch wenn man berücksichtigt, daß die Zahlen der Studenten im Ausland insgesamt stark angestiegen ist, so ist doch der Anteil der Rückkehrer im Vergleich zur Gesamtzahl ständig gewachsen.

Heute kann man sagen, daß ganz Taiwan eine große Schule ist: jeder vierte Chinese auf der Insel lernt in irgendeiner Bildungseinrichtung. Vor allem ist die Bildung kein Privileg der Reichen mehr, wie dies vor 30 Jahren noch der Fall war und im maoistischen China nur den »linientreuen« Gruppen gewährt wird, wobei die Frage der Linientreue ja einem ständigen Wechselbad unterzogen ist.

Tastendes Suchen nach Neuorientierung nach Maos Tod

Während der berüchtigten Kulturrevolution auf dem Festland war man besonders stolz auf folgenden Vorfall: ein junger Student, ein fanatischer Anhänger der anarchistischen Rotgardisten, übergab bei einer der wenigen noch durchgeführten Prüfungen seinem Professor ein unbeschriebenes Blatt Papier als Zeichen seiner Verachtung für die »bürgerlichen« Wissenschaftler. Sofort wurde er vom »Revolutionskomitee« für diese »Ruhemstat« zum Rektor besagter Universität »ernannt«! Man braucht sich nicht zu wundern, welche Folgen für Chinas Bildung und Wissenschaft dieser geisteskranke Vandalismus bedeutete. Maos Tod im Jahre 1976 wurde deshalb in China mit ähnlicher Erleichterung aufgenommen wie Stalins Ende im März 1953. Schlechter kann es nach diesem Jahrzehnt nicht mehr werden, es kann ja nur noch bergauf gehen, meinten viele. Und zunächst schien es so, als ob in Sachen Bildung und Kultur hoffnungsvolle Anzeichen sichtbar würden.

Im Herbst 1977, ein Jahr nach dem Tode des »Großen Steuermanns«, verkündete die neue Pekinger Führung, künftig werde im Bildungswesen die Vermittlung von Fachwissen Vorrang vor der Politisierung haben. Vor dieser Zeit waren nur zwei Kriterien wichtig: die »richtige« soziale Herkunft aus einer Arbeiter-, Bauern- oder Soldatenfamilie und eine Empfehlung durch die Arbeitsgruppe, daß der Bewerber für einen Platz in Schule, Fachschule oder Universität auch »politisch zuverlässig ist«. Außerdem mußte man zwei Jahre körperliche Arbeit nachweisen, ehe die nächsthöhere Ausbildung erlaubt war, damit die Intellektuellen auch nicht die »Verbindung mit den Massen« verlören. Da die Leistungskriterien als »bürgerlich« abgelehnt wurden – ähnlich wie die Forderungen bei uns, die Noten abzuschaffen! –, gab es keinen meßbaren Leistungsmaßstab mehr. Vetternwirtschaft wurde Tür und Tor geöffnet; wer über die richtigen Vitamin B(eziehung) verfügte, hatte auch bessere Bildungschancen im Mao-Kommunismus.

Ab 1977 sollte dies nun anders werden. Auch wenn nach wie vor eine parteitreue Gesinnung Voraussetzung für die Zulassung war – in Schule, Berufsschule oder an den Universitäten wird die Leistung wieder als wichtiges Kriterium anerkannt. Die erste Aufnahmebedingung lautet: »Unterstützung der Kommunistischen Partei und Liebe zum sozialistischen Vaterland«. Hat der Bewerber jedoch diese Grundbedingung erfüllt, darf er für die Universität Prüfungen ablegen, die im wesentlichen wissenschaftliche Fächer betreffen.

Da während der Kulturrevolution viele Kinder und Jugendliche keine ordentliche Schulbildung erhielten, stieg in China die Zahl der Arbeitslosen (20 Millionen heute!), die Kriminalität, einschließlich der Prostitution wuchs, wie auch kommunistische Zeitungen immer wieder bestätigen. Eine Spätfolge der Kulturrevolution ist ferner der gravierende Mangel an qualifizierten Arbeitskräften, um die ehrgeizigen, aber unrealistischen »Vier Modernisierungen« der neuen Führung in Peking verwirklichen zu können.

Im März 1978 tagten in Peking rund 8000 Wissenschaftler aus dem gesamten Riesenreich. Der damalige Parteichef *Hua Kuo-feng* und *Kuo Mo-jo*, Präsident der Chinesischen Akademie der Wissenschaften, erklärten, jetzt sei der »Frühling für die Wissenschaft« gekommen. Die Forscher und Gelehrten sollten nunmehr ungehindert ihren Tätigkeiten nachgehen können, um den Anforderungen der vier Hauptaufgaben gerecht zu werden: die Modernisierung der Landwirtschaft, der Industrie, der Verteidigung und der Wissenschaft/Technik. Wegen der Priorität der Landwirtschaft – nach offizieller Pekinger Darstellung haben auf dem Festland heute noch 100 Millionen Chinesen nicht genügend Nahrung, eine Spätfolge der Maoschen Volkskommunenpolitik – muß in den chinesischen Oberschulen beispielsweise im Fach Chemie agrarwirtschaftliche Nutzung vorrangig unterrichtet werden. Ja, selbst im kommunistischen China ging man nach dem Ende der Kulturrevolution dazu über, wenigstens im fachlichen Bereich moderne japanische und westliche Lehrbücher zu übersetzen und zu verwenden. Technisches Know-how aus dem Westen war plötzlich gefragt.

Fast 180 000 Manager der Staatsbetriebe wurden von der neuen Führung um den »Pragmatiker« *Teng Hsiao-ping* zu Abendschulungen geschickt, damit sie sich das ABC der Betriebswirtschaft wieder aneignen konnten. Erstaunliche Fächer wie Soziologie und Psychologie tauchten auf den Lehrplänen auf, neben solchen bisher unerhörten Sachen wie EDV. Auch auf dem Lande bemühten sich die Erben Maos, etwas mehr für die wissenschaftliche Bildung zu tun.

Jedoch: Trotz gewisser anfänglicher Fortschritte im Bildungswesen nach den Wirren der Kulturrevolution, herrscht auf diesem Gebiet nach wie vor große Unsicherheit. Zweifellos hat das kommunistische Regime auf dem Bildungssektor einiges zustande gebracht: der Analphabetismus ist dort auf etwa 10 Prozent zurückgegangen (auf Taiwan 7%), gleichzeitig muß jedoch auf das allgemein weitaus niedrigere Niveau von Lehrern und Hochschullehrern hingewiesen werden. Dies ist vor allem eine Folge der einseitigen politischen Indoktrination; statt des dringend benötigten Fachwissens wurde 30 Jahre lang das Pauken und Auswendiglernen von Mao-Zitaten gelernt. Nicht umsonst spricht man davon, daß in der Volksrepublik China ein Volk von halben Analphabeten herangebildet worden ist.

Auch rein zahlenmäßig (von den Qualitätsunterschieden haben wir schon gesprochen) ist das kommunistische China gegenüber dem freien China im Bildungswesen, wie auf fast allen Gebieten, ein höchst rückständiges Land geblieben.

Baden-Württembergs Wissenschaftsminister, Professor Helmut Engler, hat Ende 1981 nach einem Besuch der Volksrepublik China und zahlreichen Gesprächen in dortigen Universitäten und Hochschulen diplomatisch-vorsichtig geäußert (nach einer Pressemitteilung seines Ministeriums): »Das Hochschulwesen in der Volksrepublik China ist noch schwach ausgeprägt. Während es in China mehr als 1 Million Grund- und Mittelschulen mit ca. 200 Millionen Schülern gibt, bestehen im Hochschulbereich nur 675 Einrichtungen mit 1,1 Millionen Studierenden. Im Juli dieses Jahres (1981) haben über 5 Millionen Absolventen der Mittelschulen an der zentralen Hochschulaufnahmeprüfung teilgenommen, doch konnten nur 270 000 Prüflinge an den Hochschulen Aufnahme finden. Nur jeder zwanzigste Student hatte also eine Chance, einen Studienplatz zu bekommen«. Engler glaubt, daß dieses Hochschulwesen sich mit internationaler Hilfe fortentwickeln werde. Es könne jedoch nicht Sinn und Zweck der Kooperation sein, den chinesischen Hochschulen deutsche Erkenntnisse im Bereich der Hochschulausbildung aufzudrängen, erklärte der Minister, der durchaus für eine Zusammenarbeit mit Universitäten des Festlandes eintritt.

Es wäre sicherlich für Engler und andere Amtskollegen in Deutschland ganz nützlich, zum Vergleich einmal das Bildungssystem und Niveau auf Taiwan kennenzulernen. Vor allem für deutsche Universitäten wäre ein Austausch mit Einrichtungen des freien China weitaus ergiebiger, als nur einseitig mit den kommunistischen Universitäten zu flirten. Vor allem Sinologen können auf Taiwan viel mehr von der chinesischen Kultur und Literatur mitbekommen als im maoisierten Lehrbetrieb der Volksrepublik. Während in der Republik China 99,8 Prozent aller schulpflichtigen Kinder tatsächlich die Schule besuchen, sind dies im kommunistisch regierten Teil des Landes nur 90 Prozent. Das heißt, daß in der Volksrepublik rund 20 Millionen schulpflichtige Kinder gar nicht die Schule besuchen.

Die Schere wird um so größer, je höher die Schulbildung: denn während 97 Prozent der Grundschul-Absolventen auf Taiwan in die Oberschulen gehen, lautet die Zahl für das Festland nur 36,5 Prozent. Absolventen der Oberschule (junior high school), die die nächste Stufe (senior high school) erreichen, machen im freien China 65 Prozent aus, im Mao-China nur 30 Prozent.

Noch gravierender ist der Unterschied bei denjenigen Abiturienten, die eine Hochschule besuchen können: 79,9 Prozent auf Taiwan und nur 6,1 Prozent (oder wie Professor Engler sagte, sogar nur 5 Prozent) im kommunistischen China.

Der Staat auf Taiwan läßt sich die Ausbildung eines Schülers/Studenten einiges kosten: umgerechnet rund 1000 DM jährlich. Maos Regime dagegen zahlt nur 60 DM jährlich. Als Ergebnis der mangelhaften und einseitig politischen Bildung auf dem Festland hat der stellvertretende Erziehungsminister Pekings, Chang Cheng-Hsien, selbst zugegeben, daß 1979 150 Millionen Menschen in der Volksrepublik, oder 15,6 Prozent der Bevölkerung immer noch Analphabeten sind. Das sind wieder 5% mehr, als bisher offiziell zugegeben wurde!

Im Hochschul- und Universitätsbereich wird die Rückständigkeit des kommunistischen China besonders augenfällig. Bei den Vergleichszahlen muß man immer bedenken, daß die VR China eine Bevölkerung von 1000 Millionen, Taiwan nur 18 Millionen hat: 104 Hochschulen und Universitäten auf Taiwan stehen 675 entsprechenden Einrichtungen auf dem Festland entgegen. Während auf der im Vergleich zum Festland winzigen Insel, die nur so groß ist wie die Niederlande, 340000 Studenten lernen, hat das Festland, ein Kontinent größer als ganz Europa, nur 1,1 Millionen Studenten. Verglichen mit der Bevölkerung bedeuten diese Zahlen, daß auf Taiwan fast jeder 50. Einwohner studiert, in der Volksrepublik dagegen nur jeder 1000. Bürger.

Zunächst gab es sowohl auf dem Festland als auch in vielen westlichen Medien euphorische Hoffnungen hinsichtlich einer Liberalisierung nach dem Tode Maos. Und gewisse Anfänge ließen auch darauf schließen, wie etwa die Wandzeitungen, auf denen zunächst teilweise recht herbe Kritik erlaubt war. Auch begann das Regime um *Teng Hsiao-ping*, die Zerstörungen der chinesischen Kultur durch die Rotgardisten zumindest teilweise wiedergutzumachen. Auch Schriftsteller, Filmemacher und Künstler konnten in den Jahren 1977 bis 1980 etwas aufatmen.

Der extreme Ausländerhaß der Kulturrevolution wich einer angeblichen Offenheit. Viele Journalisten berichteten begeistert, wie offen und selbstkritisch man ihnen im China in der Nach-Mao-Ära begegnet sei. Die Öffnung nach dem Westen, so war überall zu lesen, würde dafür sorgen, daß in China bald demokratischere Verhältnisse, sozusagen ein Pekinger Frühling, herrschen würden.

Dies zeugt von einer Naivität gegenüber der starren chinesischen kommunistischen Ideologie, die mir persönlich unbegreiflich ist. Wer die Werke und Ideen *Mao Tse-tungs* gelesen hat, kann schwarz auf weiß nachlesen, daß eine solche Liberalisierung weder erwünscht noch möglich ist. Und die heutigen Machthaber in China sind derart eng mit dem ancien régime Maos verknüpft, daß sie sich gar nicht von den Ideen Maos lösen können, mögen sie auch Teilaspekte zaghaft mißbilligen.

Heute ist die Lage in China gerade auf dem Bildungs- und Kultursektor trotz gewisser Fortschritte wieder im Stadium der Zeit vor der Kulturrevolution: die zeitweilige Offenheit ist wieder dem Mißtrauen gewichen. Private Kontakte mit Ausländern sind erneut verboten. Für weltweites Aufsehen sorgte die Verhaftung einer amerikanischen Studentin im Frühjahr 1982 wegen angeblicher Spionage und die Inhaftierung zweier Chinesinnen, die das »Verbrechen« begangen hatten, einen Ausländer heiraten zu wollen.

Eine Episode in Stuttgart illustriert die »neue« Politik Pekings besonders deutlich: ein aus der Volksrepublik stammender Student, der hier Sprachen studiert, berichtete mir neulich, von deutscher Seite sei ihm angeboten worden, als Dolmetscher zu einer Industrieausstellung nach China zu fahren. Trotz der für einen Festlandschinesen unglaublich guten materiellen Konditionen dieses Angebotes, lehnte er ab. Seine Begründung: »Wer garantiert mir, daß ich wieder nach Deutschland ausreisen darf?«

Schon die Tatsache, daß er im Auftrage deutscher Firmen nach China reise, könne man im mißtrauischen Geheimdienstapparat Pekings so deuten, als ob der Auslandsstudent sich »zu eng mit Ausländern« eingelassen habe und womöglich ein »Spion der Bundesrepublik« geworden sei!

Auch die »Liberalisierung« auf dem Gebiet der Literatur war nur von kurzer Dauer. Bereits Ende 1979 wurde beispielsweise der berüchtigte *Zhou Yang* wieder zum Präsident des chinesischen Schriftsteller- und Künstlerverbandes »gewählt«. Auf deutsch: von der höchsten Parteispitze eingesetzt. Wer ist Zhou Yang? Er hat in China den Spitznamen, und das völlig zu Recht: »Gendarm der chinesischen Kunst«. Er leitete bereits 1942 die Mammut-Säuberungen unter Künstlern und Intellektuellen in den von der KP Chinas beherrschten Gebieten. Nach der Gründung der VR China war er verantwortlich für »Reinigungsaktionen« ähnlicher Art bis zum Jahre 1957.

Als »Feigenblätter« sind im Vorstand des Schriftstellerverbandes unter Führung des Kultur-Oberspitzels einige seiner ehemaligen (und wahrscheinlich künftigen) Opfer: *Ding Ling*, die 1957 auf Betreiben Zhou Yangs zu 20 Jahren Arbeitslager (!) in der Mandschurei verurteilt wurde, wo die Schriftstellerin nach offiziellen rotchinesischen Quellen Schweine züchten mußte. Ferner sind im Vorstand der Lyriker *Ai Tsching*, der bereits 1942, später 1957 von Zhou Yang ins literarische Nichts hinabgestoßen worden war, und der Wissenschaftler *You Pin-bo*. Letzterer wurde 1954 wegen »bürgerlichem Idealismus« aus der KP Chinas ausgestoßen. Zhou Yang, viele Jahre stellvertretender Propagandaminister (eine Art chinesischer Goebbels also) hat 1,8 Millionen Intellektuelle auf dem Gewissen . . . Wenn er heute an der Spitze von Chinas Autoren und Künstlern steht, dann erübrigt sich jede Prognose hinsichtlich deren Zukunft.

Wirtschaftswunder auf Taiwan:
Die Agrarreform – Freiwilligkeit als Grundlage

Während meines Aufenthaltes in der Republik China im Herbst 1981 fuhren wir – mein Begleiter Wu und ich – oft durch Dörfer auf der Insel. Besonders erfreut war ich über das Bild dieser ländlichen Gegenden: die Bevölkerung sah wohlgenährt und gutgekleidet aus, ihre Häuser für chinesische Verhältnisse gut gebaut und komfortabel eingerichtet. Überhaupt machten die Dörfer auf Taiwan einen gesunden Eindruck, zumal auch deren Infrastruktur sich buchstäblich sehen lassen kann: Schulen, Kindergärten, Läden, Bibliotheken, kulturelle Einrichtungen und Sportstätten sind heute im freien Teil Chinas auch auf dem Lande etwas Selbstverständliches. Und noch eines fiel mir auf: fast auf jedem Dach eines Bauernhauses eine Fernsehantenne, im Hause oft ein Farbfernseher. Autos, Motorräder und Mofas vor diesen Höfen sind weitere Zeugen eines Umschwungs in der Landwirtschaft, der in Asien einmalig ist. Man spricht zu Recht davon, daß auf Taiwan in den letzten 33 Jahren ein asiatisches Wirtschaftswunder vollbracht worden ist. Im allgemeinen wird dann auf Handel, Export und Industrie hingewiesen. Auch dies hat zweifellos seine Berechtigung.

Aber dieser Erfolg wäre undenkbar ohne die Bodenreform, die in der Republik China nach 1949 mit Konsequenz durchgeführt wurde. Und die Bodenfrage ist nicht nur in allen Entwicklungsländern der Welt *das* Problem überhaupt, sondern war für China in besonderem Maße der Schlüssel zu allen anderen Schwierigkeiten des Riesenreiches. Denn dadurch, daß in China eine in der Welt unbekannte Bevölkerungsexplosion in den letzten 300 Jahren vor sich ging – die heute übrigens noch andauert, so daß auf dem Festland heute bereits eine Milliarde Menschen leben, nachdem man 1945 von 500–600 Millionen Chinesen sprach –, wurde der Boden, der für landwirtschaftliche Zwecke genutzt werden konnte, immer knapper. Gleichzeitig wurde für China der Hunger zu einem chronischen Phänomen. Millionen Menschen verhungerten in China, Tote auf den Straßen von Schanghai und anderen Großstädten regten in diesem Jahrhundert niemanden auf, sie gehörten genauso zum Straßenbild wie Rikschas oder Bettler.

Die Armut und das Elend der chinesischen Bauern sind oft geschildert worden. Während auf der einen Seite die Pächter immer ärmer wurden, lebten die Großgrundbesitzer im China des 20. Jahrhunderts auf immer größeren Füßen. Mittelalterliche Verhältnisse reglementierten das Leben im Dorf. Wenn man dabei bedenkt, daß 80 bis 90 Prozent der Chinesen auf dem Lande lebten, so wird auch die Dimension dieses Problems deutlich.

Natürlich haben sowohl *Dr. Sun Yat-sen* als auch sein Nachfolger *Tschiang Kai-schek* und die Kuomintang-Regierung im Vorkriegschina das Agrarproblem erkannt. Dr. Suns drei Volksprinzipien beinhalten die immer wieder erhobene Forderung, das Prinzip zu verwirklichen: »das Land dem, der es bebaut«. Sun forderte den Staat auf, notfalls den Boden zu verstaatlichen und ihn an die armen Bauern zu verteilen. Tschiang Kai-schek und die von ihm geleitete Kuomintang haben nicht, wie fälschlicherweise behauptet wird, einseitig die Interessen der Großgrundbesitzer vertreten und deshalb die Agrarreform gar nicht durchführen wollen. Für so kurzsichtig und naiv sollte man diesen großen Staatsmann Chinas nicht halten.

Zwei Hauptbelastungen haben die chinesischen Pächter jahrhundertelang, wenn nicht jahrtausendelang, gepeinigt: die hohen Grundrenten und die wucherischen Zinsen für Kredite. Im Durchschnitt mußte der Pächter im alten China 50 Prozent des Wertes seiner Ernte dem Großgrundbesitzer auszahlen. In einzelnen Fällen betrug seine Abgabepflicht 70 Prozent der Ernte. War er nicht in der Lage, diese hohen Forderungen zu erfüllen, so mußte er Kredite aufnehmen – oft vom Großgrundbesitzer oder dessen Strohmännern –, bei denen jährliche Zinsen von 100 Prozent und mehr keine Ausnahmen waren. Durch diese zwei finanziellen Belastungen gelang es dem Großgrundbesitzer oft, billig mehr Land zu bekommen. Die kleinen und armen Bauern waren de facto Sklaven, mit denen der »Ti-tzhu« (der »landlord«) im Grunde genommen machen konnte, was er wollte.

Es war deshalb keine Seltenheit, daß die verzweifelten Bauern ihre Kinder verkauften, um nicht durch neue Hypotheken und Schulden ihr winziges Stück Land zu verlieren. Denn letzteres würde unvermeidlich das Ende der Familie bedeuten. Ein Abstieg ins städtische Lumpenproletariat wäre die Folge.

Oft wird in westlichen Ländern schnell von »Unmenschlichkeit« der Chinesen gesprochen. Aber die Menschlichkeit hat ihre Grenzen: wenn der Mensch buchstäblich am Hungertuch nagt, kann man von ihm keine »Menschlichkeit« verlangen. Denn dazu muß er so menschlich leben können, daß er sich den Luxus der Humanität auch leisten kann.

Bereits im Jahre 1924 hat der Kuomintang-Kongreß, noch zu Lebzeiten Dr. Sun Yat-sens, eine Bodenreform gefordert, deren wichtigste Punkte erst fast 30 Jahre später auf Taiwan durchgeführt wurden. Eine 25%-Kürzung der Grundrente wurde sogar in einigen Provinzen (Hunan, Hupeh, Kwangtung, Tschekiang) eingeführt, jedoch scheiterte die Maßnahme durch allerlei Intrigen auf örtlicher Ebene. Die Zentralregierung war einfach zu schwach, um sich gegen die einflußreichen Großgrundbesitzer vor Ort, mit ihren autonomen Machtorganen, durchzusetzen. Im Jahre 1930 beschloß die Nationalregierung, daß die jährliche Abgabe an den Landbesitzer nicht mehr als 37,5 Prozent der Haupternte betragen darf; exakt diese Forderung wurde bei der Bodenreform auf Taiwan durchgeführt.

Auch dieses blieb im alten China auf dem Papier: es herrschten zu jener Zeit chaotische innenpolitische Zustände. Und im Kriege, der bis 1945 andauerte, konnte man beim besten Willen nicht an eine Bodenreform denken. Alle Reserven Chinas, finanziell, personell, technisch und auch ideologisch wurden für den

Widerstand gegen Japan benötigt. Gleichzeitig mußte die Kuomintang sich gegen die zunehmenden Angriffe der Kommunisten wehren.

Diese Umstände sind die Hauptursache für den Sieg der Kommunisten. *Mao Tse-tung* und die anderen Funktionäre haben sehr früh erkannt, daß die bittere Armut der chinesischen Bauern der beste Nährboden für den Kommunismus darstellte.

Völlig konträr zur klassischen marxistisch-leninistischen Theorie, daß die Arbeiterklasse die Avantgarde einer sozialistischen Revolution sei, besagt der Maoismus, daß in Ländern wie China der Bauernschaft die entscheidende Rolle in dieser Revolution zufalle.

Deshalb waren die Propagandisten der 1921 gegründeten KP Chinas (*Kung Chan-tang*) vor allem auf dem Lande tätig. Bei dem desolaten Zustand, bei den scheinbar unüberbrückbaren Gegensätzen zwischen Landlords und armen Pächtern, zwischen reich und arm, erntete die kommunistische Propaganda große Erfolge. Im damaligen China der 20er bis 40er Jahre galt der Satz des Kommunistischen Manifestes von Marx und Engels, daß die Proletarierer (in diesem Fall die proletarischen Bauern) »nichts zu verlieren haben als ihre Ketten«. Und insofern ist es verständlich, daß die pauverisierten Millionenmassen Mao auf den Leim gingen. Niemand kann ihnen dies verübeln. Wer hätte damals geahnt, daß dieselben Bauern später in Volkskommunen und landwirtschaftlichen Kollektiven erneut zu Knechten und Sklaven wurden?

Die Kuomintang hat nach ihrer Niederlage im Jahre 1949 erkannt, daß sie vor allem an der fehlenden Regelung der Bauernfrage gescheitert ist. *Tschiang Kai-schek* und andere verantwortungsbewußte Führer der Nationalregierung übernahmen vor dem chinesischen Volk die Verantwortung für diese und andere Fehler der Vergangenheit. Und sie haben diese Selbstkritik mit der Zusage verbunden, auf dem verbleibenden Rest des chinesischen Territoriums diese Fehler nicht zu wiederholen und als erstes beim Aufbau eines neuen China eine echte, demokratische Bodenreform durchzuführen.

Unmittelbar nach der Etablierung der Nationalregierung auf Taiwan wurde die Bodenreform als erste wichtige Maßnahme schnell, unbürokratisch und konsequent in Angriff genommen. Da das Thema prinzipiell nicht neu war, wußte man in Taipeh, nach welchen Grundsätzen und Prinzipien zu handeln war: Wie bereits erwähnt, dürfen Pächter nicht mehr als 37,5 Prozent der Ernte als Abgabe an die Landbesitzer zahlen. Gleichzeitig wurde darauf geachtet, daß die Verluste der Landbesitzer sich in Grenzen hielten, so daß ein »Klassenkampf« vermieden werden konnte.

Zu jener Zeit befanden sich 21 Prozent der landwirtschaftlichen Nutzfläche auf Taiwan in staatlichem Besitz. Als Bestandteil der Grundrentensenkung wurde auch dieses Land zu niedrigen Pachtbedingungen Bauern zur Verfügung gestellt. Später, im Jahre 1951, wurde der staatliche Boden an Bauern verkauft, die alle notwendigen Schutz- und Unterstützungsmaßnahmen der Behörden genossen. Bereits vier Jahre nach Beginn der Bodenreform, 1953, konnte das Programm im wesentlichen erfolgreich abgeschlossen werden.

Aufgrund dieser Erfolge beschloß die Regierung, allmählich das Prinzip *Sun Yat-sens* zu verwirklichen: das Land dem, der es bebaut; das Pachtsystem sollte gänzlich abgeschafft werden. Stattdessen sollten freie Bauern als Eigentümer ihren Beitrag für die rasche Entwicklung der Provinz Taiwan leisten. Auch hier ging die Regierung konsequent, aber vorsichtig voran und bevorzugte nicht einseitig die kleinen oder großen Landbesitzer. Die Grundbesitzer wurden nicht einfach enteignet, wie in der Volksrepublik. Sie durften einen Teil des Besitzes behalten, wenigstens soviel, daß ihre wirtschaftliche Existenz gewährleistet war. Für den Rest erhielten sie einen fairen Preis. Zum Schutze gegen die damals grassierende Inflation bekamen die Grundbesitzer statt Bargeld Anteile an Industrieunternehmen. Dadurch kamen sie in den Genuß der Beteiligung am florierenden Wirtschaftsleben des Landes.

Gleichzeitig gewährte die Regierung den Pächtern billige Kredite zum Kauf der Grundstücke, die ihnen angeboten wurden. Der Verkauf des Bodens erfolgte durch Regierungsbeamte, um Streitigkeiten zwischen Grundbesitzern und ehemaligen Abhängigen von vornherein auszuschließen. Die Behörden achteten bei dieser Transaktion auch darauf, daß der Käufer der ehemalige Pächter war, daß das Stück Land dasselbe war und daß die Art der Arbeit dieselbe blieb wie bisher.

Dabei hatten die Behörden auf Taiwan 1949 recht schwierige Verhältnisse auf der Insel vorgefunden, die denen auf dem Festland ähnelten. Die Insel mit einer Oberfläche von nur 35.961 Quadratkilometern wies damals eine Bevölkerung von 7,3 Millionen Menschen auf. 205 Menschen lebten auf einem Quadratkilometer, eine immense Bevölkerungsdichte. Die landwirtschaftlich nutzbare Fläche betrug 2 Millionen Hektar, die Landbevölkerung zählte 3,8 Millionen Menschen. Dies bedeutete, daß jede Person in der Landwirtschaft im Durchschnitt über 0,52 Hektar Land verfügte.

Ähnlich wie auf dem Festland leidet auch Taiwan unter einem akuten Bodenmangel. Ende der 40er und Anfang der 50er Jahre waren nur 35 Prozent der Bauernhaushalte Grundbesitzer (247000 Familien), die ausreichend Grund und Boden zur Verfügung hatten. Die große Mehrzahl, 65 Prozent, gehörten zu den ärmeren Bauern, die hohe Pachtzinsen zu zahlen hatten. Ähnlich wie auf dem Festland mußten die Pächter auf Taiwan Pachtzinsen bis zu 70 Prozent der Ernte zahlen. Solche extrem schlechten Bedingungen waren in ganz Asien kaum zu finden, insofern befanden sich die armen Bauern in einer besonders prekären Lage. Die Pächter hatten nicht nur diese Wucherzinsen zu zahlen, häufig mußten sie auch Gebühren an »Verwalter« zahlen – wenn der Landlord keine Lust hatte, die Pachtgebühren selber einzutreiben –, zu Neujahr und anderen festlichen Anlässen mußten die ausgebeuteten Bauern auch noch teure »Geschenke« an die Grundbesitzer abliefern.

In Anbetracht dieser Notlage war schnelles Handeln dringend notwendig. Schon waren nämlich auch auf Taiwan kommunistische Agitatoren am Werke, die versuchten, ähnlich wie auf dem Festland, die Landwirte gegen die »reaktionäre« Regierung Tschiang Kai-scheks aufzuwiegeln. Doch diesmal gab *Tschiang* den Kommunisten keine Chance, die sozialen Gegensätze für ihre Ziele auszunutzen. Zu hoch war der Preis, den die Kuomintang für die Vernachlässigung dieses Grundproblems der chinesischen Gesellschaft zahlen mußte – den Verlust von fast dem gesamten Territorium Chinas.

Nur wenige Monate brauchte die Regierung im Jahre 1949, um die Gesetze über die Senkung des Pachtzinses zu beschließen: im Januar begonnen, konnten sie im April desselben Jahres bereits verabschiedet werden. Eine wichtige Bestimmung zum Schutz der Pächter besagte, daß Verträge nur noch in schriftlicher Form Gültigkeit haben. Dies war besonders wichtig, da im alten China viele solcher Verträge mündlich, sozusagen per Handschlag, abgeschlossen wurden. Und naturgemäß nutzten die Grundbesitzer, die wirtschaftlich Stärkeren, häufig die fehlende Schriftform aus, um die Verträge willkürlich zu ihren Gunsten zu ändern. Dies wurde jetzt vermieden, denn Kopien der Verträge lagen nunmehr bei den örtlichen Behörden (Kreisregierung, Dorfbürgermeister) vor. Außerdem wurde im neuen Gesetz über die Bodenreform vorgeschrieben, daß Pachtverträge für einen Zeitraum von mindestens 6 Jahre abzuschließen sind. Nur in einigen wenigen Ausnahmefällen darf der Grundbesitzer den Vertrag vorfristig kündigen.

Die Regierung in Taipeh hat aus den Fehlern der Vergangenheit gelernt. Damit die Regelungen nicht auf dem Papier blieben, wurden Überwachungsorgane geschaffen, die die Durchführung der Bodenreform auch nach der Unterzeichnung der neuen Pacht- und Kaufverträge regelmäßig kontrollierten.

Obwohl in Taipeh die zuständigen Regierungsbehörden für die Bodenreform zuständig waren, wurden auf Provinz- und Kreisebene zusätzliche Kontrollgremien geschaffen. So gab es ein Provinz-Überwachungskomitee, das die Senkung des Pachtzinses auf 37,5 Prozent kontrollieren mußte. Ihm gehörten 17 Mitglieder an, darunter der Sprecher des Provinzparlaments, der Präsident des Obersten Gerichts Taiwans, der Direktor des Provinz-Landbüros, der Direktor des Informationsamtes der Provinz und acht Vertreter relevanter gesellschaftlicher Gruppen.

Durch die Landreform auf Taiwan konnte im Jahre 1956 festgestellt werden, daß nur noch 230 000 Hektar Land verpachtet wurden, die Zahl der Pächterfamilien sank auf 156 000. Im Verlaufe der Landreform wurden rund 300 000 Verträge über 841 000 Grundstücke neu abgeschlossen. Auf Versammlungen in den Dörfern konnten die Pächter Klagen und Streitigkeiten vorbringen; hiervon wurde immer stärker Gebrauch gemacht, sodaß die einst rechtlosen Unterprivilegierten merkten, daß es den Behörden und Gremien ernst war mit der Agrarreform. Diese »Anhörungen«, wie wir heute sagen würden, trugen wesentlich zum großen Erfolg dieser Reform bei.

Vor der Durchführung der Agrarreform hatten die Chinesen übrigens versucht, den verstaatlichten japanischen Besitz an die Pächter zu vermieten, die auf freiwilliger Basis Genossenschaften bilden sollten. Es zeigte sich jedoch, daß die Chinesen im allgemeinen, und Bauern im besondern, von Kollektiven nicht allzuviel wissen wollen. Bis 1950 gab es nur knapp 6 Prozent der in Frage kommenden Fläche, die kollektiv bewirtschaftet wurde. Von 1951 bis 1962 wurden deshalb aus diesen staatlichen Gütern 96 000 Hektar zu sehr günstigen Konditionen verkauft, um die Bildung von Einzelwirtschaften zu fördern.

Gleichzeitig mit der Bodenreform auf Taiwan wurden auch andere Maßnahmen zur Unterstützung ergriffen. Dazu zählt die Bildung von Bauernorganisationen, die beispielsweise auch die Steuern erheben. Im Laufe der Jahre erweiterten diese Verbände ihre Aufgaben, von der Fortbildung bis hin zur Vermittlung von landwirtschaftlichen Krediten.

Die wirkliche Befreiung der Bauern von der Zinsknechtschaft hatte unmittelbare, spürbare Folgen: innerhalb von 4 Jahren (1949–1953) stieg die Reisproduktion, und Reis ist das Grundnahrungsmittel der Chinesen, um 47 Prozent. Und in derselben Zeit verzeichneten die Pächter eine Einkommensverbesserung von 81 Prozent als Folge der gesunkenen Zinsen.

Ein Regierungsinspektionsteam schrieb in seinem Bericht nach einem Besuch auf dem Lande im Februar 1951:

»Überall, wo wir hingingen, sahen wir neugebaute oder reparierte Bauernhäuser. Frauen und Kinder waren besser gekleidet als vorher. Auch die Ernährung der Menschen ist besser geworden. Diejenigen, die bisher von Süßkartoffeln gelebt haben, können jetzt polierten Reis essen«. Die Begeisterung in den Dörfern war so groß, daß man das Vieh jetzt »37,5 Prozent-Vieh« nannte, auch Häuser und die Bräute, die die Bauern jetzt durch den besseren Lebensstandard kaufen bzw. heiraten konnten, bekamen den Zusatz »37,5 Prozent-Häuser« oder »37,5 Prozent-Bräute«.

Gleichzeitig mit der Agrarreform begann auf Taiwan die Modernisierung der Landwirtschaft. Die Benutzung von Kunstdünger und der Kauf von Landmaschinen aller Art, die heute zum großen Teil im Lande selber hergestellt werden, haben aus der primitiven chinesischen Landwirtschaft eine der modernsten in der Dritten Welt gemacht. Heute ist Taiwan ein Exportland für viele landwirtschaftliche Produkte, darunter auch Reis. Und welche europäische Hausfrau kennt nicht die zahlreichen Gemüse- und Obstkonserven aus Taiwan, wie Spargel oder Champignons, die sich durch hervorragende Qualität und trotzdem vernünftige Preise auszeichnen?

Die Agrarreform auf Taiwan war aber auch deshalb so erfolgreich, weil sie von amerikanischen Beratern und Experten längere Zeit aktiv unterstützt wurde. Bereits am 1. Oktober 1948, ein Jahr vor der Flucht der Nationalregierung nach Taiwan, wurde in Nanking die »Joint Commission on Rural Reconstruction« (»Gemeinsame Kommission für den Wiederaufbau auf dem Lande«) ins Leben gerufen. Als das Gremium 1949 ebenfalls nach Taiwan übersiedeln mußte, arbeiteten 36 Amerikaner und Chinesen in ihm zusammen. 1964 betrug die Zahl der Mitarbeiter 184. In der Zeit bis 1963 gab das Komitee für Baumaßnahmen auf dem Lande umgerechnet rund 250 Millionen DM aus. Dazu zählen neben unmittelbaren Bodenreformaktivitäten auch flankierende Maßnahmen wie die Förderung einer modernen Viehzucht, Bewässerung und dergleichen mehr. So ist die Agrarreform ein Zeugnis einer erfolgreichen chinesisch-amerikanischen Zusammenarbeit, an die zumindest die Chinesen gern zurückdenken und für die sie dankbar sind.

Maos Bauern im Dienste der »Weltrevolution«

Das Thema der Volkskommunen und Bauern im kommunistischen China ist bereits angeschnitten worden. Hier möchte ich noch auf einige zusammenfassende Aspekte eingehen, die auch den Hintergrund für die Maßnahmen der KP Chinas in der Agrarpolitik etwas erhellen.

Als Kommunisten haben die Anhänger Maos bei der Bodenreform Marx' Theorien über diese Frage zur Grundlage ihres Tuns gemacht. Nach *Marx* ist der Privatbesitz des Bodens die Grundlage für das Entstehen des Kapitalismus und die Ursache für den Niedergang des Dorfes. Im Kommunistischen Manifest von *Marx* und *Engels* – der Bibel aller Kommunisten in der ganzen Welt – werden deshalb folgende Forderungen aufgestellt:
- Abschaffung des Grundbesitzes und die Anwendung aller Pachterträge für öffentliche Zwecke;
- die Schaffung von industriellen Armeen, vor allem für die Landwirtschaft;

– die Kombinierung der Landwirtschaft mit den Manufakturindustrien, sowie die allmähliche Abschaffung der Unterschiede zwischen Stadt und Land durch eine gleichmäßigere Verteilung der Bevölkerung.

Bereits *Marx* und *Engels* betrachteten in der Landwirtschaft die Enteignung als das geeignete Mittel, den gesamten Boden in staatliche Hand zu übertragen. Ähnlich dachten und handelten *Lenin* und *Stalin* in der Sowjetunion, als sie die Kolchosen und Sowchosen (Staatsgüter) schufen und gnadenlos gegen tatsächliche oder angebliche Großgrundbesitzer vorgingen. Die KP Chinas ist sogar ein Schritt weiter gegangen. Während nach der orthodoxen Lehre des Marxismus-Leninismus die Bauern lediglich als »Klassenverbündete« der Arbeiterklasse an zweiter Stelle auf der Rangliste der Revolutionäre stehen, haben *Mao* und die Seinen die Bauernschaft zur Avantgarde »befördert«. Denn in China war das städtische Proletariat noch sehr schwach entwickelt. Dagegen waren die sozialen Gegensätze auf dem Lande ein geradezu idealer Nährboden für kommunistische Propaganda.

Bereits in den Jahren von 1928 bis 1947 haben die Kommunisten in ihren »Sondergebieten« und den von ihnen kontrollierten Provinzen und Regionen Gesetze und Verordnungen erlassen, die eine Bodenreform regelten. Und sie versuchten, in ihren Gebieten diese Reform auch durchzuführen. Durch die Härte ihres Vorgehens gegen die »Großgrundbesitzer« erwarben sie die Sympathie vieler Bauern, die daraufhin den Truppen Maos folgten. Denn daß sie nach der Machtübernahme in ganz China wieder zu Sklaven herabdegradiert werden sollten, ahnten die Bauern damals noch nicht.

In diesem Punkt waren die Kommunisten taktisch der Kuomintang überlegen: sie hatten die richtige Spürnase dafür, welche Nöte und Sorgen die Bauern am meisten drückten, und wie man die Sympathie der Landbevölkerung gewinnen konnte. Eine strenge Disziplin der Mao-Armeen gegenüber der Landbevölkerung war ein weiterer Pluspunkt. Bisher waren die Bauern von

Bewaffneten immer schamlos ausgebeutet und ausgeplündert worden: ob dies Banditen waren, reguläre Soldaten oder rebellierende Söldner, ein Mann in Uniform und mit Waffen war für die chinesischen Bauern immer identisch mit Mord, Raub, Vergewaltigung und Brandstiftung. Erst recht galt diese Lebenserfahrung bei den Japanern. Und nun kam eine relativ disziplinierte Armee, die zum großen Teil aus einfachen Bauern bestand, alle möglichen Versprechungen glaubhaft verkündete. Wer sollte es den Bauern verdenken, daß sie diesen Parolen glaubten?

Nach der Machtübernahme in ganz China am 1. Oktober 1949 begannen die Kommunisten ihre Bodenreform auf dem Festland im Juni 1950. Bisher in der westlichen Presse kaum beachtet ist die Tatsache, daß diese Reform auf dem Festland mit der Hinrichtung von rund 1,2 Millionen (!) mittleren und reichen Bauern sehr teuer bezahlt wurde. Ohne ordentliches Gerichtsverfahren wurden sie, an Händen gefesselt und kniend, von ihren einstigen Pächtern bespuckt, geschlagen und gedemütigt. Aufgrund der zum Teil sicher berechtigten Klagen, nicht selten jedoch auch aus Rachegefühlen heraus übertriebenen Beschwerden endeten solche Tribunale in aller Regel vor den Hinrichtungskommandos der Mao-Justiz. Weitere 20 Millionen »Verbrecher« in der Landwirtschaft wurden in Konzentrationslager geschickt, die unter der Devise standen »Reform durch Arbeit«.

Im Februar 1952, nach der »Säuberung« der Dörfer von diesen »konterrevolutionären Elementen«, begann die Bildung von landwirtschaftlichen Genossenschaften nach dem Muster der sowjetischen Kolchosen. Zunächst wurden die Bauern in Brigaden zusammengefaßt, die sich gegenseitig helfen sollten. Die erste Stufe der Genossenschaft bestand darin, daß die Bauern das Land, das sie gerade aus den enteigneten Grundstücken der Landlords von der Partei »geschenkt« bekommen hatten, wieder zusammenlegen sollten, um die größeren Einheiten gemeinsam zu bearbeiten. Formell war zu diesem Zeitpunkt der Bauer jedoch noch der Besitzer seines Stückchens Boden.

Die nächsthöhere Stufe bestand darin, daß Grund und Boden, bisher noch Privatbesitz, zum Gemeindeeigentum der Genossenschaft erklärt wurden. Wurde die Ernte bisher noch vollständig dem Einzelbesitzer übergeben, so begann jetzt die Abgabe eines Teils der Ernte für die »Allgemeinheit«. Bis Juni 1957 gab es auf dem Festland Genossenschaften mit 117 Millionen Bauernhaushalten oder 97 Prozent aller Bauernfamilien in China.

Die chinesischen Bauern wurden, ähnlich wie in der Sowjetunion und allen anderen Ostblockländern (man denke nur an die Zwangskollektivierung in der DDR unter *Ulbricht* etwa zur gleichen Zeit, weshalb bis zum Bau der Mauer 1961 Hunderttausende von mitteldeutschen Landwirten in den Westen flohen, vor allem durch massive Drohungen und massenpsychologischen Druck zum Eintritt in die Genossenschaften gezwungen. Die Einzelheiten dieser großen Tragödie in der Geschichte des chinesischen Volkes müssen noch beschrieben werden.

Für Chinas Kommunisten hatte die Kollektivierung zwei wesentlichen Zielen zu dienen: Erstens wurde durch sie die zentrale, totalitäre Regierung gefestigt. Denn im Riesenreich war es seit jeher schwierig gewesen, die Gebiete außerhalb der Hauptstadt unter Kontrolle zu haben. Durch die strenge Organisation in den Genossenschaften wurde es möglich, das gesamte Leben eines großen Teils der chinesischen Bevölkerung unter Kontrolle zu halten. Denn in jeder Genossenschaft, in jedem Dorf spielte jetzt die KP-Organisation die entscheidende Rolle bei der Gestaltung des politischen, wirtschaftlichen und kulturellen Lebens.

Die Kollektivierung in China diente zweitens der Kriegsvorbereitung. Denn der Maoismus zeichnet sich nicht zuletzt durch eine besonders militaristische Auslegung des Marxismus-Leninismus aus. Mao war ein glühender Verfechter einer Weltrevolution, bei der China die Schlüsselrolle zu spielen hatte. Verschiedene Theorien waren damals im Umlauf, wie die These »Das Weltdorf umzingelt die Weltstadt«. Das heißt, die ärmeren

Länder der Welt, die Dritte Welt, würden gemeinsam die wohlhabenden Nationen überfallen, um so die Weltrevolution zu verwirklichen. Dann wiederum die Theorie, daß die Dritte Welt gemeinsam mit Westeuropa gegen die Supermächte (USA und Sowjetunion) kämpfen müsse.

Für die Verwirklichung dieser Ziele mußte das ganze Land straff und nach militärischen Prinzipien organisiert werden. Und dazu war die Form der Kollektive bei den Bauern genau das geeignete Mittel zur totalen Militarisierung des Riesenlandes. Zwei Drittel der Erträge mußten die LPGs in China in Form von Steuern und Abgaben an den Staat abliefern. Ist dies nicht von frappanter Ähnlichkeit mit dem Pachtzins in der »Feudalzeit«? Natürlich hieß es jetzt, da China eine »Volksregierung« habe, sei eine solche hohe Abgabe keine Ausbeutung, sie werde lediglich für das gesamte Volk von Peking verwaltet ...

Die Volkskommunen waren dann die »höchste Form« der Kollektiven. In der Kommune sind Dorf und Bauerngenossenschaft zu einer Einheit verschmolzen, hier herrschte Orwells Vision 1984 bereits »vorfristig« im Jahre 1958.

Nachdem im April jenes Jahres eine erste Volkskommune in Honan versuchsweise gestartet wurde, gab es bereits im Juli desselben Jahres im ganzen Land die neue Einrichtung. Im November 1958 gab es bereits 26500 Kommunen, in die 127 Millionen Bauernfamilien zusammengepreßt worden waren. Mit der Kommune versuchte das Regime das System der engen familiären Bindung, die bei den Chinesen weitaus intensiver ist als im Westen, durch das Kollektiv zu ersetzen.

Der Kommunismus wurde in den Volkskommunen buchstäblich praktiziert (Kommun = gemeinsam). Die Kinder wurden nicht mehr von den Eltern großgezogen, sondern in Kindergärten von Partei-Erzieherinnen ideologisch getrimmt. Das Essen wurde nicht zu Hause eingenommen, sondern in riesigen kommunalen Kantinen, Nähmaschinenteams machten die Kleidung für alle, in manchen Kommunen wurden getrennte Gemeinschaftsunterkünfte für Männer und Frauen gebaut, so daß nicht einmal Eheleute zusammenblieben.

Man kann sich kaum vorstellen, unter welchen unsagbaren, wirklich unmenschlichen Bedingungen in den Volkskommunen die Bauern leben, besser, dahinvegetieren mußten. Ich hörte Anfang der 60er Jahre von Chinesen, die in Kommunen leben mußten, die unglaublichsten, aber dennoch wahren Dinge. Ein Privatleben war nicht einmal mehr nach der Arbeit möglich. Abgesehen davon, daß die Arbeit fast die gesamte Zeit vor dem Schlafen beanspruchte.

Gleichzeitig wurden Millionen von Bauern bei schwersten Arbeiten herangezogen, um Staudämme, Fabriken usw. zu bauen. Das ganze China und vor allem seine Bauern wurden Rädchen in der Maschinerie des gigantischen Staates, rechtlose Sklaven. Das Interesse der kommunisierten Bauern sank auf den Nullpunkt, für den Staat und die Partei ihre Gesundheit zu opfern. Mißernten und Mißwirtschaft waren die Folge. Millionen Menschen hungerten in China Ende der 50er und Anfang der 60er Jahre. Das Fiasko der Volkskommunen war unübersehbar.

Noch mehr als in den Genossenschaften wurde das Leben in der Kommune auch total militarisiert. Alle gesunden Männer wurden in den Kommunen zur »Volkmiliz« gepreßt. Nach *Maos* Worten war dies »die Organisation des gesamten Volkes wie eine Armee«. Nicht nur der »Landarbeiter«, *jeder* Chinese im Alter von 16 bis 30 Jahren war damals irgendeiner bewaffneten Einheit zugeteilt. Lautstark wurde auch mir in China von offizieller Seite erklärt: »Sowohl Sowjetrevisionisten als auch die US-Papiertiger fürchten nichts mehr als die 400 Millionen bewaffneten Chinesen!« Frauen im Alter von 16 bis 50 (!) wurden in örtlichen Armee- oder Versorgungseinheiten militärisch gedrillt.

Der Widerstand gegen die Volkskommunen war bald so stark, daß auch die »Renminribau« (Pekinger Volkszeitung, Zentralorgan der KP Chinas) nicht umhin kam, über die negativen Reaktionen zu berichten: »Viele Leute, die von der Kommune hörten, verkauften alle ihre Schweine, Schafe und ihr Geflügel und feierten noch ausgiebig. Bei der Diskussion über die Gründung von Kommunen in einigen Orten, erklärten relativ wohlhabende Bauern ihre Unzufriedenheit hinsichtlich der Neuerung. So erklärte ein Mittelbauer namens *Tsui Chao-fu:* Was ist eine Kommune? Das ist doch nur eine andere Form der Ausbeutung«.

Dieselbe Parteizeitung schrieb am 19. November 1958:

»Die Volkskommunen in verschiedenen Orten waren in einer großen Verwirrung und die Organisation in der Kommune schlecht und wackelig, da die Bauern gegen das Rationierungssystem und die »einheitliche Verteilung sind«. Das Blatt berichtete aus einer Volkskommune in der Provinz Kwangtung (Südchina), daß auch »örtliche kommunistische Kader« gegen die genannten Verteilungssysteme auftraten. Zwei Kommunemitglieder wurden namentlich zitiert, die erklärten: »Schließlich ist alles weg. Am besten, man ißt und kriegt sein Geld und wurstelt sich so durch. Warum sollen wir hart arbeiten?«

Während auf Taiwan nach der Agrarreform die Ernteergebnisse rapide anstiegen, trat auf dem Festland genau das Gegenteil ein. Ich selber wurde in den 60er Jahren Zeuge, wie sogar die Bewohner von Großstädten (Peking, Schanghai oder Kanton), die wegen der vielen Ausländer bevorzugt beliefert wurden, buchstäblich am Hungertuch nagten. Ein bekannter Professor der Medizin, aus Indonesien in die VR China gelockt und mit zahlreichen Privilegien ausgestattet (darunter das Recht, einen Mercedes zu fahren!), mußte wegen Unterernährung wochenlang das Bett hüten, weil er zu schwach war, zu arbeiten. Wie der »kleine Mann« leiden mußte, kann man sich unter solchen Umständen leicht ausmalen.

Von der Leichtindustrie zur Schwerindustrie

Nur eine halbe Stunde dauerte der Flug von Taipeh nach Kaohsiung im südlichen Taiwan. Mein Begleiter George Wu und ich saßen in einem Flugzeug der Inlandsfluggesellschaft »Far Eastern Airways«, die die wichtigsten Städte der Insel miteinander verbindet.

Unser Ziel war Kaohsiung, die zweitgrößte Stadt Taiwans mit 1,2 Millionen Einwohnern (nach der Hauptstadt Taipeh mit einer Bevölkerung von 2,2 Millionen). Dort standen drei Punkte auf dem Programm. Der Besuch einer Schiffswerft, eines Stahlwerks sowie einer Export-Freihandelszone für ausländische Investoren.

Es war wie immer während meines Aufenthaltes auf Taiwan herrliches, warmes Wetter so um die 27 Grad Celsius. Im Herbst und im Frühjahr ist es dort übrigens am schönsten. In und um Kaohsiung ist die üppige, subtropische Vegetation noch stärker ausgeprägt als im Norden der Insel.

Zunächst war die Schiffswerft der »China Shipbuilding Corporation« unser Ziel. Die Gesellschaft hat übrigens nicht nur in Kaohsiung, sondern auch in Keelung (im Norden) eine Schiffsbauwerft. Zunächst wurden wir, wie in ganz China üblich, von hohen Mitarbeitern der Werft freundlich begrüßt. Es folgte der obligatorische Visitenkartenaustausch. Allen Besuchern Taiwans sei geraten, genügend Karten mitzunehmen; ansonsten kann man solche »Identitätszettel« auch preiswert auf der Insel herstellen lassen, wobei Name und Funktion auch auf Chinesisch gedruckt werden. Dies erleichtert dem Gastgeber die »Orientierung«, mit wem er es zu tun hat. Dann, ebenfalls Bestandteil des Rituals, ein »Briefing« in einem eigens hierfür eingerichteten Saal mit Film, Erklärung in einer Fremdsprache (meistens hat man die Auswahl zwischen Englisch, Französisch, Japanisch, Spanisch, seltener auch Deutsch), Broschüren und Informationen werden einem in die Hand gedrückt. Anschließend besteht die Möglichkeit, mit den PR-Leuten des Unternehmens bei einer

Tasse ungesüßten Tee sich über das Gesehene und Gehörte zu unterhalten und Fragen zu stellen.

Dann folgte die Besichtigung auf dem Riesengelände der Werft wobei ich auch Gelegenheit hatte, frei und ungezwungen mit den Arbeitern und Meistern der Werft zu reden. Alle meine Fragen wurden spontan und aufrichtig beantwortet.

Eine Schiffswerft sieht wie die andere aus, egal, ob sie in Kiel oder Kaohsiung liegt. Ich werde mir deshalb ersparen, die Äußerlichkeiten dieser Werft zu schildern. Trotzdem war diese Werft etwas anderes als ähnliche Einrichtungen in Europa: sie war offensichtlich neuer und moderner. Und die chinesischen Mitarbeiter sind besonders stolz auf »ihre« Werft mit ihren 5000 Mitarbeitern; denn sie symbolisiert greifbar für jeden den hohen Stand der Industrialisierung der Republik China, den noch vor 15 oder 20 Jahren jeder für eine Utopie gehalten hätte.

Die Werft in Kaohsiung, die im Jahre 1976 fertiggestellt wurde, war eines der zehn großen Projekte der Republik China der 70er Jahre. Heute ist sie eine der leistungsfähigsten und modernsten Werften der Welt, die mit Werften in Europa und Asien (Japan, Südkorea) in heftiger und erfolgreicher Konkurrenz steht.

So klagen beispielsweise die Geschäftsleitungen der deutschen Werftindustrie. Die Manager der China Shipbuilding Corporation aber sind zufrieden: »Wir sind bis 1984 mit Aufträgen ausgebucht. Alleine für die Vereinigten Staaten bauen wir derzeit 25 Schiffe, darunter 4 Tanker für die Exxon-Ölgesellschaft zu je 87000 Tonnen. Drei Öltanker sind für Kuweit bestimmt, und auf unserer Werft in Keelung bauen wir auch drei Containerschiffe für die Bundesrepublik«, wurde stolz erklärt.

Die jährliche Baukapazität alleine in Kaohsiung beträgt heute bereits 1,5 Millionen Bruttoregistertonnen, in Keelung 130000 BRT. Tanker bis zu 445000 Tonnen können jetzt auf Taiwan hergestellt werden, ferner können die Werften der Republik China faktisch alle Arten von Schiffen nach modernsten Gesichtspunkten, aber trotzdem preiswert bauen. Darauf ist man auf der Insel natürlich sehr stolz.

Die von mir besuchte Werft befindet sich noch in staatlichem Besitz. Wichtige Schlüsselindustrien auf Taiwan sind heute Staatseigentum, insofern ist es unrichtig, Taiwan als rein kapitalistischen Staat zu betrachten. Gerade um eine Monopolstellung und einen Mißbrauch der freien Marktwirtschaft auf lebenswichtigen Gebieten zu verhindern, wird auch staatlicher Dirigismus in der Republik China grundsätzlich nicht abgelehnt. In den letzten Jahren versucht jedoch die Regierung, Teile ihres Besitzes wieder zu reprivatisieren. Wie auch in der Bundesrepublik sind staatliche Unternehmen häufig nicht rentabel, und die Aufrechterhaltung des Staatsbesitzes nach der Konsolidierung der Wirtschaft ist deshalb überflüssig.

Alle Werften zusammen haben auf Taiwan die beachtliche Produktionskapazität von fast 2 Millionen BRT jährlich erreicht. Außerdem haben sich die chinesischen Werften auf Reparaturen von Schiffen spezialisiert: hier beträgt die Kapazität schon fast 5 Millionen BRT pro Jahr.

In Kaohsiung befindet sich auf dem Werftgelände ferner das im Jahre 1977 fertiggestellte, zweitgrößte Trockendock der Welt. Unter den Schiffsbaunationen der Welt hat die Republik China jetzt die 10. Stelle errungen. Was Reparaturen von Schiffen anbelangt, nimmt sie sogar den dritten Platz nach Japan und Singapur ein. Während anfänglich gewisse Auftragsmängel die Schiffsbauindustrie in Schwierigkeiten versetzten, hat sich die Lage seit 1980 wieder sehr günstig entwickelt. Es hat sich in der Welt herumgesprochen, daß Schiffe aus Taiwan qualitätsmäßig gut, preiswert und termingerecht geliefert werden.

Wichtig sind in diesem Zusammenhang Abwrackbetriebe, die rund 65 000 Menschen in 170 Unternehmen beschäftigen. Jährlich werden etwa 200 Schiffe (Gesamttonnage: mehr als 2 Millionen BRT) auf Taiwan verschrottet. Auf diesem Sektor ist Taiwan die unbestrittene Nummer 1. Der so gewonnene Stahlschrott wird entweder in der eigenen Hüttenindustrie oder im Export im Recycling-Verfahren weiter verwendet.

Yachten und Segelschiffe »made in China« gehören heute ebenfalls zu den Exportschlagern Taiwans.

Ein Land, das Schiffe, Flugzeuge und Autos baut, braucht viel Stahl und andere Rohstoffe. Da Taiwan ein sehr armes Rohstoffland ist, muß fast alles importiert werden. Der Aufbau einer eigenen Stahlindustrie war sehr schwiwig für das einst so rückständige Agrarland, aber unabdingbar für eine moderne und leistungsfähige Industrie.

In Kaohsiung sind die Bedingungen für die Werft optimal, denn das größte Stahlwerk der Insel ist genau ihr gegenüber gebaut worden. Nach der Besichtigung der Werft brauchten wir nur wenige Schritte zu tun, um die gigantische »China Steel Corporation« zu besichtigen. Auch hier ein Briefing mit Filmen und Erklärungen: Demnach sind die Erzeugnisse dieses Stahlwerks von internationaler Qualität. In der Automobilindustrie, im Schiffsbau und für die zahlreichen im Bau befindlichen und bereits funktionierenden Kernkraftwerke Taiwans werden die Erzeugnisse aus dem Stahlgiganten verwendet.

Das 1977 fertiggestellte Werk arbeitet teilweise mit ausländischen Hochöfen, darunter solchen der österreichischen Voest-Alpine AG, von Demag/Schlomann und Siemens. Bereits 1982 wollen die Chinesen jährlich 3,25 Millionen Tonnen Rohstahl in Kaohsiung produzieren. Als Endziel, so wurde mir während der Besichtigung der ultramodernen Anlagen weiter berichtet, sollen 1988 acht Millionen Tonnen Rohstahl jährlich hergestellt werden. Das Rohmaterial wird zu einem großen Teil aus Australien eingeführt. Das Stahlwerk, das zu einem großen Teil automatisiert ist, beschäftigt deshalb »nur« 1800 Mitarbeiter. 30 Prozent der Erzeugnisse (Eisen, Stahl, Bleche, Roheisen) werden exportiert. Heute kann China bereits ein Drittel des eigenen Bedarfs an diesen Erzeugnissen decken. Das Werk in Kaohsiung verfügt über eine eigene Eisenbahnanlage und einen Hafen, der von

Frachtern bis zu 150000 Tonnen benutzt werden kann.

Im Stahlwerk verdienen die Facharbeiter viel Geld: umgerechnet etwa 1250 DM monatlich. Bei den niedrigen Preisen für Lebensmittel und Wohnungen ist dies ein fürstliches Gehalt. Überhaupt verfügen sowohl die Werft als auch das Stahlwerk über vorzügliche Einrichtungen für die Mitarbeiter, die nicht nur chinesischen, sondern amerikanischen oder europäischen Standards angemessen sind: Bibliotheken, gute und preiswerte Kantinen, billige Werkswohnungen, Tennis- und andere Sportanlagen, Betriebskliniken und Kindergärten. All dies ist in China, Asien oder Afrika absolut nichts Selbstverständliches. Im freien Teil Chinas zählt es heute zum Alltag.

Die Hüttenindustrie (Eisen, Stahl und Nichteisenmetalle) auf Taiwan begann sich, wie die gesamte Schwerindustrie, nach der Entwicklung der Leicht- und Konsumgüterindustrie schnell zu entwickeln. In der Eisen- und Metallbranche betrug der jährliche Produktionszuwachs im Zeitraum von 1970 bis 1978 16,7 Prozent, im Bereich der Nichteisenmetalle 7,8 Prozent. Heute beträgt der Anteil des Staates in diesem Industriezweig etwa 50 Prozent. Neben dem Stahlwerk auf Kaohsiung produzieren rund 330 andere Unternehmen (Klein- und Mittelbetriebe) rund 0,6 Millionen Tonnen Roheisen und 1,7 Millionen Tonnen Stahl jährlich.

Wenn heute die Republik China nach meiner Auffassung nicht mehr ein Entwicklungs- oder sogenanntes Schwellenland ist, sondern durchaus zu den Industrienationen gezählt werden kann, so verdankt sie dies einer klugen Wirtschaftspolitik und Planung. Auf Taiwan setzte man auf die Kräfte der freien Marktwirtschaft. Gleichzeitig erkannte man in Taipeh, daß der Staat gewisse Regulierungsmechanismen und dirigistische Maßnahmen einsetzen muß, um eine einseitige Entwicklung zu verhindern. Dazu muß auch unbedingt die Politik Taipehs gegenüber dem Ausland und den Auslandschinesen (hierüber mehr im entsprechenden Abschnitt) genannt werden: eine gesunde Einstellung, frei von Xenophobie und Vorurteilen gegenüber Investitionen durch Ausländer und Landsleute aus Übersee. Und: eine *exportorientierte* Politik, um die zunehmende diplomatische Isolierung zu kompensieren.

Man war sich von Anfang an der Tatsache bewußt, daß es wenig Sinn hätte, nur für den räumlich und bevölkerungsmäßig sehr begrenzten eigenen Markt zu produzieren. Vielmehr mußte die Devise von Anfang an lauten, den Weltmarkt zu erobern. Ein ehrgeiziges Ziel, das heute im wesentlichen erreicht ist: denn mit 150 Staaten der Erde treibt die Republik China einen florierenden Handel.

Der Aufbau der modernen Industrie auf Taiwan vollzog sich im wesentlichen in fünf Perioden.

Da während der japanischen Kolonialzeit auf Taiwan Industrie nur in geringem Umfang – einseitig ausgerichtet auf das kriegsführende Mutterland – und im Zweiten Weltkrieg vieles auf der Insel bombardiert und zerstört wurde, galt es in der ersten Phase des industriellen Wiederaufbaus (1945–52), die zu 75 Prozent zerstörten Unternehmen wieder in Gang zu bringen. Dazu zählten die Energiewirtschaft, die Textilindustrie und die Düngemittelindustrie. Außerdem wurden zunächst die japanischen Betriebe verstaatlicht, später wurden sie im Verlauf der Bodenreform an private Unternehmer veräußert.

Aber bereits in dieser Phase des Wiederaufbaus entstanden zahlreiche kleinere und mittlere Privatunternehmen. Als besonders wichtig erwies sich die Textilindustrie, da es vor allem ihr gelang, zu einem bis heute wichtigen Devisenbringer des Landes zu werden. Textilien aus Taiwan sind heute genauso wie Textilien aus Südkorea und Hongkong in der gesamten westlichen Welt eine gefürchtete, weil überaus erfolgreiche Konkurrenz. Mit einem Anteil von rund 20 Prozent an der gesamten industriellen Erzeugung Ende der 70er Jahre ist die Textil- und Bekleidungsindustrie heute noch eine der wichtigsten Branchen in der taiwanesischen Industrie. Und als Anfang der 70er Jahre die einheimische Chemieindustrie rasch entwickelt wurde, bedeutete dies auch für die Bekleidungsindustrie einen großen Auftrieb. Taiwan wurde bald zu einem der wichtigsten Produzenten von Kunstfasern, die zu Stoffen und Wirkwaren verarbeitet wurden.

Die Jahre von 1953 bis 1960 bildeten die sogenannte Grundlagenphase für die Industrialisierung des Landes. In dieser Zeit wurde vor allem die Leicht- und Konsumgüterindustrie gefördert, namentlich die Nahrungsmittel- und die jetzt voll entfaltete Textilindustrie. Gleichzeitig wurde mit dem Bau von anderen Industrieunternehmen begonnen, die in den nächsten Jahren die Exportexpansion entscheidend mitprägten.

Schon lange Zeit vor der Industrialisierung war Zucker einer der wichtigsten Exportartikel Taiwans gewesen. Deshalb gab es bereits viele Zuckerfabriken, die aber jetzt verstärkt ihre Produktion, vor allem für den Export steigerten. Die Konservenindustrie ist heute übrigens ein wichtiger Devisenbringer. Außer Champignons und Spargel gehören Ananas und andere subtropische und tropische Früchte zu den beliebten Exportschlagern der Republik China. Gerade wegen der Champignons und wegen des Spargels gibt es einen regelrechten Handelskrieg zwischen der EG und Taiwan, wie auch teilweise im Bereich der Textilien und anderer Konsumgüter.

Auch wurden zahlreiche Reis-, Öl- und Weizenmühlen gebaut; Teefabriken in staatlichem Besitz produzieren hauptsächlich für den Inlandsbedarf.

Nach dem Korea-Krieg (1953) begann für Taiwan die Unterstützung durch die USA, die dem Land bis 1965 rund 1,5 Milliarden Dollar zur Verfügung stellte. Mit dieser Hilfe gelang es der Republik China dank ihrer klugen Wirtschaftspolitik, dem Fleiß und der Initiative ihrer Bevölkerung (sowohl der Arbeitnehmer als auch der Unternehmer) das Land soweit zu entwickeln, daß die Amerikaner schon 1965 mit Einverständnis der Chinesen ihre Entwicklungshilfe einstellen konnten. Fortan konnte sich die Republik China selbst weiterhelfen. Es ist dies meines Wissens eines der wenigen Entwicklungsländer der Welt, in dem das Ziel der Entwicklungshilfe voll erreicht wurde, nämlich die *Hilfe zur Selbsthilfe*.

Der große Aufschwung, der Taiwan das Attribut »asiatisches Wirtschaftswunder« einbrachte, geschah in der Zeit von 1961 bis 1975. Die bestehenden Unternehmen expandierten (darunter auch die Textilindustrie), gleichzeitig wurden wichtige Grundstoffindustrien errichtet. Der Export erreichte ständig neue Rekordergebnisse. Vor allem relativ neue Branchen wie die Elektro- und elektrotechnische Industrie, Chemie und Petrochemie, der Maschinenbau, die Keramik- und Plastikwarenindustrie, die Holz- und Papierverarbeitung gewannen auf den internationalen Märkten immer mehr an Boden und wurden zu einer gefürchteten Konkurrenz für die traditionellen Beherrscher dieser Märkte: Japan, Südkorea, Hongkong und Singapur, aber auch die USA und Westeuropa spürten, daß von der kleinen Insel Taiwan ernstzunehmende Konkurrenten, aber auch Partner auf sie zukamen.

Die vierte Phase begann 1976. Dabei kam es der Regierung auf die Beibehaltung der erzielten Erfolge an. Im Laufe der 80er Jahre will die Republik China den Prozeß zu einem modernen Industriestaat abgeschlossen haben. In dieser Zeit haben kapital- und technologieintensive Schwerindustrien und Großprojekte den Vorrang. Dazu zählt die Förderung der Maschinen- und Fahrzeugindustrie, der Chemie und Petrochemie, der Grundstoffindustrie, der Elektro- und elektronischen Industrie sowie der Entwicklung der Kernenergie.

Die rasante Entwicklung der Industrie ging einher mit einer Preisstabilisierung, einem Anwachsen der Löhne und des Lebensstandards in der Republik China. Gleichzeitig änderte sich naturgemäß die wirtschaftliche Struktur der Insel von Grund auf. 1952 hatte die Landwirtschaft noch einen Anteil von 36 Prozent der gesamten Produktion, die Industrie dagegen nur 18 Prozent. 1980 betrug dagegen der Anteil der Industrie bereits 52

Prozent, der der Agrarwirtschaft nur 7,7 Prozent.

Gleichzeitig wurde die Infrastruktur den Erfordernissen angepaßt. Dazu zählt vor allem die Modernisierung des Verkehrs. So wurde der Hafen von Taichung im Jahre 1976 vollendet, bei Taipeh wurde der neue Großflughafen »Tschiang Kai-schek« gebaut und in Betrieb genommen, während der bisherige kleinere Flughafen, der den modernen Anforderungen nicht mehr gerecht wurde, jetzt nur noch für Inlandsflüge benutzt wird.

Auch die Eisenbahnstrecken und die Autobahnen auf der Insel sind in den letzten Jahren erheblich ausgeweitet worden. Heute, davon konnte ich mich persönlich überzeugen, ist jeder wichtige Ort auf der Insel leicht zu erreichen: auf der Straße, Schiene, dem Wasserweg oder per Flugzeug. Auch dies ist eine der hervorragenden Leistungen der freien chinesischen Regierung. Sie hat zusammen mit den Chinesen Singapurs und Hongkongs bewiesen, wozu das chinesische Volk fähig ist, wenn es eine demokratische und möglichst freie Regierung hat. Denn gepaart mit dem Fleiß und der Intelligenz dieses Volkes können wahre Wunder, nicht nur wirtschaftlicher Art, vollbracht werden.

Zur Verbesserung der Infrastruktur wurden in dieser Phase zehn Großprojekte von der Regierung in Angriff genommen, die 7 Milliarden US-Dollar Investitionen erforderten. Zu ihnen zählten:
- der Bau von drei Kernkraftwerken (bis zum Jahre 2000 soll das Land sogar 12 Atomkraftwerke haben, die dann zu 40 Prozent den Energiebedarf der Provinz decken müssen);
- der Ausbau des Hafens von Su-ao zur Entlastung von Keelung.

Seit 1979 sind weitere 12 Großprojekte begonnen worden, die in zehn Jahren (1989) vollendet sein müssen. Dazu gehören unter anderem die Vollendung des Plans, bis 1986 die Eisenbahnlinie rund um die Insel fertigzustellen. Ferner der Bau von drei neuen Autobahnen, die die Insel durchqueren, ein weiterer Ausbau von Straßen und Häfen, der Bau neuer Städte und

Satellitenstädte, die Verbesserung des landwirtschaftlichen Bewässerungssystems, die Ausbesserung und der Bau von Flußuferdämmen und Seedeichen, die verstärkte Mechanisierung der Landwirtschaft, sowie der Bau von Bürgerzentren in jedem Kreis und jeder Stadt mit Bibliotheken und anderen kulturellen Einrichtungen. Da im Gegensatz zum kommunistischen China alle Wirtschaftspläne Taiwans bisher immer realisiert wurden, besteht kein Zweifel, daß auch diese Vorhaben Wirklichkeit werden. Dies ist die fünfte Phase des chinesischen »Wirtschaftswunders«.

Pekings Wirtschaft: Von Fiasko zu Fiasko

In der Volksrepublik China ging man den umgekehrten Weg: nach sowjetischem Muster wurden zunächst Betriebe der Schwerindustrie gebaut. Dabei wurde geflissentlich übersehen, daß die Sowjetunion selber mit dieser Methode für die große Masse der Bevölkerung unerträgliche Bedingungen schuf.

Die »Generallinie« der KP Chinas für die Periode von 1949 bis 1953 lautete, eine »schrittweise sozialistische Industrialisierung und Umgestaltung der Landwirtschaft, des Handwerks, der kapitalistischen Industrie und des kapitalistischen Handels« zu bewerkstelligen. Die katastrophalen Folgen der Landwirtschaft haben wir bereits behandelt. Konnte die VR China wenigstens auf industriellem Sektor etwas erreichen?

Mit Hilfe der Sowjetunion – das heißt, die Russen lieferten China zu überhöhten Preisen veraltete Maschinen und Ausrüstungen, das nennt sich dann »brüderliche proletarische Hilfe« – wurden bis 1959 insgesamt 250 Großbetriebe unter primitivsten Bedingungen in China errichtet. Weitere 108 Betriebe entstanden mit Hilfe der anderen Ostblockstaaten, darunter der DDR, Ungarn und der Tschechoslowakei.

Ohne Entschädigung wurden bereits in den ersten Jahren der Machtübernahme fast sämtliche Groß- und Mittelbetriebe enteignet. Im Jahre 1957 gab es nur noch 0,1 Prozent private Unternehmen in der Volksrepublik. Und sogar der Anteil der privaten Kleinbetriebe und Handwerker sank in jenem Jahr von 72 Prozent (1952) auf 3 Prozent.

Streng nach sozialistischen Vorstellungen wurden auch in Peking Fünfjahrespläne aufgestellt, bei denen von vornherein klargestellt wurde, daß die Schwerindustrie den Vorrang hatte, nicht zuletzt im Hinblick auf die militaristische Politik der Maoisten. Auch der zweite Fünfjahrplan von 1958–1962 sah diese Entwicklung vor, auf der Grundlage der »Vollendung der sozialistischen Umgestaltung des genossenschaftlichen und Volkseigentums«, wie es so schön auf »Parteichinesisch« hieß. Die einseitige Orientierung auf die Schwerindustrie hatte verhängnisvolle Folgen für die Versorgung der Bevölkerung. Denn erstens mußte der größere Teil der vorhandenen Investitionsmittel, die ohnehin knapp waren, für diesen Bereich zur Verfügung stehen. Zum andern forderten die »brüderliche« Sowjetunion und die anderen sozialistischen Staaten von China als Gegenleistung für die Lieferung von Fabriken, Maschinen, Anlagen und Experten vor allem Nahrungsmittel.

Während in China deshalb chronische Nahrungsknappheit herrschte, konnte man in den Kaufhäusern Moskaus, Prags oder Ost-Berlins damals sowohl chinesische Konserven, chinesischen Reis und andere Nahrungsmittel aus China kaufen. Schweinefleisch, Krabben und andere Konserven der Marke »Große Mauer« waren damals sehr beliebt im gesamten europäischen Ostblock, wie ich selber beobachten konnte.

Gleichzeitig machte sich in der chinesischen Schwerindustrie alsbald eine Stagnation bemerkbar. Denn die Planer in Peking hatten ganz und gar »vergessen«, daß es nicht genügt, mit Hilfe von Millionen Sklaven Betriebe aufzubauen: dazu benötigt man bekanntlich auch Facharbeiter, Ingenieure, kurzum technisches

Know-how, das ja überhaupt nicht da war. Mit Mao-Zitaten kann man keine moderne Industrie aufbauen! Und auch die sonstige Infrastruktur im kommunistischen China genügte den Anforderungen in keiner Weise.

Mit dem »Großen Sprung nach vorn« (1958) versuchte Mao aus dieser Sackgasse herauszukommen. Er geriet dabei jedoch in eine neue. Denn erstens wurde in die Industrie zu viel investiert, gleichzeitig war eine Riesenfluktuation aus der Landwirtschaft in die Industrie festzustellen. Kein Wunder, denn bei den bereits geschilderten katastrophalen Bedingungen in den Volkskommunen arbeiteten viele Bauern lieber gleich in den Fabriken: da gab es wenigstens mehr Lohn und eine relativ geregelte Arbeitszeit. Dieser zu starke Wandel war wiederum für die angeschlagene kommunistische Wirtschaft nicht verkraftbar.

Im Jahre 1960 wurde in China die Parole herausgegeben: »Aufbau aus eigener Kraft«, denn der Konflikt zwischen Moskau und Peking hatte jetzt auch öffentlich begonnen. Die Sowjets und die anderen »Bruderländer« zogen nach und nach ihre »Berater« und Experten aus China zurück. Ersatzteile wurden nur widerwillig, wenn überhaupt, geliefert. Im Jahre 1961 beschloß deshalb das ZK der KP Chinas »Maßnahmen zur Belebung des Handwerks, des Nebengewerbes, des Bauernmarktes sowie zur Reorganisation der Volkskommunen«. Nach den katastrophalen Folgen des »Großen Sprungs nach vorn« und der Kommunisierung der Bauern machte die Partei, ähnlich wie Lenin mit seiner Neuen Ökonomischen Politik, einen Rückzieher. Eine Parallele zu den heutigen Versuchen der Nach-Mao-Ära drängt sich auf: auch heute versuchen Pekings Führer ja, durch kleine Zugeständnisse, durch Anerkennung des Eigennutzes und des Leistungsprinzips die Wirtschaft wenigstens etwas zu beleben.

Bis 1966 waren die schlimmsten Folgen der Zwangswirtschaft gerade überwunden, da kam schon die nächste Katastrophe in Form der »Kulturrevolution«. Für die Industrie war dieser atavistische Schlag der Rotgardisten genauso verheerend wie für die Landwirtschaft. Das genaue Ausmaß der Verheerungen in der Industrie ist bis heute unbekannt und wird wohl für immer ein Geheimnis bleiben, jedenfalls unter der kommunistischen Herrschaft.

So veröffentlichte man in Peking bewußt keinerlei Kennziffern für den dritten Fünfjahrplan. Denn dieser fand ja in den Jahren 1966–1970 statt, also in der heißesten Phase der »großen proletarischen Kulturrevolution«, als nichts mehr funktionierte außer dem von *Madame Tschiang Tsching* und ihrer Viererbande verordneten kommunistischen Chaos. Experten schätzen lediglich, daß 1966 die Produktion von Stahl und Kohle auf dem Stand von 1958 stehen blieb.

Tatsache ist, daß in diesen fünf Jahren die gesamte chinesische Industrie große Verluste erlitt: die wenigen Fachleute, die es in den Industriebetrieben gab, wurden zum großen Teil wegen »konterrevolutionärer« Äußerungen oder Taten von ihren Ämtern entfernt, in Umerziehungslager gesteckt, oder mit irgendwelchen erniedrigenden Arbeiten gedemütigt. Durch die totale Aufgabe des Leistungsprinzips und die Zahlung von noch niedrigeren Hungerlöhnen als zuvor verlor der chinesische Arbeiter jede Lust, sich besonders anzustrengen: die Produktion sank auf ein Minimum. Die in den Betrieben tobenden Rotgardisten verursachten ein derartiges Durcheinander, daß ein reguläres Arbeiten ohnehin kaum möglich war. Die polnischen Zustände von heute waren schon damals in China an der Tagesordnung.

Kein Wunder, daß der 10. Parteitag der KP Chinas im Jahre 1973 und die 1. Tagung des Nationalen Volkskongresses in Peking zwei Jahre später mit keinem Wort auf die Wirtschaft eingingen. Sie lag so darnieder, daß nicht einmal die erfindungsreichsten Propagandisten daraus etwas Positives hätten machen können. Statt dessen begnügte man sich, den Kopf in den maoistischen Sand zu stecken und sich mit allgemeinen Appellen an die »Werktätigen Chinas« zu begnügen, weiterhin den »Sozialismus/Kommunismus« aufzubauen!

Wenn es trotzdem gelungen ist, in manchen Bereichen der Industrialisierung voranzukommen, so sind es meines Erachtens vor allem zwei Faktoren, die den Ausschlag gaben: Das Festland hatte bereits vor der Machtübernahme durch die Kommunisten eine beachtliche Schwerindustrie aufzuweisen, vor allem im Nordosten Chinas (Mandschurei). Zum anderen verfügte das Festland aus dieser Zeit noch über gute, alte bürgerliche Experten, denen es *trotz* der kommunistischen Mißwirtschaft gelang, einigermaßen vernünftig zu arbeiten. Und eines dürfen wir vor allem nicht außer Betracht lassen: den sprichwörtlichen Fleiß. Die Opferbereitschaft und die Intelligenz des chinesischen Volkes gelten natürlich sowohl für die Chinesen unter dem kommunistischen Regime wie auch für die Landsleute in der Provinz Taiwan. Nur hat der System-Wettbewerb beider Teile Chinas klar gezeigt, unter welcher Gesellschaftsordnung es den Chinesen, wie auch anderen Völkern, besser geht. Dies erleben wir ja schließlich auch im geteilten Deutschland, in Korea und im einst geteilten Vietnam.

Nach dem Tode Maos wurde auf dem 11. Parteitag der KP Chinas im Jahre 1977 ein Wirtschaftsprogramm bis zum Jahre 2000 verabschiedet. Dieses Programm Pekings soll in zwei Etappen verwirklicht werden: von 1976–85 sollen 120 Großprojekte der Grund- und Schwerindustrie gebaut werden, darunter neue Eisenbahnlinien, Überseehäfen. Die Jahresproduktion bei Stahl soll 60 Millionen Tonnen betragen, 400 Millionen Tonnen Getreide werden anvisiert.

Schon ein Jahr nach der Verkündigung dieses Programms, das in westlichen Wirtschaftszentren zu utopischen Hoffnungen führte – man sprach nur noch von Milliardenaufträgen aus Peking –, mußte das 3. Plenum des Zentralkomitees der KP Chinas im Dezember 1978 feststellen, wie auch der V. Nationale Volkskongress kurz danach (im Januar 1979), daß dieser Plan unrealistisch ist. Deshalb wurden »Korrekturen« gemacht, von 120 Großprojekten war nicht mehr die Rede. Vielmehr wurde für die Zeit von 1979–1981 eine »Regulierungsperiode« zwischengeschaltet. Auf Deutsch: man trat auf die Bremse, man hatte sich wieder einmal verkalkuliert.

In Japan und in Westeuropa schlossen große Konzerne mit Peking Verträge ab, die zweistellige Milliardenbeträge umfaßten. Der Jubel, auch in der Bundesrepublik war groß, in den Medien und Schaltzentralen der Superunternehmen sah man die Rettung vor Arbeitslosigkeit und Konjunkturflauten in Peking. Um so größer der Katzenjammer, als Peking einen Vertrag nach dem anderen annullierte, weil die Bedingungen gar nicht vorhanden sind, diese propagandistisch wirksame, aber völlig absurden Vorhaben auch nur annähernd zu verwirklichen.

Taiwans Entwicklung zu einem exportstarken Industrieland

Mit Fug und Recht kann man sagen, daß die kluge Außenhandelspolitik Taipehs der wichtigste Faktor für das asiatische Wirtschaftswunder, das auf der kleinen Insel in den letzten 30 Jahren geschaffen wurde, war und ist. Sowohl absolut als auch im Vergleich zur Bevölkerung von etwas mehr als 18 Millionen Menschen hat die Republik China heute eine der wichtigsten Positionen im Welthandel erobert. Und dies trotz der zunehmenden politischen und diplomatischer Isolierung der Republik China durch die meisten Staaten der freien Welt.

Der Außenhandel Nationalchinas belief sich 1981 auf 43,8 Milliarden US-Dollar (oder rund 100 Milliarden DM). Er lag damit um 10,8 Prozent höher als im Vorjahr. Gleichzeitig verzeichnete Taipeh einen Handelsüberschuß von 1,4 Milliarden Dollar.

Die Exporte betrugen 1981 22,6 Milliarden Dollar, die Importe lagen mit 21,2 Milliarden Dollar nur ein wenig unter den Ausfuhren. Im Vergleich zum Jahr davor bedeutet dies, daß der Export um 14 Prozent, der Import um 7,4 Prozent gestiegen ist. Auf der Exportliste standen traditionell an erster Stelle Textilien: 4,6 Milliarden Dollar oder ein Fünftel des gesamten taiwanesischen Exports. Dann folgen Produkte der elektronischen Industrie, die auf Taiwan gerade in den letzten Jahren einen gewaltigen Sprung nach vorn gemacht hat (3,3 Milliarden Dollar), Schuhwaren (1,5 Milliarden Dollar) sowie Erzeugnisse der Möbelindustrie, Holzwaren und Metallerzeugnisse.

Schon dieser summarische Überblick über die Produktpalette zeugt von dem Wandel nicht nur der Quantität, sondern auch des Warenkatalogs. Denn der gesamte Außenhandel der Republik China hatte beispielsweise 1952 ein Volumen von nur 303 Millionen US-Dollar, erst 1965 wurde die Eine-Milliarde-Marke überschritten. Und: die Produkte waren damals vor allem landwirtschaftliche Erzeugnisse, billige Plastikartikel und ähnliches mehr.

Importiert wurden 1981 vor allem Rohöl (21 Prozent aller Einfuhren, 4,4 Milliarden Dollar), dann folgten: Maschinen (2,6 Milliarden Dollar), elektronische Geräte (1,6 Milliarden Dollar) sowie Erzeugnisse der chemischen und Stahlindustrie.

Nach wie vor sind die Vereinigten Staaten – trotz diplomatischer Anerkennung Pekings durch Washington am 1. 1. 1979 – Haupthandelspartner des freien Chinas. Die USA importieren aus Taiwan Waren im Werte von 8,1 Milliarden Dollar. Das sind 36 Prozent des gesamten Exports der Republik China. Japan und Hongkong kauften für 2,4 beziehungsweise 1,9 Milliarden Dollar Waren aus Taiwan ein und sind damit die nächstgrößeren Handelspartner.

Mit diesen beachtlichen Ergebnissen im Außenhandel erklomm das freie China auf der Weltrangliste der Exportländer den achtbaren 14. Platz, ein Jahr zuvor war es nur der 23. Platz.

In Asien steht Nationalchina gar an zweiter Stelle, unmittelbar hinter dem Wirtschaftsriesen Japan. Mehr als die Republik China exportierten 1981 nur noch folgende Staaten: (vom 13. bis zum 1. Platz) Brasilien, die Schweiz, Schweden, Belgien, die Niederlande, Kanada, Italien, Großbritannien, Frankreich, Saudi-Arabien, Japan, die Bundesrepublik Deutschland (176 Milliarden Dollar) und die USA (233 Milliarden Dollar).

Aufgrund dieser Liste kann man die Schlußfolgerung ziehen, daß die Republik China keine »quantité négligeable« in der Weltwirtschaft ist. Im Gegenteil, seine Bedeutung nimmt von Jahr zu Jahr zu. Vor allem für die europäische und bundesdeutsche Wirtschaft ist dies von besonderem Interesse, denn in den nächsten Jahren möchte Taipeh, nicht zuletzt wegen der politischen Entwicklungen, die einseitige wirtschaftliche Orientierung in Richtung USA und Japan ändern. Europa gewinnt für Taiwan eine immer größere Bedeutung, wie ich in Taipeh feststellen konnte und wie konkrete Aktivitäten Taipehs in dieser Richtung immer klarer beweisen.

Nach Angaben des stellvertretenden Vorsitzenden des Rates für Wirtschaftliche Planung und Entwicklung, *Sun Shen*, ist die wirtschaftliche Entwicklung 1981 »konstant« geblieben, in Teilbereichen sogar besser als in anderen Staaten der Welt. So sei die Exportwachstumsrate Chinas rascher angestiegen als in den USA, Japan, der Bundesrepublik oder Südkorea.

Ein erstes ernstzunehmendes Indiz der Neuorientierung Taipehs ist die Entscheidung der Regierung vom 13. Februar 1982, »vorläufig« für mehr als 1500 japanische Warenarten ein Einfuhrverbot auszusprechen, darunter fallen auch Busse und Lastkraftwagen. Dies ist die Antwort Taipehs auf die Tatsache, daß 1981 das Defizit im Handel mit Japan mit 3,4 Milliarden Dollar erheblich höher war als ein Jahr zuvor, als dieses Minus nur 3,18 Milliarden betrug. Tokio wiederum drohte daraufhin, Präferenztarife für chinesische Produkte zu streichen.

Die Chinesen haben jedoch gute Gründe für ihren drastischen

Schritt gegen die japanischen Handelspartner: denn die Aggressivität der Nippon-Söhne gerade in Sachen Export ist für die Chinesen auf Dauer nicht zumutbar. Mit Ausnahme von 1955, so argumentiert man in Taipeh, überstiegen Japans Exporte nach Taiwan immer stärker die Importe von der Insel. So lauten die entsprechenden Zahlen für 1981: während Taiwan von Japan Waren im Werte von 5,9 Milliarden Dollar einführte, exportierte das Land nach Japan lediglich für 2,4 Milliarden Dollar. Deswegen sei jetzt eine deutliche »Warnung« an die Adresse Tokios notwendig, daß man eine solche einseitige Handelspolitik nicht mehr tolerieren könne, zumal Taiwans Industrie und Landwirtschaft jetzt auch für ein so hoch entwickeltes Land wie Japan genügend Angebote zu bieten habe. Gleichzeitig kündigte Wirtschaftsminister *Y. T. Chao* in Taipeh an, daß seine Regierung bereit sei, zur Bereinigung des Handelskonflikts mit Japan zu verhandeln. Der offene Konfrontationskurs Taipehs gegenüber dem mächtigen Japan, einst Aggressor in China, beleuchtet das wachsende Selbstbewußtsein der Regierung des freien China.

Europa war bisher für Taiwan in Vergleich zu den USA und Japan relativ unbedeutend. Dies soll sich jetzt ändern und bedeutet eine enorme Chance für die exportabhängigen Staaten des alten Kontinents. Die Länder der europäischen Gemeinschaft exportierten im Jahre 1970 Waren im Werte von nur 116 Millionen US-Dollar nach Taiwan, aber zehn Jahre später (1980) stieg diese Zahl auf 1,2 Milliarden US-Dollar. Die Importe der westeuropäischen Staaten aus Taiwan sind dagegen weitaus höher, 1970 betrugen sie 143 Millionen, 1980 bereits 2,7 Milliarden Dollar. Schon wegen dieses Defizits ist Taiwan interessiert, künftig mehr aus Europa zu importieren.

Inzwischen ist der Handel mit Westeuropa weiter angestiegen: für die ersten 10 Monate des Jahres 1981 betrug das Handelsvolumen mit der Republik China 4 Milliarden US-Dollar. Interessant dabei ist, daß die Exporte nach Europa im Vergleich zum gleichen Zeitraum des Vorjahres um 2 Prozent gesunken, die

Importe aus Europa dagegen um 5,2 Prozent angestiegen sind. Daraus kann man die ernste Absicht Taipehs ersehen, die noch große Differenz in der Handelsbilanz auszugleichen.

Nach wie vor größter Handelspartner Taiwans in Europa ist übrigens die Bundesrepublik Deutschland. Das gesamte Handelsvolumen für den genannten Zeitraum 1981 betrug 1,3 Milliarden Dollar. Das sind 31 Prozent des gesamten Außenhandelsvolumens Chinas mit Europa. Weitere wichtige Handelspartner Chinas in Europa sind Großbritannien, die Niederlande, Frankreich, Italien, die Schweiz, Belgien, Schweden, Spanien, Dänemark, Griechenland, Österreich und Portugal. Während Deutschland, England, Holland, Frankreich, Italien und Belgien die wichtigsten Abnehmer taiwanesischer Waren sind, rückten die Bundesrepublik Deutschland, England, Holland und Frankreich auch zu immer wichtigeren Lieferanten für die Republik China auf.

Als ich im Herbst 1981 auf Taiwan war, fiel mir beispielsweise auf, daß in fast allen Gaststätten des Landes Heinekens Bier aus Holland in großen Mengen verkauft wurde. Auch die Werbung für das Bier aus dem Käseland war sehr auffällig. Die wirtschaftlichen Beziehungen zu Holland sind in der Tat sehr stark angestiegen. Und zwar offensichtlich in Zusammenhang mit dem Verkauf zweier holländischer U-Boote an Taiwans Kriegsmarine. Dies hat bekanntlich böses Blut in Peking hervorgerufen, aber Holland hat sich im Gegensatz zu anderen westeuropäischen Ländern nicht einschüchtern lassen. Das Ergebnis: heute kommen viele Einkäufer aus Taiwan nach Holland, um dort durch Großaufträge die Dankbarkeit Taipehs für die unabhängige Haltung Den Haags konkret zum Ausdruck zu bringen.

Der Handel zwischen der Republik China und den Niederlanden ist in den letzten zwei Jahren enorm angestiegen. Dies könnte jedoch auch bei vielen anderen Ländern Europas der Fall sein, wenn man sich nicht zu sehr von Illusionen über mögliche Riesengeschäfte mit Peking leiten läßt, die sich nur allzu oft als Seifenblasen erweisen.

In Taipeh ist Anfang 1981 ein niederländisches Handelsbüro, bei Rotterdam (in Capelle aan den Ijssel) Mitte 1982 ein chinesisches »Taiwan Handelszentrum« eröffnet worden. Im Januar 1981 hatte Holland in der Hafenstadt Keelung mit großem Erfolg eine schwimmende Ausstellung niederländischer Produkte durchgeführt. 150 Unternehmen, darunter Philips, die Luftfahrtgesellschaft KLM und andere wichtige Betriebe beteiligten sich an dieser »EXPO 11«. Holland nahm dann an weiteren Messen auf Taiwan teil, Chinesen reisten nach Holland, um das Geschäft ihrerseits anzukurbeln. Deshalb stieg der Handel zwischen Holland und Taipeh allein 1981 um 35 Prozent und erreichte die Summe von 850 Millionen US-Dollar. Namhafte holländische Banken eröffneten angesichts dieses Booms Zweigstellen auf der Insel. Alleine Philipps betreibt jetzt vier Werke in der Republik China, die geschäftstüchtigen Holländer kündigten weitere Investitionen an. Holländer und Taiwanesen betonen dabei, es gebe viele Ähnlichkeiten zwischen beiden Staaten: sie seien beide fast gleich groß (oder klein), die Bevölkerungsdichte sei ebenfalls sehr intensiv, beide Staaten sind exportabhängig. Die Holländer nennt man deshalb oft die Chinesen Europas und die Chinesen die Holländer des Fernen Ostens ...

Die Neuorientierung nach Europa zeigt bereits erste konkrete Früchte bei der Einrichtung von Handelsmissionen und Vertretungen sowohl in Europa als auch auf Taipeh selbst. Die Schweiz, Frankreich, und auch der Deutsche Industrie- und Handelstag (DIHT) haben seit kurzem Vertreter in der Hauptstadt der Insel. Dadurch werden die Handelsbeziehungen naturgemäß erleichtert. Im Juni 1982 wurde auch mit Spanien die Eröffnung von Handelsbüros in Madrid und Taipeh vereinbart, ein Abkommen über wirtschaftliche und technologische Zusammenarbeit wurde unterzeichnet.

Auch das sozialistische Frankreich hat die Bedeutung Taiwans als Handelspartner erkannt. Heute befinden sich 200 französische Firmenvertreter ständig auf Taiwan, vor fünf Jahren waren es nur fünf. 1981 kamen rund 8500 Franzosen nach Taiwan, 15 Prozent mehr als im Vorjahr: und die meisten kamen aus geschäftlichen Gründen. Ab Frühjahr 1983 wird ein Produkt chinesisch-französischer Kooperation bildhaft auf den überfüllten Autostraßen des Landes die Bewunderung der Autofans auf sich ziehen können: Der Renault 9 GTL wird gemeinsam mit der örtlichen »San Fu« Automobilfabrik auf Taiwan gebaut werden. Dieses Auto ist nach französischen Angaben wegen seiner computergesteuerten Teile anderen Modellen dieser Klasse um fünf Jahre voraus. In den nächsten drei Jahren sollen rund 50000 Stück dieses Auto-Mischlings hergestellt werden.

Durch Messen europäischer Produkte auf Taiwan will China den Import europäischer Produkte fördern. Die erste Messe dieser Art fand im Mai 1981 statt. Nach einer Woche registrierte die Messeleitung 100000 Besucher, und an Ort und Stelle wurden Bestellungen in Höhe von 32 Millionen DM getätigt. 97 Prozent der 293 Messeaussteller aus 13 europäischen Ländern erklärten bei einer Umfrage, sie würden sich wieder an einer solchen Veranstaltung auf Taiwan beteiligen. Gleichzeitig brachten sie ihre Anerkennung für die Entwicklung der Marktmöglichkeiten auf Taiwan und die starke Kaufkraft des freien China gerade für europäische Produkte zum Ausdruck.

H. K. Shao, Direktor des Außenhandelsbüros in Taipeh, erklärte, man werde in Anbetracht des großen Erfolges dieser ersten Europäischen Messe ähnliche Veranstaltungen »alle zwei oder drei Jahre« durchführen. Diese Absicht konnte er sogar vorfristig erfüllen, würde man in einem sozialistischen Staat sagen; denn bereits ein Jahr später, im Mai 1982, wurde eine Woche lang die »Eurotec 82« erfolgreich in Taipeh wiederholt. 150 namhafte europäische Firmen aus 11 europäischen Nationen stellten ihre Produkte im »Taipei World Trade Center« aus. Auf 3500 Quadratmeter Ausstellungsfläche konnten die Chinesen die gesamte Palette der europäischen technischen Produktion begutachten.

Nebenbei bemerkt kamen 79, mehr als die Hälfte der Aussteller, diesmal aus der Bundesrepublik Deutschland, ein erfreuliches Zeichen dafür, daß man hier die Signale aus Taipeh richtig gedeutet hat.

Vor allem wollte Taipeh die modernste europäische Technologie kennenlernen, dementsprechend waren die Exponate zu einem beachtlichen Teil Novitäten. Dabei spielt die Bundesrepublik Deutschland eine besonders wichtige Rolle, denn Chinas Respekt vor deutscher Technik und Wissenschaft ist nach wie vor ungebrochen. Deswegen wurde gerade auf dieser Messe mit Freude registriert, daß der Handel mit dem freien Teil Deutschlands von nur 167 Millionen Dollar im Jahre 1971 auf 1,5 Milliarden US-Dollar Ende 1981 angestiegen ist.

Als Ergebnis dieser Öffnung nach Europa haben gegenwärtig zehn Staaten dieses Kontinents Verbindungsbüros auf Taiwan. Taipeh wiederum konnte in Europa 14 Kultur- und Handelszentren etablieren. In den letzten Jahren stieg die Zahl der europäischen Bankfilialen von fünf auf neun in der Republik China. Nichtsdestotrotz gibt es wegen der fehlenden diplomatischen Beziehungen zu Europa – alle Staaten haben nur noch mit Peking offizielle Beziehungen – noch einige ungelöste Probleme, nicht zuletzt auch im Verhältnis zu Bonn.

Peking: Der große Stornierer vom Dienst

Die zunehmende politische Isolierung des freien China durch seine einstigen Verbündeten in der freien Welt ist sicherlich auch darauf zurückzuführen, daß die Größenverhältnisse – im Gegensatz etwa zum geteilten Deutschland, Korea oder früher Vietnam – rein zahlenmäßig betrachtet so ungünstig für Taiwan sind.

Vor allem die Zahl »EINE MILLIARDE« Chinesen auf dem Festland gegenüber 18 Millionen auf Taiwan, die 9,5 Millionen

Quadratkilometer des kommunistischen China gegenüber 35 000 der Republik China haben viele »Freunde« Chinas in den letzten Jahren veranlaßt, das freie China wie eine heiße Kartoffel fallenzulassen und mit dem scheinbar so großen, mächtigen Peking einen, wie ich meine, gefährlichen Flirt zu beginnen.

Aber die Bedeutung der einen Milliarde Chinesen und die Größe Festlandchinas sind nur relativ: denn das kommunistische Regime ist aufgrund seiner inneren Strukturen, Machtkämpfe, Kurzsichtigkeit und seines Dogmatismus nur begrenzt handlungsfähig, zumindest hinsichtlich einer rationalen und pragmatischen Politik. Dies gilt nicht nur für die Außenpolitik Pekings, wo ein ständiges Hin und Her, ein Schwanken zwischen ultralinker revolutionärer Stimmung zu einer angeblichen Öffnung gegenüber dem Westen, dann wieder ein Flirten mit Moskau (wie gerade jetzt, Mitte 1982) zu beobachten ist, sondern auch meßbar im Bereich der Wirtschaft und des Außenhandels.

Der Außenhandel der VR China, ein Gebiet der euphoristischsten Betrachtungen europäischer, japanischer und amerikanischer Unternehmer (eine MILLIARDE potentielle Käufer ihrer Produkte, ein KONTINENT mit unbegrenzten Aufnahmefähigkeit) ist nämlich, was die wenigsten wissen, geringer als der Taiwans. Das Volumen des Außenhandels betrug 1980 auf Taiwan mit seinen 18 Millionen Menschen und der Größe Hollands 40 Milliarden US-Dollar (1981: 43 Milliarden). Aber der Riese Volksrepublik mit seiner MILLIARDE Menschen wies im selben Jahr nur einen Außenhandel von 38 Milliarden Dollar auf! Wer hätte dies wohl gedacht?

Pro Kopf der Bevölkerung wird dieser Unterschied noch deutlicher: auf Taiwan beträgt der Außenhandelsumsatz pro Bürger im Vergleich zum Festland 57 zu 1. Jeder Taiwan-Chinese exportiert und importiert also fast 60 mal soviel wie sein Landsmann im kommunistischen Staat.

Dabei ist dies auch nur rein quantitative Aussage. Sie besagt nichts über die Palette und Qualität dieses Außenhandels. Davon wird noch zu sprechen sein.

Daß der Außenhandel des kommunistischen China während der Kulturrevolution (1966–1976) völlig darniederlag, muß nicht besonders hervorgehoben werden. Und vor dieser Zeit war der Handel Pekings mit der freien Welt auch minimal. Bis etwa 1960 waren vor allem die Sowjetunion und die anderen »Bruderländer« die Geschäftspartner Chinas, wobei die kommunistischen Staaten Osteuropas im Rahmen ihrer »proletarischen Hilfe« Mao kräftig übers Ohr hauten (zum Beispiel durch überhöhte Preise für ihre veralteten Maschinen und Anlagen). Und vor der Kulturrevolution gab es auch noch immense Schwierigkeiten wegen des Embargos gegenüber Peking und der fehlenden diplomatischen Beziehungen, den Handel mit dem Westen richtig in Schwung zu bringen. Und nicht zuletzt der chinesische Staatsapparat, der noch schwerfälliger ist als der in Moskau, Prag oder Ost-Berlin (kaum vorstellbar, aber wahr, wie ich selber während meiner zwei Besuche feststellen konnte), hat bis heute dafür gesorgt, daß der vor allem von Japan und vom freien Westen so herbeigesehnte Außenhandel mit dem Riesenmarkt Chinas sehr begrenzt bleiben muß.

Nach dem Tode Mao Tse-tungs und den ersten Anzeichen einer Neuorientierung in Außenpolitik und Wirtschaft setzte die große Euphorie, um nicht zu sagen, Illusion, ein. China war jetzt das Zauberwort. Aus allen westlichen Staaten, nicht zuletzt aus der Bundesrepublik Deutschland, strömten die Delegationen aus Politik und Wirtschaft nach Peking. Die erstaunlichsten Milchmädchenrechnungen wurden aufgestellt, und man muß wirklich den Kopf schütteln, mit welcher Naivität manche Manager in hohen Chefetagen elektrisiert waren, sobald sie das Wort CHINA in den Mund nahmen. Um so größer war der Katzenjammer und die Enttäuschung, als die herbe Wirklichkeit gerade in den letzten zwei Jahren zutage trat.

Alleine in Baden-Württemberg meldeten sich Ende November 1979 100 Unternehmen an, um mit Wirtschaftsminister *Rudolf*

Eberle nach China reisen zu dürfen, meldete die Industrie- und Handelskammer in Stuttgart. Viele mußten auf das Frühjahr 1980 vertröstet werden. Große, mittelständische und kleinere Unternehmen im fleißigen und tüchtigen Schwabenland glaubten damals noch an das »Wunder« einer neuen chinesischen Wirtschaft.

Anfang 1980 konnte man in den deutschen Zeitungen Meldungen darüber lesen, daß möglicherweise der VW-Golf und Mercedes-LKW in China gebaut werden könnten. Pekinger Spitzenfunktionäre nährten diese Gerüchte, indem sie ihr Interesse für solche Vorhaben auch gegenüber dem damaligen Bundesforschungsminister *Volker Hauff* bekundeten. Schon sah man die Milliarde »blauer Ameisen« mit VW-Golfs zur Staatsfabrik oder Volkskommune fahren, die Straßen Chinas voller Lastwagen mit dem guten Stern aus Stuttgart-Untertürkheim. Sicherlich wissen die Strategen der genannten Automobilkonzerne, daß das China-Geschäft, wenn überhaupt, ein sehr schwieriger und langwieriger Prozeß sein wird, dies habe ich in Gesprächen feststellen können. Aber ein Teil meiner Berufskollegen in den Medien greifen begierig solche unreifen Überlegungen aus Peking auf, um ihre Sympathien für das kommunistische China auch noch wirtschaftlich zu untermauern, oder vielleicht auch aus purer Sensationsgier.

Schon die reißerischen Überschriften wie »In China geht es um neue Milliarden-Geschäfte« (Stuttgarter Nachrichten, 8. 8. 1980), die ähnlich auch in vielen anderen bundesdeutschen Zeitungen illusionäre Hoffnungen nährten, zeugen von den unrealistischen Vorstellungen in der Bundesrepublik hinsichtlich der tatsächlichen Möglichkeiten des von den Kommunisten immer noch rückständig gehaltenen Riesenkontinents. Denn die wirtschaftlichen Katastrophen als Folge von »großen Sprüngen nach vorn«, »Kulturrevolution« und der zaghaften Entmaoisierung können auch *Teng Hsiao-ping* und die Nachfolger Maos nicht rasch beheben. Vor allem dann nicht, wenn sie nicht bereit sind, die mißlungene sozialistische Planwirtschaft endgültig abzuschaffen. Da nutzen auch kleine Konzessionen und Rückzieher im Grunde nichts: sie sind nur der Tropfen auf den glühendheißen chinesischen Stein.

Im Herbst 1979 wurde eine deutsch-chinesische Wirtschaftskommission ins Leben gerufen, um die vorausgesagten »Milliarden-Geschäfte« etwas zu konkretisieren. Die Deutschen waren vor allem an dem Ausbau der chinesischen Rohstofflieferungen interessiert. Dabei geht es um Wolfram, Erze, Zinn, Titan, aber auch Kohle. Erdöl und Uran gehören auch zu den interessanten möglichen Lieferungen aus dem Reich der Mitte. China selber wiederum bekundete sein Interesse, vom deutschen Know-how auf den Gebieten des Maschinen- und Anlagebaus zu profitieren, ferner im Bereich Chemie und Elektroindustrie.

Aber schon damals gab es bei Befürwortern der Ausweitung des Handels mit China auch Hinweise und Warnungen, nicht »in Euphorie zu verfallen und kurzatmige Hoffnungen auf eine schnelle Erschließung eines riesigen Marktes von fast einer Milliarde Menschen für den Export unserer Produkte zu hegen«. Dies sagte Baden-Württembergs Ministerpräsident Lothar Späth, der allerdings langfristig durchaus gute Chancen für den China-Handel sieht und einer der eifrigsten Verfechter einer solchen Ausweitung des Marktes gerade für das exportorientierte Bundesland ist. Wäre Späth jedoch auf Taiwan gewesen, so würde er sofort sehen, welche enormen Chancen für die mittelständischen Unternehmen seines Bundeslandes dort noch ungenutzt vorhanden sind.

Hermann Honold von der Industrie- und Handelskammer in Stuttgart, warnte ebenfalls bereits 1980 vor einer allzu großen Hoffnung auf rasche Geschäfte mit der VR China. Er verwies darauf, daß die Volksrepublik »auf Jahrzehnte hinaus noch nicht in der Lage sein wird, das zur Erfüllung der eigenen Entwicklungspläne notwendige westliche technische und Fertigungs-Know-how sowie die erforderlichen Investitionsgüter mit selbst im Außenhandel verdienten Devisen zu zahlen«. Zum anderen wäre eine »große, geradezu sprunghafte Steigerung des Exports nach China möglich, wenn die Volksrepublik bereit wäre, sich im gleichen Maße im Ausland zu verschulden wie die Comecon-Länder«. Eine solche Bereitschaft bestehe »trotz einer erheblichen Verschuldungsfähigkeit nicht«, konstatierte der Außenhandelsexperte der Stuttgarter Handelskammer.

Ganz so prüde sind aber Chinas Kommunisten gar nicht, wie die Ereignisse der Jahre 1980 bis heute zeigen. Sie sind kapitalistischere Kaufleute, als man bisher angenommen hatte. Denn zunächst einmal unterzeichneten die Pekinger Führer mit japanischen und westeuropäischen Großunternehmen riesige Verträge. China wollte sogar für zweistellige Milliardenbeträge aus diesen zwei entwickelten Industrieländern alle möglichen Anlagen und Projekte kaufen. Der Jubelschrei in diesen Ländern war unüberhörbar. China wurde fast zum Retter des in wirtschaftliche Schwierigkeiten geratenen Westens und Japans erklärt. »Peking rettet hunderttausende von Arbeitsplätzen«, war überall zu hören und zu lesen, von den Profiten und damit Investitionsmöglichkeiten der betroffenen Unternehmen einmal abgesehen.

Doch kaum war die Tinte unter diesen Riesenverträgen trocken und die Champagnergläser geleert, da deutete Peking an, und aus der Andeutung wurde scheibchenweise Realität, das kommunistische China könne gar nicht soviel kaufen, wie es bestellt hatte. Die Infrastruktur des Landes sei nicht darauf eingerichtet, es gebe zu wenig Fachleute, und man habe außerdem gar nicht soviel Geld. Und nun begann ein raffiniertes Spiel, das bisher keiner meiner Kollegen durchschaut hat (zumindest nicht in den zahllosen Beiträgen, die ich zu diesem Thema gelesen habe): denn während in den Metropolen der westlichen Länder und Japans das große Zittern begann um die Verluste aus den gekündigten Verträgen mit Peking, reisten die Emissäre des Mao-Reiches nach Tokio, Bonn und anderswohin. Sie deuteten an (immer abstrakt bleiben, heißt die Devise), Peking *könnte* möglicherweise doch die Aufträge aufrechterhalten, wenn, ja wenn die westlichen Staaten und deren Banken bereit wären, »günstige« Kredite zu gewähren. Und günstig heißt für Peking: zinslos, in 30 Jahren abzubezahlen. Oder wenn Zinsen, dann weit unter den weltmarktüblichen, so höchstens 1 bis 3 Prozent.

Aber auch für den Fall, daß es bei der Massenstornierung der MILLIARDEN-Aufträge bliebe, hat Peking bis heute nicht eindeutig erklärt, ob es bereit wäre, Schadenersatz zu leisten. In Japan ließen die Vertreter des kommunistischen China erklären, wegen der »Neuorientierung« der Wirtschaftsplanung Chinas könnten die Aufträge im Werte von rund 3 Milliarden DM nicht aufrechterhalten werden. Man sei jedoch bereit, Schadenersatz »entsprechend internationalen Gepflogenheiten« zu leisten. Japans Finanzminister *Watanabe* wußte auch nicht so recht, was damit wohl gemeint sein könnte. Er äußerte sich deshalb sehr vorsichtig zu den Wünschen Pekings nach billigen Krediten, schließlich könne Tokio China nicht bevorzugt behandeln.

Zumal die Chinesen für den Fall der Gewährung solcher Kredite nicht etwa alle stornierten Aufträge wieder unterschreiben würden, sondern allenfalls, wie immer nebulös formuliert, »einige« Projekte, beispielsweise auf petrochemischem Gebiet, verwirklichen würden. Da China auch in Japan erheblich an Gesicht verloren hat, sind die Söhne Nippons jetzt sehr kühl und distanziert zu ihren Nachbarn im Westen. Kein Wunder, daß Pekings Ministerpräsident *Zhou tze-yang* bei seinem Besuch in Japan im Sommer 1982 dies deutlich zu spüren bekam.

Im Frühjahr 1981 machte ein hoher rotchinesischer Wirtschaftsfunktionär, *Zhong Jing-ping,* ähnliche »Vorschläge« in Richtung Bonn. Zhong, der auch der deutsch-chinesischen Wirtschaftskommission angehört, erklärte, er hoffe, daß die Bundesrepublik bereit sei, China mit Hilfe von Krediten bei der Überwindung der gegenwärtigen Wirtschaftsprobleme zu helfen. Zwar habe Bonn bisher Kredite an Peking abgelehnt, doch zur »Förderung des deutsch-chinesischen Handels« solle die Bundesregierung ihre Kreditpolitik gegenüber der VR China ändern, forderte Zhong unmißverständlich. Zhong erklärte, die Importbeschränkungen Chinas seien nur »vorübergehend«. Und je mehr das Ausland China Hilfe gewähre, um so schneller könne die »Regulierung« der Wirtschaft in seinem Lande erfolgreich abgeschlossen werden. Von dem Baustopp Pekings sind übrigens mehrere große deutsche Firmen betroffen, die Industrieanlagen im Werte von rund zwei Milliarden Mark in China errichten sollten. Diese »Regulierung« (die wievielte schon, vermag niemand genau zu sagen!) in der VR China dauert übrigens immer noch an. Ministerpräsident *Zhao* erklärte in Peking Ende November 1981 vor der Tagung des Nationalen Volkskongresses, sie werde noch »mindestens fünf Jahre« in Anspruch nehmen. Das heißt, frühestens 1986 soll sich die ramponierte Wirtschaft wieder einigermaßen erholt haben.

Ich habe meine berechtigten Zweifel, ob dieses Vorhaben gelingt. Denn: bis vor kurzem hieß es in Peking, die drastische Beschränkung der Importe aus dem Westen als Folge der »Regulierung« werde 1983, später, 1985, beendet sein. Und schon hat Premier Zhou diesen Termin wieder um ein Jahr verlängert! Der Regierungschef teilte in seiner Rede mit, die Schwerindustrie werde künftig wieder besonders gefördert werden. Gegenüber 1980 sei die Produktion dieses Zweiges um fünf Prozent zurückgegangen. Er gab zu, daß die Wirtschaft des Landes immer noch »mit erheblichen Problemen« zu kämpfen habe. Der Lebensstandard der Bevölkerung »lasse noch viele Wünsche offen«. Das Wirtschaftswachstum sei gegenwärtig »noch nicht so groß wie in den 50er und 60er Jahren vor der Kulturrevolution«. Dabei habe ich in den 60er Jahren in China einen sehr bescheidenen Lebensstandard vorgefunden, aber nicht einmal dies ist bis heute wieder erreicht worden!

Nicht nur gegenwärtig, sondern auch langfristig gesehen ist mit einem Exportboom ins kommunistische China nicht zu rechnen. Zu diesem Schluß kam die Weltbank in einer Untersuchung, die Mitte 1981 veröffentlicht wurde. Vor allem die »zu starre Wirtschaftslenkung« in China sei noch zentralisierter als die anderer Ostblock-Staaten. Auch die Methoden Chinas bei der »Energieverschwendung« veranschauliche die Unfähigkeit der chinesischen Führung, auch nur die Grundregeln des Wirtschaftens zu beachten. Der Energieeinsatz je Dollar, so die Experten der Weltbank, sei in der VR China dreimal so hoch wie im Durchschnitt aller anderen Staaten der Erde. Ursache: es fehle in China jeder Anreiz zum sparsamen Umgang mit Energieprodukten.

Trotz einer geringen Steigerung des Bruttoinlandprodukts in den Jahren 1957–1979, die sich aber nicht im bisherigen bescheidenem Umfang von 2,7 Prozent jährlich halten wird, stagnierte die Arbeitsproduktivität: im Durchschnitt stieg sie nur um 0,3 Prozent jährlich. Andere sich entwickelnde Staaten haben durchschnittlich eine Steigerung der Arbeitsproduktivität von 0,9 Prozent. Auch die Kapitalproduktivität stieg nur sehr geringfügig. Zum Vergleich: auf Taiwan betrug die Steigerungsrate des Bruttoinlandproduktes in den Jahren 1965–1979 10,6 Prozent: vier mal so schnell wie im kommunistischen China und 11 mal so schnell wie in anderen sich entwickelnden Ländern. Die Arbeitsproduktivität auf Taiwan ist heute die zweitbeste im Weltmaßstab. Da die Arbeiter auf dem Festland genauso fleißige und tüchtige Chinesen sind wie auf Taiwan kann die Ursache für diese diametral entgegengesetzte Entwicklung nur im System liegen. Hier kommunistische Zwangskollektivwirtschaft, da freie Entfaltung des Marktes, Anerkennung des Leistungsprinzips.

Daß die »Regulierungspolitik« in Peking wenig Chancen hat, verwirklicht zu werden, wurde Anfang 1982 wieder deutlich: aus China wurde gemeldet, daß immer mehr dogmatische Funktionäre die Wiederherstellung einer starken, zentral gelenkten Wirtschaft fordern. Als ob die heutige zentrale Steuerung nicht schon schlimm genug wäre, wollen die starrköpfigen Maoisten zur totalen Kontrolle und Bürokratisierung zurück! Sie fürchten sich bereits vor den lächerlich geringen Kompromissen in Richtung Marktwirtschaft, die die Männer um den 78jährigen, schwerkranken *Teng Hsiao-ping* jetzt gewährt haben. Dazu zählt eine gewisse Dezentralisierung: Provinzregierungen dürfen unter bestimmten Bedingungen Ausrüstungen im Ausland direkt kaufen. Dies hatte zu einer starken Steigerung des Haushaltsdefizits in Peking geführt, lautet das Hauptargument der Anhänger eines neuen Zentralismus. Alleine im ersten Halbjahr 1981 setzten sie durch, daß 1500 Industrieprojekte wieder gestrichen wurden!

Zu den Gegnern der äußerst bescheidenen Reformen Tengs in der Wirtschaftspolitik gehören viele Generäle und hohe Offiziere der »Volksbefreiungsarmee«. Sie sind erbost darüber, daß die Streitkräfte bei den »Modernisierungen« nur ungenügend berücksichtigt werden und befürchten nicht zu Unrecht, daß die Armee der VR China völlig altmodisch bleibt. Auch hier sollte die große Zahl der Soldaten in der VR China den Westen nicht zu der Illusion verführen, diese Millionen könnten als »chinesische Karte« gegenüber der Sowjetunion wirkungsvoll eingesetzt werden. Denn in einem modernen Krieg entscheiden ja wohl in erster Linie die Technik und die Fähigkeit, sie zu bedienen. Zwar konnten die Chinesen noch im Koreakrieg durch die Entsendung von zwei Millionen »Freiwilligen« die UNO-Truppen zeitweilig bis nach Pusan zurückdrängen, aber in einem jetzigen Krieg würden auch 100 Millionen chinesische Soldaten gegen sowjetische Atom- oder gar Neutronenwaffen kaum etwas ausrichten können.

Das Debakel der Chinesen im Grenzkrieg gegen die Vietnamesen vor einigen Jahren, zunächst als »Strafexpedition« deklariert (»Wir verjagen die Vietnamesen wie die Enten« lautete hochnäsig ein Pekinger Kommentar«), bewies erneut: sogar die Vietnamesen sind mit ihren modernen sowjetischen Waffen den Chinesen schon ebenbürtig, wenn nicht gar überlegen. Deshalb fordern die Militärs in China, vor allem die Rüstungsindustrie anzukurbeln und vom Westen modernste Waffensysteme zu kaufen. Mit Interesse kletterten ja auch chinesische Offiziere in und auf den bundesdeutschen Panzer »Leopard«.

Taiwan: Keine Furcht vor Auslandsinvestitionen

Zum wirtschaftlichen Erfolg der Republik China gehört zweifellos auch die vorurteilsfreie Haltung der Regierung in Taipeh gegenüber Auslandsinvestitionen auf der Insel. Vor allem in linken Kreisen des Westens und bei kurzsichtigen Politikern der Staaten der Dritten Welt werden Auslandsinvestitionen gerne verteufelt. Sie seien Formen des Neokolonialismus, machten die neuen unabhängigen Staaten wieder abhängig von »imperialistischen Staaten«, verletzten die Würde der jungen Nationen, so lauten die gängigen Argumente.

Nun, ganz von der Hand zu weisen sind sie sicherlich nicht: die aggressive und rücksichtslose Art und Weise, mit der beispielsweise Japan im Fernen Osten und in Südostasien investiert und Raubbau betreibt, hat den Zorn der neuen Länder zu Recht auf sich gezogen. Es wäre jedoch grundfalsch, Auslandsinvestitionen aufgrund gewisser Mißbräuche generell abzulehnen. Natürlich muß das Gastgeberland in der Lage sein, solche Investitionen im Einklang mit den Interessen der einheimischen Wirtschaft zu lenken und unter Kontrolle zu halten, um eben solche Auswüchse zu verhindern. Auf der anderen Seite sollte man die positiven Seiten von Auslandsinvestitionen nicht übersehen, gerade für sich entwickelnde Staaten und Regionen. Erstens besteht mit Hilfe dieser Investitionen die Möglichkeit, technisches Know-how aus Industrieländern hautnah und billig kennenzulernen. Viele Facharbeiter werden in solchen ausländischen Betrieben ausgebildet, dabei handelt es sich häufig um modernste Technologien. Zum anderen schaffen Auslandsinvestitionen in einem beachtlichen Umfang Arbeitsplätze. In den Ländern der Dritten Welt ist im Allgemeinen die Arbeitslosenquote enorm hoch. Jede ausländische Fabrik bedeutet faktisch auch eine Rettung von Tausenden von Menschenleben, denn Hungersnöte sind ja in der außereuropäischen Welt an der Tagesordnung. Insofern erfüllen diese Investitionen auch eine zutiefst soziale und humane Funktion. Und für die Regierungen bedeuten solche Investitionen erhebliche zusätzliche Einnahmen an Devisen durch die Zahlung von Mieten, Steuern, Zöllen und Löhnen.

Die nationalchinesische Regierung hat diese Vorteile und Möglichkeiten rechtzeitig erkannt und voll ausgenutzt. Bereits 1960 war die Planung für diesen Bereich fertiggestellt. Die meisten ausländischen Investoren kommen aus den USA, fast 45 Prozent beträgt ihr Anteil. Bemerkenswert stieg der Anteil der Amerikaner im Jahre 1981: um 84 Prozent erhöhte er sich im Vergleich zum Jahre 1980. Es wird vermutet, daß die gegenüber Taiwan freundlichere Haltung der Reagan-Administration innerhalb der US-Wirtschaft mehr Vertrauen in die Zukunft der Republik China geschaffen hat.

Von 1952 bis 1982 hat die Regierung in Taipeh mehr als 3000 Genehmigungen für Auslandsinvestitionen erteilt, deren Höhe jetzt die 3 Milliarden-Dollar-Grenze überschritten hat. Auf die Rolle der Auslandschinesen wird noch gesondert im entsprechenden Abschnitt eingegangen werden. Nach den Vereinigten Staaten sind die Japaner die größten Investoren auf Taiwan; und das ist nicht ganz unproblematisch, wie wir bereits im Außenhandel zwischen China und Japan gesehen haben. Aber gerade gegenüber Japan zeigt es sich, daß eine selbstbewußte und klare Haltung durchaus ein Riegel gegen Mißbräuche sein kann.

Was macht nun die kleine Insel so attraktiv für ausländische Betriebe? Immerhin so attraktiv, daß Taiwan, bezogen auf die Bevölkerungszahl in ganz Südostasien, das größte Volumen an Auslandsinvestitionen aufweist. Etwa 30 Prozent der taiwanesischen Exporte und 20 Prozent der gesamten Industrieproduktion gehen auf das Konto dieser ausländischen und auslandschinesischen Unternehmen!

In erster Linie sind die außergewöhnlichen Vergünstigungen zu nennen, die die Regierung von Taipeh den ausländischen und auslandschinesischen Investoren gewährt. Solche Konditionen gibt es – mit Ausnahme von Südkorea – kaum in einem anderen Entwicklungsland. Auf der Grundlage einer liberalen und großzügigen Politik bietet die Republik China unter anderem folgende Sondervergünstigungen für ausländische Kapitalanleger auf industriellem Sektor:

– Gewinne und Dividenden können in unbeschränkter Höhe ins Ausland überwiesen werden. Das investierte Kapital darf bereits zwei Jahre nach Fertigstellung der Projekte ratenweise abgezogen werden.
– Die ausländischen Betriebe können bis zu 100 Prozent im Besitz nichtchinesischer Firmen sein, auch wenn die Beteiligung einheimischen Kapitals natürlich begrüßt wird.
– Bei Betrieben, die sich mindestens zu 45 Prozent in ausländischem Besitz befinden, gilt ein 20jähriger Schutz gegen Enteignungen.
– Patente, Warenzeichen und das Copyright sind jetzt durch neue Gesetze auf Taiwan geschützt. Auch dies ist in vielen Ländern der Dritten Welt keineswegs die Regel.
– Eine fünfjährige Steuerfreiheit oder erhöhte Abschreibungen sollen den niedrigen Gewinnerwartungen der ersten Jahre Rechnung tragen.
– Der höchste Steuersatz für Industriebetriebe wurde fühlbar gesenkt: von 30 auf 25 Prozent, bei kapital- und technologieintensiven Betrieben sogar auf 22 Prozent.
– Alle Ausgaben für Forschung und Entwicklung werden als Betriebskosten anerkannt. Einkommensteuerfrei sind Einnahmen aus Lizenzen, Patenten und ähnlichen wissenschaftlichen Arbeiten der Unternehmen.

– Rücklagen bis zu 100 Prozent des eingezahlten Kapitals können ebenfalls steuerfrei gebildet werden.
– Grund- und Gebäudesteuern werden für die Industriebetriebe von Ausländern auf die Hälfte verringert.

Zu diesen Steuervergünstigungen kommen noch zahlreiche Zollvergünstigungen.

Außer diesen wichtigen finanziellen Anreizen kommen noch weitere Faktoren hinzu, die Taiwan – im Vergleich mit anderen Ländern – zu einem so interessanten Land für Investoren gemacht haben.

Beginnen wir mit dem wichtigsten, den Arbeitskräften. Wie bereits erwähnt, ist die Arbeitsproduktivität des chinesischen Arbeiters auf Taiwan die zweitbeste in der Welt. Eine höhere weist nur noch Singapur auf, bekanntlich leben in diesem Stadtstaat zu 80 Prozent ... – eben Chinesen. An dritter Stelle kommen dann erst die Schweizer, und erst viel niedriger auf dieser Liste rangieren die Arbeitnehmer in solchen hochindustrialisierten Staaten wie in den USA, Japan und der Bundesrepublik. Diese Vergleiche wurden übrigens kürzlich in Wiesbaden auf einer internationalen Konferenz, veranstaltet von der »Societät für Unternehmensplanung«, festgestellt. Eines der Ziele dieser Tagung war die Beratung von Unternehmern aus aller Welt, wo man am besten investieren könne. Der schon sprichwörtliche Fleiß und die Geschicklichkeit chinesischer Arbeiter und Arbeiterinnen ist für jedes Unternehmen, das in der Republik China investiert, fast eine Garantie für gutes Gelingen. Jedoch sind gute Arbeitskräfte auf Taiwan heute relativ schwer zu finden, denn auch dies muß gesagt werden: mit einer Arbeitslosenquote von nur 1,3 Prozent (auf dem Festland sind nach einem Bericht der französischen Nachrichtenagentur AFP 25 Prozent aller Erwerbsfähigen, etwa 26 Millionen, arbeitslos) hat Taiwan faktisch das Traumziel einer Vollbeschäftigung erreicht. In der Bundesrepublik betrug die Arbeitslosenquote Mitte 1982 etwa 7 Prozent.

Obwohl die Chinesen auf Taiwan bereits ein hohes Lohnniveau erreicht haben, sind die Lohnkosten für ausländische Arbeitgeber immer noch attraktiv. Umgerechnet verdienen Arbeiter auf Taiwan zwischen 300 und 500 DM im Monat. Bei den niedrigen Lebenshaltungskosten auf der Insel im Vergleich zu Europa sind diese Beträge gar nicht so niedrig, vor allem im Vergleich zu Nachbarländern oder zur VR China.

Auf den Philippinen verdienen Arbeiter 50–100 DM im Monat, ähnlich ist es in Thailand. Trotzdem lohnt es sich für viele Unternehmen kaum, dorthin zu gehen: denn die Ausbildung der Arbeitskräfte ist auch entsprechend gering. Und die politische Stabilität ist weitaus geringer als auf Taiwan.

Natürlich sind auch die Ansprüche taiwanesischer Arbeitskräfte – noch – nicht so hoch wie die ihrer bundesdeutschen Kollegen. In der Regel wird an sechs Tagen in der Woche gearbeitet, der Jahresurlaub beträgt nicht länger als 14 Tage. Wer jetzt die Nase rümpft und von »Ausbeutung« spricht, dem sei gesagt, daß im kommunistischen China Urlaub überhaupt unbekannt ist und durch »freiwillige« Überstunden (natürlich ohne Bezahlung) die Arbeitszeit sowohl pro Tag, Woche, Monat oder Jahr unermeßlich länger ist als im freien China. Nur mit chinesischen Maßstäben kann und darf man die sozialen Bedingungen dort messen. Und damit liegen die Arbeitnehmer auf Taiwan sehr gut im Wettbewerb der Systeme. Es ist allerdings auf Taiwan üblich, bei guten Erträgen den Arbeitern Prämien und Tantiemen in Höhe von mehreren Monatsgehältern zu zahlen. Auch dieses System des persönlichen Anteils an den wirtschaftlichen Erfolgen des Unternehmens gehören zu den Faktoren des Wirtschaftswunders: Leistung wird honoriert. Es lohnt sich buchstäblich, sich für das Unternehmen einzusetzen.

Etwa 75 Prozent aller Auslandsinvestitionen auf Taiwan betreffen übrigens die Bereiche Elektrotechnik und Elektronik, Chemie und metallverarbeitende Industrie. Erwünscht werden in Zukunft vor allem Investitionen auf den Gebieten Metallverarbeitung, Maschinenbau, Fahrzeugbau, Elektronik, Anlagen, Papier, Chemie, Nichteisenmetalle, Keramikindustrie, Textil und Handwerk. Hier bieten sich gerade für mittelständische deutsche Unternehmen sehr gute Einstiegsmöglichkeiten, die bisher noch ungenügend genutzt werden.

Ähnlich wie im Außenhandel wünscht Taipeh auch im Investitionsbereich eine stärkere Beteiligung europäischer, vor allem bundesdeutscher Firmen, da deutsches Know-how nach wie vor ein sehr hohes Ansehen auf Taiwan genießt. Wie überhaupt die Haltung sowohl der Regierung als auch breiter Kreise der Bevölkerung gegenüber der Bundesrepublik Deutschland ausgesprochen wohlwollend und positiv ist. Eine Zuneigung, die von amtlicher Seite in Bonn leider in keiner Weise wahrgenommen wird. Dort ist man mit deutscher peinlich-genauer Gründlichkeit dabei, alles zu tun, um Peking bloß nicht zu verärgern.

Für Taiwan als Investitionsgebiet sprechen außerdem noch der gut ausgebaute Verkehr, mehrere internationale Häfen, auch ein hervorragender Luftverkehr (dazu zählt auch der moderne neue Tschiang Kai-schek Flughafen). Taipeh wird von zahlreichen internationalen Luftlinien angeflogen und ist von jeder asiatischen Stadt aus in wenigen Stunden erreichbar.

Die gesamte Wirtschaftsstruktur ist ausgesprochen günstig: dazu zählen die relativ günstige Preisstabilität und geringe Inflation in Vergleich zu anderen asiatischen Ländern. Und auch die Lohnkosten, obwohl sie ständig steigen, bleiben auf lange Zeit für europäische und amerikanische Investoren günstiger als in ihren eigenen Ländern.

Und noch ein Faktor ist nicht zu verachten: nicht nur weil Streiks im Hinblick auf den Ausnahmezustand auf Taiwan verboten sind – bekanntlich befindet sich das kommunistische China immer noch im Krieg mit der Nationalregierung –, sondern das Klima in den Unternehmen ist ausgesprochen gut zu nennen. Selbst wenn nach einer Normalisierung der Lage das Streikrecht wieder eingeführt sein sollte, bin ich sicher, daß es im freien

China äußerst selten zu solchen Aktionen kommen wird. Denn schon der Fleiß und das Pflichtbewußtsein der chinesischen Menschen sind die beste Garantie für einen seltenen Gebrauch von diesem Mittel, das in anderen Ländern an der Tagesordnung ist.

Eine Besonderheit im Rahmen der Förderung von Auslandsinvestitionen ist die Errichtung der Export-Freihandelszonen (Export-Processing Zones, EPZ) in der Republik China. Inzwischen haben auch Südkorea, die Philippinen und andere Länder in Südostasien diese besonders attraktive Form für Auslandsinvestoren entdeckt und kopiert, wobei besonders Südkorea große Erfolge damit erzielt, und Rotchina beginnt jetzt auch solche kapitalistischen Enklaven zu eröffnen. Auf Taiwan wurde die erste Export-Zone im Dezember 1966 in der Hafenstadt Kaohsiung eröffnet. Heute gibt es noch zwei weitere Export-Freihandelszonen, und zwar in Nantzu und Taichung. In diesen Zonen dürfen die importierten Rohstoffe und Materialien der ausländischen Unternehmen zollfrei eingeführt werden. Die einzige Bedingung: alle in diesen Zonen hergestellten Waren müssen exportiert werden, sie dürfen im Inland nicht mit der einheimischen Industrie konkurrieren. Gegenwärtig gibt es in den drei genannten Zonen auf Taiwan bereits 292 ausländische und auslandschinesische Fabriken. Diese Firmen haben für 320 Millionen US-Dollar investiert, die sich wie folgt aufteilen: 234 Millionen ausländische, 51 Millionen inländische und 33 Millionen US-Dollar auslandschinesische Investitionen.

Die Hauptgründe für die Errichtung dieser Sonderzonen sind nach offiziellen Erklärungen Taipehs die Förderung von industriellen Investitionen, des Außenhandels, die Schaffung von Arbeitsplätzen und die Einführung moderner Technologien im Lande.

Die bedeutendste und älteste Export-Freihandelszone ist die von Kaohsiung. Dort besuchte ich als deutscher Journalist natürlich die Grundig-Filiale, wohin fast alle deutschen Besucher

Kaohsiungs geführt werden. Denn dieses Werk mit 1000 Beschäftigten ist wohl das Paradebeispiel, das andere deutsche Unternehmen animieren sollte, dasselbe zu tun. In Gesprächen mit dem Direktor Willi Stanetzki und anderen leitenden Mitarbeitern und bei der Besichtigung der Fabrik, in der schwarz-weiß und Farbfernseher hergestellt werden, die zum Teil nach Deutschland »exportiert« werden, wurde in der Tat die Zufriedenheit mit dem Taiwan-Experiment zum Ausdruck gebracht. Etwa 85 Prozent der Mitarbeiter der Grundig Taiwan Co. sind im übrigen Frauen. Man lobte die Fingerfertigkeit der zierlichen Asiatinnen, die monatlich zwischen 300 bis 400 DM (umgerechnet) verdienen. An fünf Tagen in der Woche arbeiten sie 48 Stunden. Hier wurde erneut bestätigt: die Arbeitsmoral sei »höher als in Deutschland«, krank gefeiert wird kaum. Die Deutschen von Grundig, eine kleine Minderheit, da auch im mittleren Management chinesische Fachleute und Ingenieure vorhanden sind, äußerten auch ihre Zufriedenheit mit den Lebensverhältnissen auf Taiwan. Sie bedauerten, daß in der Bundesrepublik über die wirtschaftliche Entwicklung der Insel sehr wenig geschrieben werde, dafür umsomehr über sogenannte Menschenrechtsverletzungen. Ein Direktor des Werkes: »Wir werden noch unser blaues Wunder erleben, denn die Chinesen auf Taiwan produzieren bereits konkurrenzfähige Waren gerade auf elektronischem Gebiet. Dann werden wir ein zweites Japan erleben und alle werden jammern, weil sie nichts davon gewußt haben«.

Bonns Verhalten schadet der deutschen Wirtschaft

Ein führender deutscher Unternehmer erklärte mir: »Ich schäme mich oft als Deutscher, wie schäbig man in Bonn unsere chinesischen Geschäftspartner behandelt. Denn wir werden im Gegensatz dazu von den Chinesen äußerst zuvorkommend und wirklich gastfreundlich aufgenommen«. Damit bestätigte er, was ich bei den verschiedensten chinesischen Behörden und Wirtschaftsverbänden immer wieder hören mußte und ein beschämendes Licht auf die Einäugigkeit der Bonner Außenpolitik wirft.

Sicher: nach der Anerkennung der Volksrepublik China durch die Bundesregierung im Jahre 1972 hat Bonn den Standpunkt Pekings anerkannt, daß es nur ein China gibt und daß dieses China eben die Volksrepublik ist. Abgesehen davon, daß ich persönlich diese Auffassung nicht teile, so ist doch das Verhalten der Bundesregierung seit dieser Zeit gegenüber dem freien Teil Chinas absurd, beschämend und im Grunde genommen lächerlich. Die Behörden in der Bundesrepublik, seien dies obere oder untere Verwaltungen, bekamen Anweisung, Chinesen mit einem Paß der Republik China künftig mit besonderer Vorsicht zu behandeln, um ja nicht die kommunistischen Chinesen zu verärgern. Schon bevor ich auf Taiwan war, hörte ich von zahllosen kleinlichen Schikanen in der ganzen Bundesrepublik gegen Nationalchinesen. Die Journalisten aus Taiwan mußten ihre Tätigkeit hinter dem Namen »Fernostinformationen« verbergen, ihre Handelseinrichtungen nannten sich »Asien Handelszentrum«, die Zeitschrift, die sie hier in Bonn herausbringen, heißt »Freies Asien«, kurzum, sie dürfen den Namen »China« oder »Republik China« in keiner Weise verwenden. Es gab und gibt Streitigkeiten über das Hissen der Fahne der Republik China bei Messen und Ausstellungen; wenn Kultur- und Tanzgruppen aus Taiwan kommen, beginnt das Hickhack um Namen und Symbole erneut.

Besonders schädlich für die deutschen Wirtschaftsinteressen, und dies ist bei einem so exportabhängigen Land wie der Bundesrepublik sehr wichtig, ist die Frage der Visaerteilung für Bürger Nationalchinas. Sowohl im Außenministerium in Taipeh als auch bei der Organisation für den Handel mit Europa wurde hierüber bittere Klage geführt. Sie ist umso berechtigter, als deutsche Kaufleute und Touristen unverzüglich in zahlreichen inoffiziellen Vertretungen Taiwans in der Bundesrepublik sogenannte »Empfehlungsschreiben« bekommen können. Bei der Ankunft auf Taiwan erhalten die Bundesbürger dann sofort ein Visum in den Paß eingestempelt. Durch diese Praxis der Taiwaner Vertretungen in der Bundesrepublik respektiert Taipeh durchaus die Tatsache, daß Bonn Peking anerkannt hat und sie deshalb keine Visas auf deutschem Boden ausstellen können. Daher die »inoffiziellen« Empfehlungsschreiben.

In Taipeh gibt es auch zwei inoffizielle deutsche Institutionen: das Deutsche Kulturzentrum sowie einen Handelsvertreter des Deutschen Industrie- und Handelstages. Warum, so fragen die Chinesen, könnten beide oder wenigstens eine dieser Institutionen nicht ähnliche »Empfehlungsschreiben« ausstellen, aufgrund deren dann die Chinesen mit dem Nationalpaß bei Ankunft in Deutschland ein Visum bekommen könnten? Dies wäre keine Amtshandlung in Taipeh, aber diese Institutionen könnten ja anhand der vorgelegten Unterlagen feststellen, ob ein Chinese wirklich einer Firma angehört und zu welchen Zwecken er in die Bundesrepublik reisen will. Die Bürger des freien China müssen stattdessen ihre Visaanträge an das deutsche Generalkonsulat in Hongkong schicken. Dieses leitet dann die Anträge nach Bonn weiter, und erst in Deutschland wird entschieden, ob dem Antrag stattgegeben wird oder nicht. Dann geht es retour nach Hongkong und Taipeh. Unter diesen Umständen dauert es mindestens vier, manchmal sechs Wochen oder länger, ehe der chinesische Bürger ein deutsches Visum erhält.

Für Geschäftsleute, aber auch für Hochschullehrer, die zu bestimmten Terminen in Deutschland sein müssen, bedeutet eine so lange Wartezeit oft, daß sie aus Termingründen sich dann doch für ein anderes europäisches Land entscheiden. Dadurch ist es in zahlreichen Fällen zu Verlusten für deutsche Unternehmen gekommen, weil lukrative Aufträge an die Konkurrenz in Belgien, Frankreich oder Österreich vergeben wurden. Denn besonders schwierig gestaltet sich die Reise nach Deutschland. Obwohl alle anderen europäischen Staaten auch nur Peking anerkennen, behandeln sie die Taiwan-Chinesen einfach menschlicher und pragmatischer, als der deutsche Beamtenapparat dazu offenbar imstande und willens ist.

Es ist nicht nur die lange Wartezeit, die die Chinesen auf Taiwan verbittert. Hinzu kommen auch typisch deutsche Perfektionismen, die aber einen höchst unangenehmen Beigeschmack haben: so müssen chinesische Staatsbeamte, die ein Visum für die Bundesrepublik beantragen, eine »Verpflichtung« unterschreiben, daß sie hier nicht in offizieller Mission sind und während des Aufenthaltes hier nicht für die Regierung der Republik China tätig sein dürfen. Eine Verpflichtung, die für einen Beamten fast eine Zumutung darstellt.

Zu den weiteren kleinlichen Praktiken der deutschen Behörden gehört die Tatsache, daß der Besucher genau an dem Tag ankommen muß, der im Visum vermerkt ist. Versäumt er dieses Datum, beginnt die Antragsprozedur von vorne. Gleichgültig, wo sich der Bürger der Republik China aufhält, muß sein Antrag vom deutschen Generalkonsulat in Hongkong bearbeitet werden. Wenn ein Chinese mit einem Paß Taipehs in Argentinien ist, kann nicht die dortige deutsche Botschaft seinen Antrag bearbeiten, sondern Bonn und Hongkong werden eingeschaltet ...

Die deutschen Behörden haben formaljuristisch, wie immer, Recht, wenn sie schulterzuckend darauf hinweisen, daß sie an Weisungen gebunden sind. Und die besagen eben, daß Chinesen des freien China »nichtexistent« sind, hingegen Chinesen aus dem kommunistischen China »richtig, amtlich anerkannte« Ausländer sind ...

Diese Logik ist jedoch nicht stichhaltig. Denn wie gesagt, andere europäische Staaten, die in derselben Lage sind, verfahren weitaus großzügiger. So brauchen Bürger Taipehs für Italien kein Garantieschreiben (wie im Falle der Bundesrepublik), wer für ihren Aufenthalt zahlt. Und Touristenvisa für 5 Tage können sie vom italienischen Generalkonsulat in Hongkong sofort bekommen, ohne daß Rom oder andere italienische Behörden überhaupt gefragt werden. Griechenland ist am großzügigsten: Bürger des freien China (Kaufleute und Touristen) bekommen ein Visum für sieben Tage bei der Ankunft im Lande. So weise ist also das Land von Aristoteles und Platon ...

Auch unser Nachbarland Österreich, so bestätigen die Gesprächspartner in Taipeh immer wieder, hat eine weitaus großzügigere Visa-Politik für Chinesen mit einem Paß Nationalchinas. Seit April 1982 bearbeitet die Österreichische Handelsdelegation in Taipeh Visaanträge chinesischer Bürger, ähnlich wie das belgische und französische Handelsbüro. Statt nach zwei Wochen können Reisende nach Österreich jetzt innerhalb von vier Tagen ein Visum bekommen. Großzügig sind auch die Niederlande.

Warum sollte es nicht möglich sein, daß auch in der Bundesrepublik Deutschland eine großherzige Politik gegenüber Kaufleuten, Professoren und Studenten aus Taiwan gemacht wird? Zumal es allgemein bekannt ist, daß aus Taiwan keine Asylanten kommen und kommen werden, dazu sind die wirtschaftlichen und politischen Verhältnisse viel zu stabil. Eher müßte Bonn mit einer Flüchtlingsflut aus Rotchina rechnen, wenn die Möglichkeit, von dort wegzugehen, größer wäre. Denn bereits Hongkong ist ja das beste Beispiel dafür, wie Hunderttausende von Chinesen immer wieder versuchen, beispielsweise durch das von Haien bevölkerte Meer, die Freiheit zu erreichen.

Ein deutscher Geschäftsmann, mit dem ich in Taipeh sprach: »Manchmal habe ich fast den Eindruck, als ob unsere Politik gegenüber Taiwan von Peking bestimmt wird. Wo bleibt da unsere Souveränität?« Eine berechtigte Frage, wie man sieht.

Die deutsche Wirtschaft entdeckt Taiwan-Chancen

Außer dem genannten Grundig-Werk in Kaohsiung gibt es aus der Bundesrepublik nur elf weitere direkte Investitionen auf der Insel Taiwan. Der deutsche Anteil beträgt damit nicht einmal ein Prozent der gesamten Auslandsinvestitionen auf der prosperierenden Insel. Sicherlich ist vor allem mangelnde Information hier der Hauptgrund. Denn weder gibt es eine deutsche diplomatische oder sonstige Vertretung, die solche Daten weiterleiten könnte, noch sind deutsche Medien in Taipeh präsent. Und auch die im Inland tätigen deutschen Journalisten wenden sich mit Vorliebe Rotchina zu, sind sehr erfindungsreich bei der Suche nach Entschuldigungen für dortige Mißerfolge und Schandtaten gegenüber der Bevölkerung. Und auch die deutsche Wirtschaft ist erst seit Frühjahr 1981 ständig durch ein Ein-Mann-Büro des DIHT präsent. Immerhin ein Anfang.

Deshalb hofft man in Nationalchina, und dies wurde mir immer wieder als Wunsch nahegelegt, daß die wirtschaftlichen Beziehungen zur Bundesrepublik sich in den nächsten Jahren stark entwickeln. Vor allem auf wissenschaftlichem und technologischem Gebiet möchten die Chinesen auf Taiwan mit deutschen und europäischen Partnern eng kooperieren. Anfang 1982 wurde in Taipeh bekanntgegeben, daß in Paris ein Verbindungsbüro eröffnet wird, das der Förderung dieser wissenschaftlich-technischen Zusammenarbeit dienen soll. Dabei wurde ausdrücklich betont, daß Frankreich und die Bundesrepublik Deutschland die Länder sind, mit denen eine besonders enge Zusammenarbeit beim Transfer von Wissenschaft und Technologie angestrebt werde. Dies teilte der Nationale Wissenschaftsrat in Taipeh mit, der die Trägerschaft für das Büro übernimmt. Bestandteil der Bemühungen des freien China, mit Europa auf diesen Gebieten fruchtbar zusammenzuarbeiten, ist auch die kürzlich erfolgte Entsendung von 24 Wissenschaftlern zu einem längeren Aufenthalt in die Bundesrepublik.

Interessante Möglichkeiten für Unternehmen mit hohem technologischem Standard, sich auf Taiwan zu engagieren, bietet der Hsinchu Wissenschaftliche Industriepark, der 1980 in Hsinchu unweit der Hauptstadt Taipeh errichtet wurde. Bei diesem »Park« handelt es sich um ein 2000 Hektar großes Gelände, auf dem sowohl in- als auch ausländische Firmen wissenschaftliche Forschungsarbeiten durchführen. Im Mai 1982 begann die Verwaltung dieses Parks eine große Werbeaktion, um noch mehr ausländische Firmen nach Taiwan zu holen. Die bisher getätigten Investitionen in diesem Forschungszentrum betragen 38 Millionen US-Dollar, von den 32 Projekten sind bereits 19 voll funktionsfähig.

Für den Wissenschaftspark ist jetzt ein Zehnjahresplan ausgearbeitet worden, der eine jährliche Investitionssteigerung von 25 Prozent vorsieht. Von den 2000 Hektar sind ja erst 100 bebaut. Alleine im Jahre 1981 hat der Park einen wissenschaftlichen Austausch mit 103 ausländischen wissenschaftlichen und technologischen Organisationen und Instituten vereinbart. Fast 11000 wissenschaftliche Informationen wurden ausgetauscht. Zu den Aufgaben des Parks gehört neben der Etablierung von Forschungszentren auch der personelle Austausch von Wissenschaftlern Taiwans mit Kollegen aus aller Welt. Bereits Ende 1982 sollen 30 Firmen auf dem Gelände ihre Tätigkeit beginnen können. Ähnlich wie in den Export-Freihandelszonen gibt es für ausländische Investoren in diesem Wissenschaftszentrum Chinas zahlreiche finanzielle Anreize und Vergünstigungen.

Im Gegensatz zur zunehmenden Technikfeindlichkeit in Ländern des Westens begibt sich die Republik China unbeirrt in Richtung einer technisch und technologisch orientierten Gesellschaft. *Tschiang Ming-che*, Präsident des Nationalen Wissenschaftsrates in Taipeh, erklärte im März 1982, daß die Republik China jetzt von einer Agrar- in eine industrielle Gesellschaft verwandelt worden sei. Nach den Berechnungen der chinesischen Regierung wird Taiwan im Jahre 2000 das technische Niveau der

USA und deren Lebensstandard erreicht haben.

Auf politischem Gebiet sind die Beziehungen zwischen Bonn und Taipeh gleich Null. Offizielle Delegationen gibt es nicht, lediglich einige Bundestagsabgeordnete, Mitglieder verschiedener Landtage, Landesminister (allesamt »privat«, versteht sich,) kommen nach Taiwan. Vereinzelt gibt es Studenten aus der Bundesrepublik, die vor allem Chinesisch studieren. Allerdings fällt auf, daß in letzter Zeit mehr Journalisten aus der Bundesrepublik Taiwan bereisen und teilweise recht ausführlich über ihre Eindrücke berichten. So wie auch der Autor dieses Buches kommen meine Kollegen, gleichgültig wie sie sonst politisch eingestellt sind, und trotz gelegentlicher kritischer Töne, was ja durchaus legitim und zum Teil auch berechtigt ist, nicht umhin, das Wirtschaftswunder im freien Teil Chinas anzuerkennen. Auch bestätigen alle, die auch im kommunistischen China waren, den großen Unterschied im Lebensstandard und in der Freizügigkeit der Bevölkerung in beiden Teilen Chinas.

Auf wirtschaftlichem Sektor regt sich jetzt auch einiges, nachdem die deutsche Wirtschaft erkennen mußte, daß es mit den »Milliardengeschäften« mit dem kommunistischen China doch nicht so günstig aussieht, wie zunächst vermutet. Denn was nützt die Tatsache des Vorhandenseins einer Milliarde Menschen, wenn diese gar keine Kaufkraft haben? Die Einkommen im kommunistischen China sind so niedrig, die Bedürfnisse entsprechend bescheiden, daß Rotchina auf lange Zeit kein sehr ergiebiger Exportmarkt für westliche Konsumgüter sein kann.

Ich bin sicher, daß die 18 Millionen Chinesen auf Taiwan schon heute von der Kaufkraft her viel mehr hochrangige und teure Güter aus dem Westen kaufen können als die 1 Milliarde Landsleute unter der Fuchtel der KP Chinas. Dazu genügt ein Blick in die überfüllten Warenhäuser in Taipeh (»Lai Lai«) und anderen Städten: sie bieten genauso viel an, wenn nicht mehr als entsprechende Häuser in Berlin, Paris oder London. Und gerade Luxusgüter aus Europa finden Interesse und Absatz; Kaufkraft scheint vorhanden zu sein.

Eine Schwalbe macht noch keinen Sommer, sagt das bekannte deutsche Sprichwort. Im chinesisch-deutschen Wirtschaftsaustausch habe ich in letzter Zeit (1981/82) jedoch bereits einen ganzen Schwarm dieser Sommervorboten gesichtet. Da ist zunächst die Eröffnung eines deutschen Handelsbüros in Taipeh. Dann hat auch die in Hamburg ansässige Europa-Asien Bank eine Filiale in Taipeh eröffnet. Zum ersten Mal wurde Taiwan 1982 zur bedeutenden Hannover-Messe eingeladen. Die große Bank »First Commercial Bank« aus Taiwan eröffnet 1982 ein Verbindungsbüro in Frankfurt am Main. Die Düsseldorfer Messegesellschaft NOWEA wurde beauftragt, die Ausstellung europäischer Technologien in Taipeh (Mai 1982) zu organisieren. Die chinesische Firma »Tatung« schloß Anfang 1982 einen Vertrag mit AEG-Telefunken. Sie wird für die deutsche Seite elektronische Einzelteile und Recorderdeckel herstellen. Das deutsche Unternehmen stellt wiederum den Chinesen Lizenzen und Patente zur Verfügung, um die erforderlichen Produkte herstellen zu können.

Im April 1982 teilte der Direktor des deutschen Handelsbüros in Taipeh, *Peter Lemke*, mit, daß eine Reihe westdeutscher Maschinen- und Ersatzteilhersteller daran interessiert sei, mit chinesischen Partnern Verträge über technische Zusammenarbeit abzuschließen. Lemke sprach auf einem Seminar über »Transfer von Technologien aus der Bundesrepublik Deutschland«, das von der wissenschaftlichen und technologischen Beratergruppe des chinesischen Kabinetts durchgeführt wurde. Das Seminar ist eine weitere »Schwalbe« im kommenden chinesisch-deutschen Handelssommer. Der DIHT-Vertreter erklärte weiter, die bundesdeutschen Firmen seien daran interessiert, mechanische und elektrische Einzelteile, Motoren und hydraulische Systeme für Maschinen auf der Insel herzustellen. Lemke erklärte auch gleich, wie chinesische Firmen deutsches Know-how beziehen können: durch Kauf von Lizenzen, den Erwerb der neuen Produkte oder Gemeinschaftsprojekte mit deutschen Firmen. Vor allem den letzten Weg bezeichnete der deutsche Handelsvertreter als den besten. Denn er setze die chinesischen Hersteller in die Lage, mit dem deutschen Know-how vertraut zu werden, um es später selbständig einzusetzen und auszuwerten. Ausdrücklich hob Lemke die Bereitschaft seines Büros in Taipeh hervor, bei diesen Aktivitäten zu vermitteln und zu helfen.

Im März 1982 tagte in Taipeh die »Chinesisch-Deutsche Sozial- und Wirtschaftsvereinigung«. Diese private Organisation setzt sich zum Ziel, auf landwirtschaftlichem Gebiet eine Zusammenarbeit zwischen beiden Ländern zu organisieren. Die Deutschen haben seit 1980 den Chinesen bei Forschungsarbeiten in Sachen Bohrung nach Sumpfgas unterstützt.

Sehr schwach entwickelt sind die kulturellen Beziehungen zwischen der Bundesrepublik und dem freien China. Auch hier machen sich nicht nur die fehlenden diplomatischen Beziehungen bemerkbar, sondern auch die einseitig auf Peking orientierte Politik der jetzigen Bundesregierung. Um so erfreulicher ist die Tatsache zu verzeichnen, daß wenigstens im Freistaat Bayern (obwohl auch *Franz Josef Strauß* gern das kommunistische China besucht) Anfang 1982 die erste Sun Yat-sen Ausstellung in Deutschland durchgeführt werden konnte. Anlaß war der 70. Gründungstag der Republik China am 1. Januar 1912 nach dem Sieg der Revolution von Wuchang am 10. Oktober 1911. Immerhin wurde die Veranstaltung vom bayerischen Kultusminister *Hans Maier* eröffnet, der in seiner Rede *Dr. Sun* als einen der bedeutendsten Staatsphilosophen Chinas und der Dritten Welt in diesem Jahrhundert würdigte. Professor *Gottfried-Karl Kindermann*, Organisator und Initiator dieses wichtigen kulturell-politischen Ereignisses, unterstrich, daß im Gegensatz zum geteilten Deutschland und anderen geteilten Völkern China in der Person *Sun Yat-sens* über eine historische Gestalt verfüge, die von allen politischen Parteien und von den Millionen Auslandschinesen als »zentrales Symbol des modernen China« anerkannt werde. Nicht zuletzt habe Sun Yat-sen durch seine Schriften den Chinesen ein positives Bild von der deutschen Kultur vermittelt.

Aufschlußreich sind die Erfahrungen, die eine Delegation der Jungen Union Baden-Württembergs auf Taiwan machen konnte, denn ein Jahr zuvor war sie in der Volksrepublik China. Nach der Rückkehr aus Taiwan forderte der Landesvorsitzende der CDU-Nachwuchsorganisation, *Hans-Jürgen Zahorka*, »Taiwan, das mit seinen 18 Millionen Einwohnern mehr Außenhandel als der Milliardenstaat Volksrepublik China hat, weniger als bisher politisch und wirtschaftlich zu vernachlässigen«. Zahorka und JU-Pressesprecher *Otto Hauser* betonten weiter, nach der Rückkehr ihrer zweiwöchigen Reise durch die Republik China im Juni 1981 hätten sie »gewisse Fortschritte in der Demokratisierung des Landes« seit 1978 feststellen könne. Die jungen Politiker aus der Bundesrepublik konnten aus eigener Erfahrung erklären: »Das gesamte Klima auf Taiwan ist trotz gewisser Einschränkungen wesentlich freier als in der Volksrepublik China, in der letztes Jahr ebenfalls eine Delegation der Jungen Union Baden-Württembergs war«.

Die JU-Delegation regte dann an, den Studentenaustausch zwischen Taiwan und der Bundesrepublik auszuweiten, da dieser sowohl »ausbaubedürftig als auch ausbaufähig« sei. An die Adresse des eher nach Peking orientierten Ministerpräsidenten *Lothar Späth* richtet sich der Appell der Jungen Union des »Musterländles«, bei diesem Schritt »voranzugehen«. Herbe Kritik übte die Junge Union an der geschilderten restriktiven Visapraxis der Bundesregierung gegenüber Bürgern der Republik China.

Im Mai 1982 hat die Junge Union Baden-Württembergs ein ausführliches Protokoll über ihre Reise durch Taiwan veröffentlicht. Darin wird auch ein Artikel eines Reiseteilnehmers, des Landtagsabgeordneten Professor *Dr. Eugen Klunzinger*, abgedruckt, der feststellte, wie sehr die Nationalchinesen enttäuscht sind über die »supergenaue Ignorierungspolitik« der jetzigen

Bundesregierung gegenüber Taiwan, durch die »übertriebene Rücksichtnahme auf mögliche rotchinesische Empfindlichkeiten«.

Die Entwicklung der innerchinesischen Beziehungen

Nach dem Sieg der Kommunisten und der Ausrufung der Chinesischen Volksrepublik am 1. Oktober 1949 war es üblich, bei jeder Gelegenheit zu verkünden, die »Befreiung Taiwans« stehe in Kürze bevor. Vor allem bis zum Jahre 1952 glaubten nicht nur die Führer der KP Chinas an das baldige Ende der zerschlagenen Reste der Kuomintang-Armee und Verwaltung auf der kleinen Insel, auch führende Politiker der Vereinigten Staaten und des freien Westens hatten kein Vertrauen in die Zukunft der von *Tschiang Kai-schek* geleiteten Regierung in Taipeh. Erst nachdem die USA nach dem Koreakrieg (1950–1953) die Existenz der Insel durch die Entsendung der 7. Flotte militärisch abgesichert hatte, begann man in Peking, allmählich die Slogans etwas zu verändern. Zwar war das geflügelte Wort »Qiefang Taiwan« (Taiwan befreien), noch in aller Munde und auf vielen Wänden und Transparenten zu sehen, jedoch wußte man in Peking, daß die Verwirklichung dieses Ziels gar nicht so einfach, ja faktisch unmöglich war. Das kommunistische China wußte, daß ein Krieg gegen die USA unweigerlich zum eigenen Untergang führen würde, und die USA waren damals bereit, für Taiwan und andere freie Völker Asiens (wie in Korea) auch in den Krieg zu ziehen. Außerdem verfügte und verfügt Rotchina nur über eine sehr armselige Flotte, die gar nicht in der Lage war und ist, innerhalb kurzer Zeit Hunderttausende von Soldaten nach Taiwan zu transportieren.

Zwar schien es dreimal (1954, 1958 und 1962), als ob eine Fortsetzung des Bürgerkrieges möglich wäre, es gab wüste

Beschießungen von rotchinesischer Seite gegen die Inseln Quemoy (Kinmen) und Matsu, die unter der Kontrolle der Nationalregierung stehen. Aber es blieb – Gott sei Dank – bei diesem kleineren »Krieg«. Und je mehr sich die Nationalregierung auf Taipeh stabilisierte, je mehr sich die Chinesen auf Taiwan dank des steigenden Lebensstandards und der fortschreitenden Demokratisierung mit der Regierung Tschiang identifizierten, um so mehr schwanden die Chancen Pekings, mit militärischen Mitteln Taiwan zu erobern.

In den Wirren der Kulturrevolution bis zum Tode Maos 1976 gab es in der Taiwan-Frage keine nennenswerten Veränderungen. Die ultralinken Spitzenfunktionäre forderten von Zeit zu Zeit die »Befreiung« der Insel, ohne daß sich etwas konkretes ereignete. Neue Töne wurden erst zwei Jahre nach dem Tode *Mao Tse-tungs*, 1978, hörbar. Im Zuge der Kurskorrekturen auf allen Gebieten nach der Zerschlagung der »Viererbande« änderte sich auch scheinbar das Verhalten Pekings gegenüber Taiwan.

Statt Drohungen mit militärischen Gewaltmaßnahmen versprach Peking plötzlich, im Falle einer friedlichen Wiedervereinigung mit Taiwan nach entsprechenden Gesprächen und Verhandlungen würde sich die Volksrepublik erkenntlich zeigen. Diese Angebote wiederholten sich ständig, mit mehr oder weniger »Zusatzangeboten«. So begannen führende Funktionäre plötzlich »Briefe« an »alte Freunde« auf Taiwan (über Hongkong oder Drittländer, direkte Postverbindungen gibt es zwischen den geteilten Chinas noch nicht) zu schreiben, in denen die Kommunisten ihre »Sehnsucht« nach Gesprächen und Kontakten kundtaten.

Das kommunistische China bot dem freien China an, auf den Gebieten des Handels, des Verkehrs, der Post, der menschlichen Begegnungen Vereinbarungen zu treffen.

Den »Behörden auf Taiwan« (man merke: nicht mehr der »Tschiang Kai-schek Verbrecherclique« oder dem »Marionettenregime Tschiang Kai-scheks«) wurden gar für den Fall einer

Wiedervereinigung der kleinen Provinz mit dem Festland drei Besitzstandsgarantien angeboten:

- Taiwan könne sein gesellschaftliches Verwaltungssystem beibehalten;
- die Insel bliebe autonom;
- das kapitalistische Wirtschaftssystem (das in Rotchina schon offiziell gelobt wurde) werde nicht angetastet werden.

Als im Mai 1981 die Witwe Sun Yat-sens, Madame *Soong Tsching-ling* in der VR China starb – wo sie immerhin stellvertretende Präsidentin war –, wurde die »Verwandtschaft« in Taiwan offiziell eingeladen, ungehindert an den Trauerfeierlichkeiten teilzunehmen.

Im September 1981 »erweiterte« Peking sein Angebot: mit Hilfe einer Vermittlung der Vereinigten Staaten sollten beide Chinas eine gemeinsame Regierung bilden. In ihr könnte gar der Sohn Tschiang Kai-scheks, *Tschiang Tsching-kuo,* der heutige Präsident der Republik China auf Taipeh, eine »leitende Funktion«, etwa die eines stellvertretenden Ministerpräsidenten ganz Chinas übernehmen.

Ein inoffizieller Vertreter Pekings in Hongkong erklärte sogar, die Gespräche zwischen Peking und Taiwan könnten auf der Grundlage der Drei Volksprinzipien *Sun Yat-sens* vonstatten gehen. Eine Vorstellung, die genau den Forderungen der Republik China entspricht.

Alle Vorschläge Pekings sind bisher von der Regierung in Taipeh entschieden abgelehnt worden. Dies hat in manchen bundesdeutschen Medien zu bösartigen Kommentaren geführt, daß das Regime auf Taipeh »halsstarrig«, entspannungsfeindlich und dergleichen mehr sei. Dabei wird mit erhobenem Zeigefinger auf das deutsch-deutsche »Beispiel« hingewiesen. Hier sei man durch Gespräche und Verhandlungen mit dem kommunistischen SED-Regime ja sehr weit gekommen. Menschliche

Erleichterungen seien ausgehandelt worden und die Entspannungspolitik habe beachtliche Erfolge erzielt.

Abgesehen davon, daß man bei der Einschätzung des deutsch-deutschen Verhältnisses durchaus auch anderer Meinung sein kann, daß Bonn nämlich viel zu nachgiebig und konzessionsbereit gegenüber Ost-Berlin ist, müssen alleine schon von der Größenordnung her folgende Fragen an meine Kollegen erlaubt sein:

— Wenn die DDR eine Bevölkerung von etwa 3 Milliarden hätte – dies entspräche dann in etwa dem Bevölkerungsverhältnis Festland-Taiwan – wäre dann auch ein *Helmut Schmidt* bereit, mit *Erich Honecker* eine Gesamtdeutsche Regierung zu bilden? Selbst wenn Honecker sich für eine »Autonomie« der Bundesrepublik und die Beibehaltung des kapitalistischen Systems ausgesprochen hätte?
— Wenn die DDR ein Territorium hätte, das 300 Mal so groß ist wie das der Bundesrepublik, wäre da irgendeine Regierung in Bonn bereit, mit Ost-Berlin ernsthaft über eine »Wiedervereinigung« zu reden?
— Wäre eine Bundesrepublik bereit, mit einer DDR über Wiedervereinigungspläne zu reden, wenn die »Nationale Volksarmee« 100 Millionen oder mehr Soldaten hätte?

Dies sind nur die rein äußerlichen, wenn auch erdrückenden Fakten hinsichtlich Bevölkerung, Territorium und Armee, Verhältnisse zwischen der Insel Taiwan und dem Festland, auf deutsche Verhältnisse übertragen. Ich glaube, schon in Anbetracht dieser unbestreitbaren Zahlen sollte man nicht voreilig die ablehnende Haltung Taiwans gegenüber offiziellen Kontakten und tödlichen Umarmungen mit dem riesigen, kommunistisch-revolutionären »Partner« verurteilen.

Weitaus schwerwiegender als diese Größenunterschiede zwischen dem Goliath und David im Fernen Osten sind jedoch die schmerzlichen Erfahrungen der Kuomintang mit den Kommunisten. Bereits mehrmals hat die Kuomintang »Einheitsfronten« und »Bündnisse« mit den Kommunisten erlebt. Dabei stellte sich immer heraus, daß solche Verbindungen zu Lasten der Kuomintang ausgegangen sind. Die Kommunisten haben nämlich, wie sie auch offen bekennen, solche Bündnisse nur dazu benutzt, ihre eigenen Positionen zu stärken, und, sobald sie an die Macht gelangt sind, die einstigen Bündnispartner zu liquidieren oder ins Gefängnis zu werfen.

Auch in Europa gibt es ja für eine solche »Bündnispolitik« genügend Beispiele. Ich nenne nur die Tschechoslowakei nach dem Kriege, wo die Kommunisten nach der Machtübernahme alle »bürgerlichen Elemente«, mit deren Hilfe sie ja erst überhaupt an die Macht kommen konnten, aus der Regierung und in die Zuchthäuser warfen.

Ein gebranntes Kind scheut das Feuer, heißt ein bekanntes Sprichwort. Die Kuomintang hat ihre Finger bei den Kommunisten sogar mehrmals heftig verbrannt, wie wir noch im einzelnen sehen werden. Auch die Tatsache, daß die Nationalregierung heute auf der kleinen Insel sitzt, ist ja eine Folge dieser Leichtgläubigkeit. Niemand braucht sich deshalb zu wundern, daß man in Taipeh den jetzigen Kommunisten in Peking kein Wort glaubt.

Die Haltung Taipehs in dieser Frage hat Präsident *Tschiang Tsching-kuo* auf einer Pressekonferenz am 12. Januar 1981 wie folgt formuliert: »Die Regierung der Republik China wird niemals mit den chinesischen Kommunisten Gespräche führen. Dies ist unsere grundsätzliche Haltung und unsere unerschütterliche Position«. Im Einzelnen begründet der Regierungschef diese Haltung so: »Das Ziel der Vorschläge der chinesischen Kommunisten, Friedensgespräche zu führen, ist die Vernichtung der Republik China, indem sie Taiwan, Penghu, Quemoy und Matsu vollständig kontrollieren und das chinesische Volk in diesen Gebieten versklaven, wie sie dies bereits mit unseren Landsleuten auf dem chinesischen Festland tun. Unter solchen Bedingungen, Friedensgespräche mit ihnen zu führen, käme einer Selbstzerstörung gleich.

Für die Kommunisten sind Friedensgespräche nur eine andere Form des Krieges – ein politischer, psychologischer und propagandistischer Krieg. ›Friedensgespräche‹ sind ihre politische Bombe, um unseren Willen zur Freiheit zu schwächen, in unsere Reihen Teilungen und Widersprüche zu tragen, mit dem Ziel, Taiwan unter Kontrolle zu bekommen. Deshalb ist die beste Politik gegenüber einem solchen Angebot zu ›Friedensgesprächen‹, sie mit Bestimmtheit abzulehnen«.

Tschiang Tsching-kuo unterstrich dann, daß es für die Nationalregierung auf Taipeh kein »Taiwan-Problem«, sondern nur ein »China-Problem« gebe. Die einzige reelle Lösung des China-Problems bestehe nach wie vor darin, die kommunistische Diktatur auf dem Festland zu beseitigen und die Tyrannei zu beenden. Um es noch deutlicher zu sagen, erklärte Tschiang, die Lösung sei nur möglich, wenn die Drei Volksprinzipien Sun Yatsens in ganz China verwirklicht würden, wenn China wieder frei wäre, wenn eine echte Volksregierung gebildet werde. Gegenwärtig seien die chinesischen Kommunisten damit beschäftigt, gegen die Sowjetunion zu kämpfen. Aus diesem Grunde müssen sie sich mit ihren »zweitrangigen Feinden«, den westlichen Demokratien zusammentun, um gegen ihren »Hauptfeind« vorgehen zu können.

Sollte sich jedoch die Haltung Chinas ändern, so könnte es durchaus passieren, daß aus den zweitrangigen Feinden von heute Hauptfeinde von morgen werden. Tschiang erinnerte daran, daß, wenn Hunderte von Millionen von Chinesen weiterhin für eine längere Zeit unter kommunistischer Herrschaft bleiben, dies eine »ernste Gefahr für alle demokratischen Nationen der Welt« bedeute.

Auch die Nationalregierung hat ihre Taktik und Strategie gegenüber dem Festland im Laufe der Jahre geändert. In den ersten Jahren nach dem Ende des Bürgerkrieges hoffte *Tschiang Kai-schek*, das Festland wieder mit militärischen Mitteln zu erobern. Aber dies ist im Laufe der Jahrzehnte immer schwieriger geworden. Weder würden die Amerikaner damit einverstanden sein, noch ist das Pekinger Regime militärisch so schwach, daß ein solcher Angriff nicht abzuwehren wäre.

Heute setzt die Regierung auf Taipeh vor allem auf innere Widerstände im Riesenreich *Maos* und dessen Nachfolger, nicht zuletzt als Folge des Wirtschaftswunders auf Taiwan, dessen Früchte die immer noch arme Bevölkerung auf dem Festland auch gern für sich beanspruchen würden. Dazu Tschiang:

»Der Sturz eines tyrannischen Regimes beginnt in der Regel damit, daß die Bevölkerung unzufrieden ist und Widerstand zu leisten beginnt. Die Hauptkraft, die das kommunistische Regime zu Fall bringen wird, ist deshalb nicht die Kraft der Waffen sondern der Wille des Volkes, der Chinesen auf dem Festland und in den freien Gebieten.

Die chinesischen Kommunisten haben Millionen Menschen, unschuldige Menschen, getötet, aber noch immer können sie ihre Herrschaft nicht konsolidieren. Im Gegenteil, das Regime befindet sich am Rande eines totalen Zusammenbruchs. Ein innerparteilicher Kampf folgt dem anderen, und jeder Kampf ist noch heftiger als der vorige. Die Hauptursache hierfür ist der Widerstand des Volkes gegen die kommunistische Diktatur. Obwohl wir nicht voraussagen können, wann das chinesische Volk die kommunistische Diktatur überwinden kann, sind wir sicher, daß früher oder später das chinesische Volk dieses gemeinsame Anliegen verwirklichen wird. Dabei ist die Existenz der Republik China der Hoffnungsschimmer für die Mehrzahl der Chinesen, die für ihre Freiheit kämpfen«.

In den letzten Jahren gab und gibt es immer wieder Gerüchte, daß im Kampf gegen das kommunistische China Taiwan wieder Kontakte mit der Sowjetunion suche. Zumal sowohl *Tschiang Kai-schek* als auch der jetzige Präsident in der Sowjetunion waren und *Tschiang Tsching-kuo* auch längere Zeit in Rußland war und deshalb gut russisch spricht. Als Indiz für eine Lockerung der Haltung Nationalchinas gegenüber dem Ostblock wird darauf hingewiesen, daß seit kurzem Handelsbeziehungen zu einigen Ostblockstaaten aufgenommen worden sind: so auch mit der DDR, der Tschechoslowakei und Ungarn. Letzeres ist richtig, aber dies hängt wohl mit der sehr exportabhängigen Wirtschaft Taiwans zusammen. Auch das stark antikommunistische Südkorea hat Handelsbeziehungen mit dem Ostblock aufgenommen.

Zu diesen Gerüchten hat Tschiang Tsching-kuo unmißverständlich erklärt: der Feind aller demokratischer Staaten sei nicht »ein kommunistischer Staat, sondern eine völlig entgegengesetzte Ideologie, nämlich der Marxismus-Leninismus und eine völlig entgegengesetzte Lebensweise, nämlich das kommunistische System«. Heute seien sowohl das kommunistische China als auch Sowjetrußland permanente Feinde der demokratischen Staaten. Obwohl zwischen beiden Widersprüche vorhanden seien, würden diese nie dazu führen, daß sie ihr gemeinsames Ziel aufgeben, nämlich die kapitalistische Welt zu beerdigen. Deshalb sei weder die Überlegung richtig, durch eine Zusammenarbeit mit dem kommunistischen China gegen Sowjetrußland vorzugehen, noch die, mit Rußland gegen das kommunistische China. Vielmehr sei eine solche Denkweise sehr kurzsichtig und gefährlich, betonte Tschiang. Die Republik China werde deshalb niemals versuchen, mit Hilfe Sowjetrußlands das kommunistische Regime im kommunistischen China zu bekämpfen, denn dies würde die Einladung bedeuten, »einen Wolf in unser Haus zu rufen«. Nur das chinesische Volk werde die Kraft haben, die kommunistische Tyrannei zu beseitigen. »Sollten wir dies mit Hilfe Rußlands tun, so würden wir China in eine Katastrophe stürzen, aus der es nie wieder herauskommen könnte«, erklärte Präsident Tschiang abschließend.

Besonders verbittert ist man auf Taiwan über den Abbruch der diplomatischen Beziehungen durch den langjährigen Hauptverbündeten, die Vereinigten Staaten. Bekanntlich hatte die Regierung *Carter* am 1. Januar 1979 diplomatische Beziehungen zu Peking aufgenommen. Nachdem Präsident *Ronald Reagan* ins Weiße Haus kam, schien es zunächst so, als ob jetzt der Weg geebnet sei für bessere Beziehungen zwischen Nationalchina und Washington. Lange Zeit galt Reagan als »Freund« Taiwans. In einem Hotel in Taipeh zeigt man heute noch stolz auf Fotos von einem Besuch Reagans auf Taiwan vor vielen Jahren, als er noch Gouverneur von Kalifornien war.

Inzwischen ist in Taiwan erneut tiefe Verbitterung darüber entstanden, daß auch Reagan offenbar nicht imstande ist, seine Versprechungen gegenüber Taiwan zu halten. Vor allem ist die Republik China enttäuscht darüber, daß die USA nicht bereit sind, Taiwan moderne Waffen einschließlich Flugzeuge zu verkaufen.

Anfang Juni 1982 erklärte die Regierung in Taipeh sich »besorgt« über Erklärungen von US-Vizepräsident *George Bush* bei seinem kurz zuvor erfolgten Besuch in Peking und über den Inhalt von Briefen Reagans an die Führer der VR China. Dieser Inhalt deutet an, so erklärte man in Taipeh, daß die USA die Interessen der Republik China »ignorierten«. Washington hatte nämlich in diesem Schreiben der Pekinger Führung zugesichert, während der Gespräche über das »Taiwan-Problem« würden keine Waffen an Taipeh geliefert. Ferner forderte Taipeh Washington auf, die im »Taiwan Relations Act« festgelegten Bedingungen zu erfüllen. In diesem Gesetz, das nach der Anerkennung Pekings durch den US-Kongreß verabschiedet wurde, verpflichtete sich Washington, auch künftig die Sicherheit Taiwans zu garantieren. Dazu zählt auch die Lieferung von Waffen defensiven Charakters an die Nationalchinesen. Die Weigerung, Taiwan mit modernem Kriegsgerät zu beliefern, ist deshalb eine Verletzung dieser Verpflichtung.

Gegenwärtig versucht Taipeh, von anderen Staaten moderne Flugzeuge und Waffen zu kaufen. Das Kabinett erklärte kürzlich, das Land sei beispielsweise an Flugzeugen des Typs Mirage aus Frankreich interessiert, die Regierung wolle künftig »nicht allein von den USA beim Kauf von hochtechnisierten Waffen« abhängig sein.

Daß die Warnung und Analyse von *Tschiang Tsching-kuo* hinsichtlich einer möglichen Kehrtwendung Pekings in seiner Haltung gegenüber West und Ost keine leere Phrase war, zeichnete sich besonders Ende 1981/Anfang 1982 konkret ab. Sowohl Moskau als auch Peking begannen einen augenzwinkernden Dialog mit dem Ziel einer »Normalisierung« der gestörten Beziehungen. Zunächst meldete sich Kreml-Chef *Leonid Breschnew* mit einem solchen Angebot. Er unterstrich, daß die VR China nach sowjetischer Auffassung durchaus als »sozialistisches Land« betrachtet werde. Genau dies wurde ja jahrelang von den kommunistischen pro-Moskauer Parteien in aller Welt energisch abgestritten, diese »Anerkennung« wiederum tat Peking offensichtlich wohl.

In Moskau fanden – natürlich hinter verschlossenen Türen – Gespräche zwischen chinesischen und sowjetischen »Experten« statt. Darin wurden kleine Schritte auf dem Weg zur Besserung der Beziehungen vereinbart wie gegenseitige Besuche im Grenzgebiet (kleiner Grenzverkehr). Möglichkeiten wurden sondiert, wieder mehr Studenten auszutauschen. China äußerte den Wunsch, für die in der Zeit der »ewigen Freundschaft« in den 50er Jahren gelieferten sowjetischen Fabriken, Maschinen und Anlagen Ersatzteile geliefert zu bekommen. Die Sowjets würden es begrüßen, wenn wieder mehr Russisch in China gelehrt werde. Und Ende Juni 1982 luden die Chinesen erstmalig sowjetische Sportler – Leichtathleten – zu einem Wettkampf nach China ein, was stark an die Ping-pong und Softball-Diplomatie Pekings gegenüber den USA erinnert.

Sicherlich wäre es verfrüht, zu behaupten, zwischen den beiden kommunistischen Supermächten sei alles wieder in Butter. Klar ist aber, daß auf Peking kein Verlaß ist: wegen Taiwan ist *Teng*

Hsiao-ping den USA gram und so spielen die chinesischen Kommunisten mit der Moskauer Karte. Um die Chinesen in Peking zu »beruhigen«, schickte *Ronald Reagan* dann seinen Stellvertreter *George Bush* mit einigen netten Briefen an die Pekinger Führer, was, wie wir gesehen haben, wiederum die Republik China sehr erboste. Die Amerikaner haben in ihren Beziehungen zu China seit jeher keine sehr glückliche Hand gehabt ...

Ein faires Angebot an Peking

Die Ausführungen von Präsident *Tschiang Tsching-kuo* gelten heute noch. Inzwischen aber hat Premier *Sun Yun-suan* im Juni 1982 die Haltung der Regierung Chinas präzisiert und erweitert. Dabei wird sichtbar, daß der Vorwurf der Halsstarrigkeit nur bei oberflächlicher Betrachtung der Dinge aufrechterhalten werden kann. Denn die Sehnsucht nach der Wiedervereinigung ist in ganz China so groß, daß auch in Taipeh ernsthaft darüber nachgedacht wird. Nunmehr hat die Republik China der Pekinger Führung ein faires Angebot gemacht, das die KP Chinas, ohne ihr Gesicht zu verlieren, akzeptieren könnte. Wenn sie es ernst meint mit ihrem Vorschlag, China zu vereinigen.

Wie bereits erwähnt, hat der inoffizielle Vertreter Rotchinas in Hongkong bereits angedeutet, daß Peking bereit wäre, mit Taipeh auf der Grundlage der Ideen *Sun Yat-sens* zu verhandeln, die Grundbedingung, die vom freien China immer wieder gefordert wird.

Offensichtlich ist in Taipeh dieses Signal gehört worden, so daß Ministerpräsident Sun Anfang Juni folgende Ausführungen machte, die ich als historisches Dokument bewerte und deshalb in längeren Auszügen erstmalig in deutscher Sprache einem breiteren Publikum bekannt mache:

»Die Republik China auf Taiwan hat vorgeschlagen, China auf der Grundlage der Doktrinen und Lehren von Dr. Sun Yat-sen zu vereinigen. Die Entwicklungen auf beiden Seiten der Taiwan-Straße während der letzten 30 Jahre haben gezeigt, daß die Drei Volksprinzipien Sun Yat-sens der nationalen Entwicklung Chinas am besten entsprechen und das ›China-Problem‹ lösen können, wobei gleichzeitig die Freiheit und das Glück des chinesischen Volkes gewährleistet wird.«

Sun führte dann aus:

»Ich möchte kurz die wichtigsten Punkte dieser Drei Volksprinzipien erläutern. Das Prinzip des Nationalismus bedeutet der Versuch, ein Land des Volkes zu etablieren, das Prinzip der Demokratie ist so gemeint, daß das Land vom Volke regiert werden soll, und das Prinzip der Volkswohlfahrt zielt darauf, ein Land für das Volk zu errichten«.

Der Regierungschef unterstrich in seiner Rede: »Sogar die Führung des chinesischen kommunistischen Regimes war gezwungen, zuzugeben, daß Festlandchina wirtschaftlich Taiwan nicht einholen könne. Die chinesischen Kommunisten haben die erfolgreiche Entwicklung der Republik China bei ihrer nationalen Entwicklung aufmerksam verfolgt. Sie haben unsere Export-Freihandelszonen imitiert, indem sie sogenannte ›Spezial-Wirtschaftszonen‹ eröffnet haben. Sie haben ausländisches Kapital eingeführt, um den Export auszuweiten und die wirtschaftliche Ordnung zu regulieren, wobei sie der Landwirtschaft die Priorität gewähren. Sie haben neulich erneut versucht, die Wirtschaftsstruktur zu verbessern. Obwohl sie nach wie vor dem Prinzip des ›Eigentums des ganzen Volkes‹ und des ›kollektiven Eigentums‹ huldigen, haben sie in geringem Umfang begonnen, die ›Individualwirtschaft‹ von städtischen und ländlichen Arbeitern zu akzeptieren.«

Premier Sun betonte, alle diese Veränderungen seien »Zeichen,

daß das so dogmatische chinesische kommunistische Regime gezwungen worden ist, sich der Realität zu beugen und nach einer Serie von Rückschlägen eine Kehrtwendung zu machen«.
Und nun kommt ein echt chinesischer Absatz hinzu, der den guten Willen Taipehs hinsichtlich einer möglichen Wiedervereinigung mit Peking deutlich unter Beweis stellt:
»Bei der Verfolgung des Ziels, China auf der Grundlage der Drei Volksprinzipien wiederzuvereinigen, versuchen wir nicht, das chinesische kommunistische Regime in Verlegenheit zu bringen«.
Die Brücke für Peking lautet nach den Worten Suns wie folgt: »Bereits im September 1937, unmittelbar nach dem Ausbruch des Chinesisch-Japanischen Krieges, haben die chinesischen Kommunisten erklärt: ›Die Drei Volksprinzipien Sun Yat-sens werden heute in China benötigt, und unsere Partei ist bereit, zu versuchen, sie zu verwirklichen‹. In den letzten Jahren haben die chinesischen Kommunisten mehrmals ihren Respekt für *Dr. Sun Yat-sen* bekundet. Am 10. Oktober 1981, dem Jahrestag der Wuchang-Revolution von 1911, die die Geburtsstunde der Republik China war, ehrte das kommunistische Regime in China den großen Mann, der die ersten demokratischen Staaten in Asien gründete«.
Premier Sun erinnerte dann daran, daß im neuen Entwurf einer Verfassung Pekings ausdrücklich bestätigt wird, wie groß der Beitrag Dr. Sun Yat-sens für die Errichtung der Republik China war: »Sie haben damit die Überlegenheit dieser drei Volksprinzipien anerkannt. Alle freiheitsliebenden Chinesen hoffen ernsthaft, daß die chinesischen Kommunisten zurückkehren werden und sich mit den Drei Volksprinzipien Dr. Sun Yat-sens identifizieren werden, und daß sie ernste Aktionen in die Wege leiten, um diese drei Prinzipien auch zu verwirklichen«.

Taipeh fordert mit dieser Rede die jetzige Pekinger Führung auf, den Marxismus-Leninismus, den Maoismus abzuschütteln.

Dabei erinnert Premier Sun an die Gemeinsamkeiten beider Teile Chinas: die Verehrung für Dr. Sun Yat-sen, den gemeinsamen Vater und Gründer der chinesischen Republik.

Jetzt hängt alles von der Entwicklung in Peking ab. Sollte die neue Führung um *Teng Hsiao-ping* so flexibel und auch so mächtig sein, den bedrückenden Teil des Kommunismus abzuschütteln, dann ist eine allmähliche Annäherung zwischen beiden Chinas durchaus möglich. Und dies können nur alle freiheitsliebenden Chinesen und Völker hoffen. Auch wenn gegenwärtig die Chance für eine so radikale Änderung in Peking nicht sehr groß ist, so darf man den Pragmatismus der Chinesen nicht außer acht lassen.

Ein großes Verdienst um ganz China hat *Mao Tse-tung* sicherlich erworben, als er die Unabhängigkeit Pekings von Moskau durchsetzte. Dadurch befreite sich das kommunistische China von der Moskauer Herrschaft und die Regierung in Peking kann, wenn sie es ehrlich will, ohne Rücksicht auf die Sowjetunion zu nehmen, auch das System vorsichtig verändern. Darin liegt eine gewisse Hoffnung, wie sie auch in der in Deutschland kaum beachteten Rede von Premier Sun zum Ausdruck kommt. Jetzt ist Peking am Zuge. Hoffentlich versäumt es diese historische Chance nicht.

Taipeh pflegt zwischenmenschliche Beziehungen

Trotz der konsequenten Ablehnung Taipehs, offizielle Gespräche mit den kommunistischen Gegnern, solange diese an ihrer Ideologie festhalten, zu beginnen, sind die Ereignisse der letzten Jahre nicht spurlos vorübergegangen. Heute haben nur 22 Staaten offizielle diplomatische Beziehungen zu Taipeh. Von diesen sind nur Südafrika, Saudiarabien und Südkorea von einiger Relevanz. Dennoch hat das gestärkte Selbstbewußtsein angesichts des ungeahnten wirtschaftlichen Aufschwungs eine flexiblere Haltung der Regierung in Taipeh im Bereich der menschlichen Kontakte ermöglicht. Sie sind zwar noch von geringer Qualität, aber es sind erste Vorboten einer gewissen Entkrampfung im Verhältnis zu allem, was mit Rotchina zu tun hat.

Bis vor wenigen Jahren konnte jemand, der aus der VR China kam, nicht ohne weiteres nach Taiwan einreisen. Jeder, der das kommunistische China besucht hatte, galt als mögliches Sicherheitsrisiko. Diese übertriebene Furcht vor möglicher Unterwanderung ist jetzt überwunden. Dies gilt nicht nur für Ausländer, sondern auch für Auslandschinesen. Über diese Gruppe können sowohl auf Taiwan als auch auf dem Festland viele inoffizielle, oft auch rein familiäre, freundschaftliche oder geschäftliche Beziehungen gepflegt oder hergestellt werden. Da vor allem die Familienbande zwischen Chinesen besonders stark ausgeprägt sind, kommt es vor, daß man sich auf »neutralem« Boden trifft (Hongkong, Singapur, Macao).

Dies wird auch deshalb erleichtert, weil die Chinesen auf Taiwan jetzt sehr freizügig in westliche Länder reisen können. Als ich im vergangenen Jahr auch Korea und die Philippinen besuchte, war ich überrascht über die große Zahl von Touristen aus Taiwan, die nach den Japanern im Fernen Osten jetzt zu den reisefreudigsten Asiaten gehören. Dies läßt auf zweierlei schließen: sowohl auf den Wohlstand der Taiwan-Chinesen als auch auf die Liberalität der chinesischen Behörden.

Und in der Tat: in den letzten drei Jahren reisten eine Million Bürger der Republik China ins Ausland. Dies ist eine enorme Steigerung gegenüber den Vorjahren und deutet auf eine großzügige Handhabung bei der Ausstellung von Reisepässen. Vergleicht man diese Zahl mit der Bevölkerung von nur 18 Millionen, so ist diese Reiselust für ein asiatisches Land eine sehr beachtliche Entwicklung.

Die Regierung in Taipeh hat heute nichts mehr dagegen einzuwenden, wenn im Ausland Gespräche und Begegnungen zwischen Bürgern des freien China mit Landsleuten aus der VR China stattfinden. An mehreren deutschen Universitäten (Heidelberg, Stuttgart, Karlsruhe) sind mir solche Begegnungen geschildert worden. Ein Germanist aus Taipeh, der in Baden-Württemberg studiert, berichtete mir: »Zunächst waren die Landsleute aus Peking sehr scheu. Wir sprachen nur über Gemeinsames: die chinesische Küche, das Studium, das Wetter«. Nach und nach tauten jedoch, vor allem wenn es gelegentlich möglich war, unter vier Augen zu sprechen, die Chinesen aus dem kommunistischen Machtbereich auf: »Sie interessieren sich brennend für das Leben auf Taiwan, stellen tausend Fragen nach dem Alltag, Preisen, Löhnen und Arbeitsbedingungen im freien China. Andeutungsweise berichteten sie ihrerseits über das Leben im kommunistischen China«.

Fast sensationell wirkte eine trockene Nachricht aus Taiwan vom 27. März 1980: 17 Seeleute aus der Volksrepublik China durften – erstmalig seit der Trennung beider Chinas vor 33 Jahren – die Insel besuchen. Die Seeleute mit Pekinger Pässen arbeiteten übrigens auf dem deutschen Frachter »Josef Roth«, der unter der Flagge Panamas die Weltmeere befährt. Das Schiff mit 26 Rotchinesen an Bord kam im Hafen von Keelung auf Taiwan an. Die nationalchinesische »Seemann-Vereinigung« lud die Landsleute ein, Taipeh zu besuchen, ein bisher einmaliges Ereignis in der Geschichte der innerchinesischen Beziehungen.

Um 10.45 Uhr morgens – diese Uhrzeit wird möglicherweise ein wichtiger Markstein in der Geschichte der Beziehungen zwischen den zwei Teilen Chinas sein – wurden die Landsleute mit Pekinger Pässen in einem Bus abgeholt. In Begleitung von Funktionären der Seeleute-Organisation Taiwans besuchten sie *Fang Li-feng,* den Präsidenten der Gastgeberorganisation. Dort konnten sie sich in einem kollegialen Gespräch über die politische und wirtschaftliche Entwicklung auf der Insel freimütig unterhalten.

Einige der Rotchinesen tauschten amerikanisches und japanisches Geld in New-Taiwan-Dollar um, kauften sich Souvenirs und Kleinigkeiten. Sie besuchten dann die Sun Yat-sen und die Tschiang Kai-schek Gedenkhalle, sowie den Präsidentenpalast. Eifrig fotografierten die ersten Rotchinesen auf dem Boden des freien China das Gesehene. Besonderes Interesse hatten die Festlandchinesen an Musikkassetten mit modernen chinesischen Schlagern. Zum Schluß wurden sie zu einem Festessen eingeladen. Nach diesem unvergeßlichen Tag kehrten sie wieder zurück auf ihr Schiff, um 20 Uhr abends lief es nämlich aus. Ein 32jähriger Seemann, der sich eine Fußverletzung an Bord zugezogen hatte, wurde in einem Krankenhaus gratis behandelt. Auch er kehrte wieder an Bord zurück.

All dies wäre kaum der Rede Wert, daß Chinesen und Chinesen zusammen essen, reden, sich gegenseitig helfen, wären die Beziehungen zwischen beiden Teilen durch den schrecklichen Bürgerkrieg nicht so verkrustet und verkrampft, wie sie es heute immer noch sind.

Abstimmung mit den Füßen

Im geteilten Deutschland weiß man, was die »Abstimmung mit den Füßen« bedeutet: vor dem Bau der Berliner Mauer 1961 kamen Hunderttausende, ja Millionen von Mitteldeutschen in den freien Teil der Stadt. Sie verließen das »Arbeiter- und Bauernparadies«, um in der Bundesrepublik eine neue Existenz aufzubauen. Oft hatten sie, um nicht an der Grenze unangenehm aufzufallen, nur das dabei, was sie auf dem Leibe hatten. Deshalb baute *Walter Ulbricht* am 13. August jenes Jahres die Mauer. Seitdem ist eine Flucht von Deutschland nach Deutschland mit Gefahr für Leib und Leben verbunden, die Zahl der getöteten Flüchtlinge ist bereits dreistellig.

Im kommunistischen China gibt es jedoch bis heute keine

Gelegenheit, eine Massenabstimmung mit den Füßen in diesem Ausmaß durchzuführen. Dazu war und ist der Bambus-Vorhang zu dicht. Die einzige Möglichkeit bietet die britische Kronkolonie Hongkong. Und bis heute sind in der Tat Hunderttausende von Chinesen über Hongkong in die freie Welt gelangt. Allerdings muß zur Schande der britischen Behörden Hongkongs gesagt werden, daß sie viele Chinesen wieder in die Volksrepublik zurückgeschickt haben. Für sie bedeutet dies Gefängnis, Schikanen, Berufsverbot.

Von dieser Fluchtmöglichkeit können nur die wenigsten Chinesen Gebrauch machen: anders als in der DDR, wo es möglich ist, von jedem beliebigen Ort nach Berlin zu fahren, kann beispielsweise ein Chinese in Peking oder Schanghai nicht einfach eine Fahrkarte nach Hongkong kaufen oder nach Kanton. Dazu braucht er eine »Bescheinigung« und »Genehmigung« vom Arbeitgeber, Amt oder einer anderen Institution. Deshalb besteht die Möglichkeit, in die Kronkolonie zu fliehen, nur für die Chinesen, die in unmittelbarer Nähe Hongkongs leben. Und auch dies ist sehr gefährlich: viele versuchen, schwimmend die Freiheit zu erreichen, nicht wenige werden von Haien gefressen, andere gingen bei schlechtem Wetter unter. Weitere Fluchtmöglichkeiten gab es auf Dschunken und kleinen Schiffen: schon damals gab es viele »Boat-People«.

Besonders zahlreich war die Fluchtbewegung im Jahre 1962, zu einer Zeit, als ich selber in Rotchina die katastrophale Versorgungslage beobachten konnte. Alleine im Monat Mai jenes Jahres flohen 400000 Chinesen (!) vom kommunistischen Festland. Im Mai 1982 gedachten 200 von ihnen in Taipeh dieses Massenexodus.

In Hongkong ist ein beträchtlicher Teil der Bewohner aus dem kommunistischen China geflohen; wieviele es sind, weiß niemand, da viele gleich Unterschlupf bei Verwandten und Freunden finden, so daß sie offiziell nicht registriert sind.

In den letzten Jahren ist eine zunehmende Fluchtbewegung

unter den im Ausland offiziell studierenden oder arbeitenden Rotchinesen zu beobachten. Obwohl ihre Zahl keinen Massencharakter angenommen hat, ist diese Art von Flucht besonders bedeutungsvoll: es handelt sich erstens um – nach ideologischen Gesichtspunkten – ausgesuchte Genossen, von denen man annehmen mußte, daß sie so zuverlässig sind, daß man das Risiko eingehen kann, sie ins »kapitalistische Ausland« zu schikken. Zum anderen, weil hier die besten Fachkräfte der Volksrepublik, trotz der Privilegien im kommunistischen China, ein ungewisses Leben, dafür aber in Freiheit, vorziehen.

Aus der Bundesrepublik floh kürzlich Professor *Li Ken-tao* nach Taiwan. Auch seine Frau, *Liu Man-ling*, verließ mit ihrem Mann eine westdeutsche Universität. Beide arbeiten jetzt an der Fengchia-Universität in Taichung. Professor Li ist ein Mathematiker, seine Frau Chemikerin. Er entstammt einer angesehenen Wissenschaftler-Familie: Bruder *Li Tsung-dao* erhielt 1957 zusammen mit zwei weiteren Chinesen den Nobelpreis für Physik. Als Grund für seine Flucht nannte Professor Li die Tatsache, das Verhältnis zwischen Lehrern und Studenten sei auf Taiwan sehr gut, auf dem Festland dagegen hätten die Studenten ihre Professoren nicht respektiert. Der Mathematiker lobte ferner die ausgewogene »körperliche und geistige Verfassung« der Studenten im freien Teil Chinas. Ein interessantes Detail: nach ihrer Flucht ließ sich das Ehepaar christlich taufen, aus Dank gegenüber Gott, daß ihnen die Freiheit wiedergegeben wurde.

Im Oktober 1981 erreichten zehn junge Männer die Küste Taiwans. Die Flüchtlinge im Alter von 17 bis 22 Jahren berichteten, sie hätten Waffen aus Armeearsenalen entwendet. Damit hatten sie ein Schiff gekapert und segelten von der Provinz Tschekiang in Richtung Taiwan. Nach drei Tagen auf stürmischer See wurden sie von Fischern gerettet und an Land gebracht. Sie brachten fünf Karabiner, fünf Gewehre, eine Maschinenpistole und 210 Stück Munition mit.

Jeder der Flüchtlinge erhielt von der Regierung umgerechnet

rund 1250 DM als »Belohnung«. Während in der Bundesrepublik finanzielle Leistungen für Flüchtlinge andere Namen tragen (Eingliederungshilfe, Existenzgründungsdarlehen, Lastenausgleich usw.), nennt man sie in beiden Chinas schlicht »Belohnung« für die Flucht. Und je mehr Waffen die Flüchtlinge mitbringen, um so höher das Bargeld.

Am meisten bekommen naturgemäß Piloten, die mit ihren teuren Flugzeugen das andere China erreichen. Auch hier ist aufschlußreich, daß es bisher nur einen einzigen Fall einer Pilotenflucht von Taiwan nach Rotchina gibt, während vom kommunistischen China nach Taiwan bereits fünf Mal ein Flugzeugführer samt Militärmaschine gelandet ist. Der MIG-19-Pilot *Fan Yüan-jen*, der 1977 in Taiwan landete, erhielt beispielsweise umgerechnet fast 2 Millionen DM steuerfrei in Gold, außerdem wurde er zum Oberstleutnant der Republik China befördert. Dies bedeutet zusätzlich ein Grundgehalt von 800 DM im Monat und eine mietfreie Wohnung. Der geflohene Pilot aus Taiwan bekam von den Kommunisten umgerechnet eine Million Mark in bar, und wurde ebenfalls befördert. Die Umstände und Motive seiner Flucht sind bisher nicht genau geklärt.

Im Dezember 1981 nutzte eine bekannte Cellistin aus Rotchina einen Aufenthalt in den Vereinigten Staaten (sie studierte Musik an der Universität von Minnesota), um nach Taiwan zu flüchten. Ihre Flucht ist besonders tragisch, weil sie ihren Mann und eine 12jährige Tochter in Festlandchina zurücklassen mußte. Aber für sie war der Drang, endlich in Freiheit zu leben, größer als familiäre Rücksichten. Unzählige ähnliche Fälle gab und gibt es ja auch im innerdeutschen Bereich. Frau *Li Tien-huey* hofft, daß es ihr gelingen wird, für ihre Familie eine Familienzusammenführung »irgendwie« in die Wege zu leiten. Heute unterrichtet sie an der Universität für chinesische Kultur in der Nähe von Taipeh.

Zur Motivation ihrer Flucht sagte Frau Li, sie könne nicht mehr unter dem kommunistischen System leben: »Heute werde ich aufs Land geschickt, morgen werde ich kritisiert. Nach dem Heute weiß ich nicht, ob ich ein Morgen überhaupt erlebe. Das Leben ist trist und grau«. Obwohl sie eine begabte Musikerin ist, mußte sie oft jahrelang auf musikalische Praxis verzichten: vier oder fünf Jahre lang war sie gezwungen, in einer Fabrik oder auf dem Lande hart zu arbeiten. Als sie in den USA solche weltbekannte Kollegen traf wie *Ma Yo-yo* und *Lin Chao-liang*, wurde ihr bewußt, daß sie nur in einer freien Gesellschaft ihre musikalischen Talente entfalten könne.

Vor kurzem fragte mich ein Wissenschaftler aus dem kommunistischen China in Stuttgart, wie er die deutsche Staatsangehörigkeit erwerben könne. Er möchte gerne hier bleiben, denn seine Familie und er selber hätten in der Zeit der Kulturrevolution derart gelitten, daß er den Kommunismus endgültig satt habe. Auf meinen Rat, hier politisches Asyl zu beantragen, meinte er, dies sei zu »gefährlich«, da er noch Familie in China habe. Asyl könnte als »Verrat« ausgelegt werden, lieber sei ihm, ganz normal die Staatsangehörigkeit zu wechseln.

Leider mußte ich ihm sagen, daß der Erwerb der deutschen Staatsangehörigkeit für nichteuropäische Ausländer erst nach zehnjährigem Aufenthalt möglich sei, und auch dies ohne Gewähr, denn es handele sich dabei nur um eine »Ermessenseinbürgerung«. Allerdings könne er auch als Ausländer eine unbefristete Aufenthaltsgenehmigung bekommen, wenn er eine Deutsche heirate. Ob er jetzt nach einer germanischen Braut Ausschau hält, entzieht sich meiner Kenntnis ...

Der Drang, das kommunistische China zu verlassen, um in Freiheit leben zu können, ist so stark, daß in nicht wenigen Fällen auch Angehörige der »neuen Klasse«, Privilegierte, dem Regime den Rücken kehren. Der spektakulärste Fall in der Geschichte Rot-Chinas ist dabei wohl die Flucht des Gesandten *Liao He-schu* aus Den Haag Ende der 60er Jahre.

Erfahrungen mit der »Einheitsfront«

Obwohl Premier *Sun Yun-suan* den kommunistischen Führern in Peking das faire Angebot gemacht hat, wieder zu den Drei Volksprinzipien *Dr. Sun Yat-sens* zurückzukehren und auf dieser Basis eine Wiedervereinigung herbeizuführen, ist die Skepsis Taipehs gegenüber den Kommunisten unüberhörbar.

Wer die Geschichte Chinas in den letzten 40 Jahren verfolgt, weiß, daß eine solche Skepsis auf bitteren Erfahrungen der Kuomintang herrührt. Erfahrungen übrigens, die auch andere bürgerliche Parteien in Europa erlebt haben, wenn sie mit Kommunisten eine »Volksfront« oder ähnliche Bündnisse gebildet haben. *Mao Tse-tung* selbst hat das Ziel solcher Einheitsfronten klar zum Ausdruck gebracht: »Der chinesisch-japanische Krieg gibt uns, den chinesischen Kommunisten, eine ausgezeichnete Gelegenheit zur Expansion. Unsere Politik lautet, 70 Prozent unserer Bemühungen für dieses Ziel, 20 Prozent für die Konfrontation mit der Regierung, und zehn Prozent, um gegen die Japaner zu kämpfen«. Und genau so verfuhr die KP Chinas von Anfang an, bis zum heutigen Tag. Deshalb ist das Mißtrauen in Taipeh verständlich.

Die KP Chinas wurde 1921 in Schanghai unter direkter Anleitung der Kommunistischen Internationale (Komintern) in Moskau gegründet. Die Zentrale der kommunistischen Bewegung beeinflußte junge Intellektuelle in China mit den Lehren von *Marx, Engels* und *Lenin.* Sie wurden angestiftet, Unruhen und Streiks unter Arbeitern, Studenten und Bauern zu organisieren. Da die Zahl der Kommunisten in den ersten Jahren nach der Parteigründung sehr klein blieb, die Kuomintang jedoch nach der Beseitigung der Mandschu-Dynastie und der Gründung der Republik (1911/12) immer mehr an Einfluß gewann, beschlossen die Kommunisten, mit Hilfe der Partei *Sun Yat-sens* an die Macht zu gelangen.

Im August 1922 beschloß der zweite Parteitag der KP Chinas,

mit der Kuomintang eine »Einheitsfront« zu bilden. Viele Kommunisten traten daraufhin der Nationalpartei bei. In der Kuomintang gelang es den Kommunisten, die Partei in mehrere Flügel zu spalten: die Linken, die Zentristen und die Rechten. Mit Hilfe des linken Flügels versuchten sie, die nationale Revolution nach links zu verschieben. Immer wieder versuchten sie, durch eine intensive Propagandaarbeit und die Verbreitung von Gerüchten aller Art, eine Spaltung innerhalb der Kuomintang zu ihren Gunsten zu erreichen.

So bildeten sie in Wuhan eine »Sowjetregierung«, die Abwesenheit vom Oberkommandierenden *Tschiang Kai-schek* ausnutzend, der gerade (1926) seinen berühmten Nordfeldzug in Richtung Nanking leitete. Die Kommunisten gründeten Gewerkschaften und mehrere Bauernverbände, die einen Aufstand gegen die Zentralregierung durchführten.

Gleichzeitig nahmen die Kommunisten Kontakte mit Diplomaten westlicher Staaten (USA, Großbritannien) auf. Sie versuchten, zwischen diese Staaten und die Nationalregierung einen Keil zu treiben.

Es gab im ganzen Lande Unruhen und Aufstände, zwei Regierungen rivalisierten miteinander: Nanking (Kuomintang) und Wuhan (Kommunisten). Aufgrund dieser Ereignisse beschloß die Kuomintang-Führung im Jahre 1927, die Kommunisten aus der Partei auszuschließen. Die Überbleibsel der kommunistischen Truppen und der Partei etablierten sich in einer Gegend zwischen Hunan, Hupeh und Kiangsi. So endete die erste »Einheitsfront« zwischen Nationalisten und Kommunisten in China vor mehr als 50 Jahren.

Angesichts der unzuverlässigen Politik der Kommunisten, beschloß die Nationalregierung ihrerseits, sie zu vernichten. In fünf Kampagnen wurden die Soldaten der chinesischen roten Armee in entlegene Gebiete vertrieben. Auf dem legendär gewordenen »Langen Marsch« zogen sich *Mao Tse-tung* und seine Truppen zurück, dabei zogen sie durch die Provinzen

Yünnan, Kweitschou, Szetschuan und Sinkiang nach Nordshensi, wo sie sich mit anderen kommunistischen Einheiten zusammenschlossen. Damals, 1935, war die kommunistische Armee bereits auf 5000 Mann zusammengeschrumpft.

Seit 1931 hatte sich die Lage in China durch dauernde japanische militärische Provokationen verschärft, und ab 1937 begann der reguläre Krieg zwischen Japan und China, der erst im August 1945 mit der Kapitulation Nippons nach dem Abwurf der Atombomben von Hiroshima und Nagasaki endete.

Die Kommunisten sahen eine gute Gelegenheit, ihre eigene Macht zu etablieren und auszudehnen. Im Grunde genommen profitierten vor allem die Kommunisten von diesem schrecklichen Krieg, der China in ein endloses Chaos stürzte. Am Ende gelang es den Kommunisten, mit Hilfe der erbeuteten japanischen Waffen, die Kuomintang vom Festland zu vertreiben und in Peking die Volksrepublik auszurufen.

Entsprechend der damaligen Taktik der Komintern (auch die KPD in Deutschland versuchte damals, mit allen »antifaschistischen Kräften« eine Volksfront zu bilden, nachdem sie zuvor vor allem die Sozialdemokraten auf das wüsteste beschimpft hatten) begannen die Kommunisten, eine zweite Einheitsfront mit der Kuomintang zu propagieren und zu fordern. Im Mai 1936 erklärte die KP Chinas sich bereit, mit der Kuomintang »Friedensgespräche« zu führen. Gleichzeitig kündigte sie an, sie sei bereit, die vier Grundbedingungen der Nationalregierung zu akzeptieren, die da lauteten:
– Unterstützung der Drei Volksprinzipien (Sun Yat-sens);
– Anerkennung Tschiang Kai-scheks als Oberbefehlshaber;
– die Integration der Roten Armee in die Nationalen Streitkräfte;
– die Umwandlung der »Sowjetgebiete« in örtliche Verwaltungen.

Ein Jahr später, als der Krieg mit Japan ausbrach, unterstrichen *Mao* und seine Genossen erneut, jetzt müsse man »gemeinsam die nationale Krise meistern«. Gleichzeitig jedoch nutzten die Kommunisen den Frieden, um sowohl ihr Territorium als auch ihre Armee heimlich zu vergrößern.

Entsprechend der von *Mao* ausgegebenen Devise wurde während des achtjährigen Krieges gegen Japan die Taktik angewandt, daß direkte und größere Schlachten gegen die Japaner seitens der Kommunisten vermieden wurden. Die Rote Armee beschränkte sich im wesentlichen auf kleinere Guerilla-Scharmützel gegen japanische Einheiten, um möglichst viele Waffen und Munition zu erbeuten. Die großen, zermürbenden Schlachten überließen Mao und Genossen lieber *Tschiang Kai-scheks* Truppen, die damit effektiv überfordert waren, zumal bis zum Angriff auf Pearl Harbor (1941) durch die Japaner die westlichen Mächte China im Stich ließen. Entweder verhielten sie sich neutral (USA), oder sie waren von Deutschland okkupiert (Frankreich, Holland), oder sie hatten gar Nichtangriffspakte mit den Achsenmächten unterzeichnet (*Stalin-Ribbentrop* 1939). Kurzum, die Nationalregierung mußte einen schweren Zweifrontenkrieg führen: gegen die technisch überlegene kaiserliche Armee Hirohitos und gegen die Hinterhalte der immer stärker werdenden Kommunisten.

Die Einheitsfront brachte in der Tat glänzende Ausdehnungs- und Infiltrationsmöglichkeiten für die KP Chinas: da sie die Uniformen und Kennzeichen der Nationalarmee trugen, konnten sie die Kuomintang-Truppen sogar unerkannt angreifen. Allein zwischen November 1940 und Oktober 1941 wurden 395 solcher Angriffe gegen die Armee der Nationalregierung dem Oberkommando gemeldet. Trotz verschiedener Abkommen zwischen der Nationalregierung und den kommunistischen Armeen kam es immer wieder zu heftigen Angriffen der Mao-Truppen gegen die Tschiang Kai-schek Armee, die ohnehin schwer gegen die Japaner zu kämpfen hatte.

Nachdem Japan 1945 besiegt wurde, hatten die Kommunisten bereits 650 000 reguläre Soldaten und etwa zwei Millionen Milizangehörige. Aufgrund dieser Größenordnung begannen sie jetzt, den Partisenkampf in einen »normalen« Krieg umzuwandeln. Sie gingen dazu über, auch große Städte zu erobern. General *Lin Piao*, später Maos designierter Nachfolger und dann wieder Hauptintrigant gegen den »Großen Steuermann«, organisierte die Armee. Mit Hilfe der Sowjets entwaffneten die Kommunisten die kapitulierenden Japaner in Nordchina.

Nach der Kapitulation der Japaner ignorierten die Kommunisten die Befehle des Oberbefehlshabers *Tschiang Kai-schek*. Im Gegenteil, sie entwaffneten die Japaner und deren Marionettenarmeen. Ferner zerstörten die Rotarmisten die Verbindungsnetze der Nationalregierung. Gemeinsam mit der einmarschierenden Sowjet-Armee und der mongolischen Armee besetzten sie Nordostchina, Suiyüan, Chahar und Jehol.

Dies waren die bitteren Erfahrungen der Kuomintang mit den Kommunisten. Heute wäre ein Flirten noch gefährlicher, denn inzwischen hat die KP Chinas eine Armee von 4–5 Millionen Mann unter Kontrolle, sie verfügen über Nuklearwaffen. Und zumindest die Landtruppen und die Luftwaffe Rotchinas sind durchaus von erheblicher Stärke.

Von den heutigen, zumeist älter als 70jährigen Führern der KP Chinas ist wohl kaum zu erwarten, daß sie den Kommunismus völlig abschaffen könnten – dazu sind sie zu lange mit dieser Ideologie verflochten gewesen. Aber die Führer der Republik China hoffen auf die nächste Generation von KP-Funktionären. Sie werden vielleicht eher erkennen können, daß der Kommunismus und Maoismus für China ein untaugliches System ist, so wie diese Ideologie bisher überall versagt hat. Weil sie die menschliche Natur ignoriert und stattdessen ein kollektives Zwangssystem einführt. Da dieses System schlicht menschenwidrig ist, wird es überall von Menschen wie ein Fremdkörper abgeschüttelt werden. Und das erst recht in China, einem Land mit 5000jähriger Kultur und zutiefst menschlicher Philosophie, dem Konfuzianismus.

Grauer und bunter Alltag in beiden Teilen Chinas

Wer jemals im kommunistischen China war, weiß, wie grau dort der Alltag ist. Dabei meine ich zunächst nur das äußerliche Bild: monoton und ärmlich gekleidete Menschen, primitive Behausungen, auch wenn es sich um sogenannte Neubauten handelt, Läden mit einem dürftigen Angebot. Von der inneren, seelischen Verfassung der einen Milliarde Chinesen wollen wir gar nicht erst anfangen, sie bleibt Ausländern zumeist verschlossen, sofern sie nicht der chinesischen Sprache mächtig sind und Gelegenheit haben, mit den Menschen unter vier Augen zu sprechen.

Genau das Gegenteil ist auf Taiwan auch für den Sprachunkundigen sofort und überall (nicht nur in der Hauptstadt Taipeh) feststellbar: bunt und farbig ist das Gesamtbild. Die Häuser sind in freundlichen Farben gestrichen, schöne Parks und Grünanlagen, bunte Warenhäuser mit einem verlockenden Angebot, überquellende Läden, von früh bis spät abends geöffnet, Restaurants und Garküchen, Obststände und duftende Kräuterläden, ein farbiges und fröhliches Treiben in allen Gassen, auf den Boulevards und in den Teestuben. Das ist China, das ist Fröhlichkeit, Gemütsruhe und Harmonie, wie es die Chinesen lieben.

Natürlich ähnelt dem auch der Kontrast des Straßenbildes: im freien China ein Gewimmel von Autos aller Fabrikate (zumeist jedoch einheimischer Produktion) und Motorräder, auf dem Festland nur Fahrräder, Eselskarren oder von Pferden gezogene Fahrzeuge. Die Armut ist auf dem Festland sofort sichtbar, im freien China begegnen wir dem Flair der Freiheit.

Im kommunistischen China überkamen mich Trauer und Depressionen angesichts der materiellen Not, vor allem aber der geistigen Enge, die den dort lebenden Menschen auferlegt ist, darunter vielen Freunden und auch Verwandten. Im freien Teil Chinas war ich angesteckt durch den Frohsinn der Menschen, mit denen ich seelisch und kulturell verbunden bin, auch wenn meine Heimat heute die Bundesrepublik Deutschland ist. Ähnlich wird sich ein Auslandsdeutscher fühlen, wenn er einmal die DDR, dann die Bundesrepublik besuchen und vergleichen kann.

Diese oberflächlichen Eindrücke können aber auch statistisch eindrucksvoll belegt werden. Der Chinese auf Taiwan verdient jährlich im Durchschnitt 2265 US-Dollar (rund 6000 DM), sein Landsmann auf dem Festland den zehnten Teil, 238 Dollar. Damit gehört der Chinese unter kommunistischer Herrschaft zu den ärmsten Menschen dieser Erde. Schon aufgrund dieser Einkommensverhältnisse kann man sehen, wie illusionär die Hoffnung ist, Rotchina könnte in absehbarer Zeit ein großer Markt für europäische Produkte werden.

Während auf 10 000 Personen in der Republik China 319 Autos entfallen, lautet die Zahl für Rotchina 15. Das heißt: auf 30 Personen in Taiwan kommt ein Auto, in Rotchina müssen sich 600 Personen ein Auto teilen. Und während die Autos in der Volksrepublik fast alle dem Staat gehören (Dienstwagen der höheren Staats- und Parteifunktionäre) steigt die Zahl der privaten Autos auf Taiwan rapide. Heute hat schon jede 5. Familie ein eigenes Auto, in 10 Jahren jedoch wird auf Taiwan jede Familie einen PKW besitzen! In der Volksrepublik wird es aber auch in 20 Jahren kaum Privatpersonen geben, die ein eigenes Auto haben.

Vielleicht sagen einige »Grünen« bei der Lektüre dieser Zahlen: oh, wie schön, daß das Auto die Luft in der VR China nicht verpestet. Nun, dann sollten sie mal in die Industriezentren des kommunistischen Chinas gehen. Dort wird ihnen angesichts der Luftverschmutzung und der Umweltschäden die Sprache und der Atem verschlagen.

Auch auf Taiwan gibt es ernste Umweltprobleme, denn das Ökologiebewußtsein ist bei solch einer neuen Industrienation naturgemäß noch sehr schwach entwickelt. Aber Ende 1981 wurde in Taipeh ein Umweltschutzbüro gegründet, als Bestandteil der Nationalen Gesundheitsverwaltung. Rund 200 Techniker und Experten sind dort bereits beschäftigt, um gegen die

Umweltbelastungen zu kämpfen. Ein ermutigender erster Schritt in die richtige Richtung.

Auf Taiwan ist heute bereits eine leistungsfähige Autoindustrie entstanden, sie kann jährlich 200000 Autos produzieren. Die Marke »Yue-loong«, davon konnte ich mich auf Taiwan selber überzeugen, ist äußerst solide, in der Form ansprechbar, und zuverlässig.

Auch in Rotchina wurden bereits Ende der 50er Jahre Autos hergestellt, darunter auch die Marke »Hungqi« (»Rote Fahne«). Abgesehen von dem scheußlichen Aussehen (sie waren Kopien sowjetischer Autos) konnte Rotchina nur einige wenige Exemplare herstellen, ihre Qualität ist schlecht. Noch heute kann die Volksrepublik keine anständigen Autos herstellen. Einige Geländewagen, die nach Deutschland exportiert wurden, erhielten dann auch sehr negative Beurteilungen durch die Motorpresse. Da sind sogar die Russen weitaus besser mit ihren grobschlächtigen »Ladas«.

Auch Fernsehgeräte sind in der VR China selten: auf 10000 Personen gibt es dort 31 Stück, auf Taiwan 60 Mal so viel, nämlich 1858. Faktisch jede Familie hat auf Taiwan einen Fernseher, meistens sogar in Farbe. Im China der Kommunisten ist auch dieses Gerät meistens nur kollektiv zu sehen: in Büros, Verwaltungen, Fabriken, Kommunen, selten im Wohnzimmer einer Familie. Von Qualitäts- und Preisunterschieden einmal abgesehen.

Das Telefon verdeutlicht ebenfalls die Frage, in welchem China die neue Zeit eingezogen ist, und wo noch die Buschtrommel regiert: auf Taiwan kommen auf 10000 Personen 1468 Telefone, in Rotchina 40. Selbst in der 9-Millionen-Stadt Peking gibt es auf 100000 Einwohner ganze 109 Telefonanschlüsse. Nur jeder 1000. Einwohner der Hauptstadt der mächtigen Volksrepublik hat demnach ein Telefon, auf Taiwan (einschließlich der Dörfer) haben vergleichsweise die Menschen 200 mal soviele Telefone. Es ist kaum nötig zu bemerken, daß nur Behörden und hohe

Staats- und Parteifunktionäre in Rotchina in den Genuß dieses Privilegs kommen, während auf Taiwan heute das Telefon, wie in Europa oder Amerika, ein ganz normales Alltagsgerät darstellt.

Jeder Taiwanese verbraucht jährlich 2194 Kilowatt elektrischen Strom, auf dem kommunistischen Festland jede Person 292 Kilowatt. Auch die Wohnraumgröße läßt die Unterschiede einer freien und einer Zwangswirtschaft klar erkennen: pro Kopf stehen auf Taiwan fünf Mal soviel Quadratmeter zur Verfügung wie auf dem Festland.

Für Bekleidung gibt jeder Chinese auf Taiwan jährlich rund 125 DM aus, auf dem Festland nur 5 DM! Es kommt noch hinzu, daß auf dem Festland Textilien rationiert sind, und das nicht etwa gleichmäßig: je höher der Funktionär, um so mehr Textilmarken gibt es in der »klassenlosen« Gesellschaft.

Bekanntlich war der Hunger ständiger Begleiter der Chinesen für Tausende von Jahren. Heute kann jeder sehen: auf Taiwan gibt es seit vielen jahren nicht nur keinen Hunger mehr, sondern jeder Chinese ist gut ernährt, nämlich abwechslungs-, vitamin- und eiweißreich. Die Statistik besagt: täglich nehmen die Taiwan-Chinesen 2845 Kalorien zu sich, dies ist auch nach europäischen Maßstäben völlig ausreichend, auf dem Festland sind es nur 1800 Kalorien, das ist schon sehr mangelhaft. Da es sich hier um Durchschnittswerte handelt, muß man davon ausgehen, daß im kommunistischen China die Zahl der Unterernährten noch in die Millionen geht. Besonders kraß ist der Unterschied beim Fleischkonsum: der jährliche pro-Kopf-Verbrauch liegt auf Taiwan bei 40 Kilogramm, auf dem Festland bei nur 7 Kilo. Dies bedeutet, daß im kommunistischen Paradies Fleisch immer noch für den Normalverbraucher die Ausnahme ist. Es ist zu teuer, selten zu haben und nur auf Bezugsschein zu erhalten. Heute ist es auch auf Schwarzmärkten zu kaufen – aber wer kann sich diesen Luxus bei den niedrigen Monatseinkommen überhaupt leisten? Deshalb sind die Unterschiede im Lebensstandard im kommunistischen China weitaus größer als im »kapitalistischen«

China. Während sich die hohen Funktionäre auf Kosten der darbenden Bevölkerung von Empfang zu Empfang die Bäuche mit lukullischen Genüssen vollschlagen, gibt es draußen für die Bevölkerung oft nicht einmal »Qiang-you«, Soja-Soße, ohne die die chinesische Küche gar nicht denkbar ist!

Auch Fisch ist auf Taiwan kein Luxus: pro Jahr und Kopf liegt der Verbrauch bei 38 Kilo, auf dem Festland dagegen nur 4 Kilogramm. Eier sind in der chinesischen Küche sehr beliebt. Auf dem Festland liegt der Konsum bei 1,8 Kilogramm pro Jahr und Kopf, auf Taiwan 7,8 Kilo.

Fette auf Taiwan: 9,9 Kilo per Jahr und Kopf, Festland: 1,5 Kilogramm. Zucker auf Taiwan: jährlicher pro Kopf-Verbrauch 24 Kilo, VR China 2,35 Kilo.

Alle Angaben über die VR China kommen von dortigen amtlichen Statistiken, die mit Vorsicht zu genießen sind. So behauptet die Statistik, daß jeder Chinese jährlich 10 Meter Stoff bekommt, in Wirklichkeit erhält er nur für 5 Meter Stoff Bezugsscheine!

Aufschlußreich ist auch der Vergleich der Situation auf dem Lande. Im Februar 1982 wurden die neuesten Zahlen der Landwirtschaft in beiden Teilen Chinas veröffentlicht: Nur 22 Prozent der Bevölkerung Taiwans sind Bauern, auf dem Festland sind dies immer noch 80 Prozent. Auf Taiwan wird pro Hektar 3400 Kilo Reis geerntet, im kommunistischen China 2800 Kilo. Der Wert der tierischen Produktion auf Taiwan beträgt jährlich pro Kopf 79 US-Dollar, auf dem Festland nur 16,5 Prozent oder nicht einmal ein Fünftel der erstgenannten Summe. Der Wert der jährlichen Pro-Kopf-Produktion in der Landwirtschaft beträgt auf Taiwan 312 Dollar gegenüber 100 Dollar auf dem Festland.

Das monatliche Einkommen eines Bauern beträgt auf Taiwan 92 US-Dollar (etwas mehr als 210 DM), in der VR China 4,6 Dollar oder etwa 10 DM (zehn!)

100 Hektar Land auf Taiwan werden von acht Traktoren bedient, 1,5 sind es im kommunistischen China.

485 Kilo Kunstdünger werden auf einem Hektar auf Taiwan jährlich benutzt, 116 auf dem Festland.

Jeder Landwirt auf Taiwan produziert genug, um elf Personen zu ernähren, sein Kollege auf dem Festland kann mit seinem Ertrag 3,2 Personen ernähren.

In Anbetracht dieser Zahlen, die die Lebensverhältnisse auch meßbar vergleichen, kann man aus der Sicht des einfachen Bürgers der VR China sagen: »Wir leben in der Hölle, ihr lebt im Paradies«.

Der Kampf um die 20 Millionen Auslandschinesen

Mehrmals sind die »Auslandschinesen« in diesem Buch erwähnt worden. Wegen der Bedeutung der rund 20 Millionen Chinesen im Ausland sowohl für beide Teile Chinas als auch für die Weltpolitik, vor allem in Südostasien, gleichzeitig aber wegen der Unkenntnis, die in Europa darüber herrscht, soll ausführlicher auf diese »Juden Asiens«, wie sie gelegentlich genannt werden, eingegangen werden.

Die 20 Millionen Auslandschinesen sind schon quantitativ eine interessante Größe: das Ministerium (exakter: die Kommission, die jedoch den Status eines Ministeriums hat) für Angelegenheiten der Auslandschinesen in Taipeh »verwaltet« und betreut mehr Menschen als die Bevölkerung der Insel zählt (nämlich nur 18 Millionen).

Und das Pendant in Peking, das »Huaqiao Shiwu Weiyüanhui« (Komitee für die Angelegenheiten der Auslandschinesen), ist ebenfalls mit der »Betreuung« dieser 20 Millionen Landsleute befaßt. Seit der Gründung der VR China im Jahre 1949 und der Etablierung der Republik China auf Taiwan im selben Jahr ist zwischen dem kommunistischen und freien China ein heftiger Streit um die Zuneigung, Loyalität und Liebe der in der Diaspora lebenden Blutsbrüder und Schwestern entbrannt.

Aber zunächst einmal, wer sind sie denn überhaupt, diese »Hua-qiaos« (Chinesen in Übersee), die heute in Südostasien, aber nicht nur dort, einen derartigen, vor allem wirtschaftlichen Einfluß ausüben, daß sie immer wieder gern von einheimischen Regierungen zu Sündenböcken für eigene Fehlleistungen gemacht werden? Daß es immer wieder zu Ausschreitungen, Pogromen, und auch Massenmorden kommt, die nur mit der Ausrottung der Juden durch Nazi-Deutschland verglichen werden können?

Auch der gewaltsame Exodus von mehr als 100 000 Chinesen aus Vietnam (»Boat-People«) hat erneut auf das Problem und die Existenz dieser Minderheiten im Ausland aufmerksam gemacht. Mal werden sie, meist zu Unrecht, als »Fünfte Kolonne« Pekings geschmäht, ein andermal sollen sie für wirtschaftliche Nöte der Einheimischen durch angebliche oder tatsächliche Wucherpraktiken die Schuld tragen. Sie sind tatsächlich zwischen alle Stühle geklemmt.

Die meisten der jetzt in Südostasien lebenden Chinesen kamen in zwei großen Wellen in ihre jetzigen Gastländer, die zumeist diese »Gäste« gar nicht haben wollen, auch wenn sie im Laufe der Jahrhunderte und Generationen eigentlich schon längst integriert sind. Die meisten Auslandschinesen in Asien haben die Staatsangehörigkeit dieser Staaten, viele sprechen kaum noch Chinesisch, ein Leben in China wäre für die meisten nicht möglich. Allerdings, nicht zuletzt durch die starke Diskriminierung als Bürger zweiter oder dritter Klasse sind sie faktisch auch gezwungen, sich als Chinesen zu fühlen und nach China als Mutterland, als Beschützerin, aufzuschauen.

Im 14. und 15. Jahrhundert waren es überwiegend arme Bauern aus den südchinesischen Provinzen Fukien und Kwangtung, die hofften, auf den paradiesischen Inseln des »Nanyang« (der südlichen Meere) eine neue Existenz finden zu können. Denn auch damals herrschten Hungersnöte, bittere Armut, politische Wirren, vor allem in Südchina. Und die mutigsten und kühnsten wagten sich, ähnlich wie heute die vietnamesischen Bootsflüchtlinge, in die Dschunken, in ein ungewisses Abenteuer. Auch diese natürliche Auswahl der Auswanderer (auch deutsche oder polnische Auswanderer sind mutige Leute, die Risiken eingehen, und deshalb nicht selten so erfolgreich sind in der Neuen Welt, Australien oder sonstwo) hat zum wirtschaftlichen Erfolg der Auslandschinesen erheblich beigetragen.

Da die meisten der damaligen Flüchtlinge Männer waren, heirateten sie in den neuen Aufnahmeländern einheimische Frauen. Aber erstaunlicherweise waren die Nachkömmlinge dieser Mischehen dann sehr chinesisch-bewußt: sie heirateten nur unter sich, eine weitere Vermischung mit einheimischen Frauen bildete die Ausnahme. Deshalb sind die Auslandschinesen in Südostasien äußerlich oft kaum von den Eingeborenen zu unterscheiden und werden in China sofort als »Wai guoren« (Ausländer) qualifiziert, dennoch sind sie in ihren jetzigen Ländern wiederum nicht voll akzeptiert.

Die zweite große Welle chinesischer Emigranten kam im Zeitalter des Kolonialismus: für die Minen und Plantagen der europäischen Besitzer wurden dringend billige und fleißige Arbeitskräfte benötigt, die auch willens und geeignet waren, die schlimmsten und schwersten Arbeiten gegen einen Hungerlohn zu verrichten. Hunderttausende von Kulis wurden so nach Indonesien, dem damaligen Niederländisch-Indien und anderen asiatischen Ländern (Malaysia, Singapur) gebracht. Dies waren die ersten »Gastarbeiter« der Neuzeit. Obwohl diese Chinesen, ähnlich wie die heutigen Gastarbeiter in der Bundesrepublik, eigentlich nur vorübergehend bleiben sollten, blieben die meisten für immer . Sie gründeten Familien und konnten von dem Hungerlohn tatsächlich noch etwas vom Munde absparen. Und für die Kolonialregierungen boten diese Chinesen eine gute Möglichkeit, sie als Sündenböcke der jeweiligen Völker hinzustellen.

Da die Chinesen in zahlreichen Ländern als Ausländer kein

Land kaufen durften, waren sie gezwungen, sich vor allem im Handel und Gewerbe ihren Lebensunterhalt zu verdienen, wenn sie genügend Ersparnisse hatten, um sich selbständig zu machen. Dabei entwickelten diese Chinesen im Gegensatz zu den Einheimischen besondere Talente und Fähigkeiten. Alsbald beherrschten sie die gesamte Binnen- und Außenwirtschaft, Industrie und Handel, Bank- und Kreditwesen fast völlig. Trotz aller Restriktionen vor allem nach der Erlangung der Unabhängigkeit dieser Staaten Asiens nach dem Zweiten Weltkrieg, gelang es den Chinesen mit Hilfe von Strohmännern, effektiv die Wirtschaft ihrer Gastgeberländer weiterhin zu beherrschen.

Vor allem dies hat zu den starken Aversionen gegen die chinesische Minderheit geführt, die für die inzwischen an die Macht gelangten einheimischen Führer eine ernste Konkurrenz bedeuten. Durch Aktionen gegen Chinesen konnten viele dieser Neureichen, die die europäischen Kolonialherren ersetzten, erreichen, daß die desolate Wirtschaft als Folge ihrer eigenen Mißwirtschaft, Korruption oder schlicht Unfähigkeit auf die »bösen« Chinesen abgewälzt werden konnte. Sie seien schuld an diesem Zustand, wurde der Bevölkerung eingeredet. So wie sie im kommunistischen Vietnam als »kapitalistische Elemente« verfolgt wurden, waren sie in anderen Ländern wiederum »kommunistische Agenten«, beispielsweise in Malaysia. Allein beim gescheiterten Putsch linker Generäle in Indonesien im Jahre 1965 wurden schätzungsweise 20–30000 Chinesen unter dem Verdacht, Kommunisten zu sein, getötet.

Auch auf den Philippinen wurden Chinesen mit dem Hinweis diskriminiert, sie seien die »Fünfte Kolonne Maos«, eine Behauptung, die neuerdings auch von der sowjetischen Presse gern aufgegriffen wird. In Malaysia, wo die Chinesen mit 35 Prozent der Bevölkerung fast keine Minderheit mehr sind, kommt es immer wieder zu heftigen antichinesischen Unruhen, bei denen viele Tote zu beklagen sind. Denn in Malaysia wird der Anti-Chinesen-Haß noch durch fanatische Moslems geschürt. Der

Stadtstaat Singapur trennte sich von Malaysia, weil die dort lebenden Chinesen (80 Prozent der Singapurianer) sich von Kuala Lumpur stark vernachlässigt fühlten. Und Malaysia war ganz froh, auf einen Schlag soviele Chinesen loszuwerden, dadurch sank der Anteil dieser unerwünschten Bürger erheblich.

Etwas leichter haben es die Chinesen in den buddhistischen Ländern Thailand, Burma und Indochina. Dort waren und sind die Beziehungen zwischen Minderheit und Mehrheit im Prinzip friedlich, ja zeitweise sogar harmonisch, da die gleiche Religion und derselbe Kulturkreis eine Assimilation doch erheblich erleichtern. So auch in Korea, wo es allerdings nur sehr wenige Chinesen gibt. In Thailand sind relativ viele Mischehen, Chinesen akzeptierten dort auch freiwillig Thai-Namen (in anderen Ländern mußten sie fremde Namen akzeptieren, dennoch blieben sie Außenseiter). 1956 zwang man die Chinesen in Südvietnam, die vietnamesische Staatsangehörigkeit anzunehmen, wogegen sowohl Peking als auch Taiwan scharf protestierten.

Erst nachdem das kommunistische Vietnam das ganze Land – auch mit chinesischer Hilfe – unter seine Herrschaft gebracht hatte und Hanoi beschloß, lieber mit Moskau als mit Peking zusammenzugehen, wurde die Lage für die »Hoas« (Chinesen) bedrohlich. Es kam zum bekannten Massenexodus und zur Massenflucht der Vietnam-Chinesen.

Die Staatsangehörigkeit der Auslandschinesen war seit jeher ein ernstes völkerrechtliches Problem: nach altem kaiserlichem Recht sind alle Chinesen und deren Abkömmlinge Untertanen des Kaiserreiches, gleichgültig, wo sie geboren sind. Denn China hielt an dem sogenannten »Blutsprinzip« (ius sanguinis) fest – im Gegensatz zu vielen anderen Staaten, die das ius soli (Bodenprinzip) anerkennen. Während also meistens das Prinzip gilt, daß jeder in der Regel die Staatsangehörigkeit des Staates hat, auf dessen Territorium er zur Welt kam, sind die Chinesen der Auffassung, daß sie, gleichgültig wo sie das Licht der Welt erblicken, immer chinesische Staatsbürger sind und bleiben.

Sowohl das kommunistische China als auch die Republik China hielten lange an diesem Prinzip fest, Taipeh hat bis heute nichts Gegenteiliges verlauten lassen. Dies hatte zur Folge, daß die Auslandschinesen unfreiwillig zwei, manchmal drei Staatsangehörigkeiten gleichzeitig besaßen. Dies trug zu dem Vorurteil bei, sie seien »Opportunisten« und illoyal gegenüber ihrer neuen Heimat. Nichts ist unrichtiger als dieses Klischee.

Ich selbst – wie fast alle Chinesen, die in der niederländischen Kolonie Indonesien geboren wurden – war holländischer Untertan, als ich 1938 in »Niederländisch-Indien« geboren wurde. Denn Holland ging vom ius soli aus: jeder, der auf holländischem Gebiet geboren wird, ist automatisch Untertan des holländischen Königshauses. Nach chinesischer Auffassung war ich als Sohn chinesischer Eltern natürlich chinesischer Staatsbürger. Und als das unabhängige Indonesien 1945 ausgerufen wurde – was von Holland erst 1949 anerkannt wurde –, war ich nach den indonesischen Gesetzen gleichzeitig Staatsbürger der Republik Indonesien, da die neue Regierung das Bodenprinzip akzeptierte. Als Kind besaß ich zeitweilig, ohne mein Zutun, drei Staatsangehörigkeiten. Bin ich deshalb aus diesem Grunde ein Opportunist?

Und heute, als deutscher Staatsangehöriger, werde ich auf Taiwan auch als Chinese betrachtet, wie mir der stellvertretende Minister für Auslandschinesen freundlich sagte: »Solange Sie chinesisches Blut in den Adern haben, sind sie für uns ein Chinese!«

Das kommunistische China gab das Blutsprinzip 1954 – zumindest nach außen – auf. In dem Bemühen, gerade mit den Ländern Südostasiens bessere Beziehungen herzustellen, war Peking bereit, Abkommen über die Staatsangehörigkeit der Auslandschinesen abzuschließen.

Jedoch nur mit Indonesien wurde 1955 das Tschou-Sunarjo Abkommen abgeschlossen, benannt nach den Außenministern Tschou Enlai und seinem indonesischen Amtskollegen. In diesem Abkommen, das erst 1960 ratifiziert wurde, wurden die rund drei

Millionen Chinesen auf dem Inselreich verpflichtet, sich innerhalb von zwei Jahren zu entscheiden, ob sie künftig Indonesier oder Chinesen sein wollen. Die meisten entschieden sich für die indonesische Staatsangehörigkeit, darunter auch meine Familie.

Nichtdestoweniger werden Auslandschinesen, die inzwischen die Staatsangehörigkeit ihrer Gastländer besitzen, auch von Peking nach wie vor nicht ganz als Ausländer behandelt. Dies erlebte ich ja selbst im kommunistischen China. Sowohl mein Vater als auch ich, obwohl formell Ausländer, wurden vom »Komitee für Auslandschinesen« empfangen, betreut, in »Hotels für Auslandschinesen« untergebracht. In allen Gesprächen wurde immer wieder betont, selbstverständlich seien wir »patriotische Landsleute«, der Paß in der Brieftasche sei für Peking völlig nebensächlich. Und: viele Auslandschinesen erhielten von rotchinesischen Botschaften im Ausland ohne Schwierigkeiten für die Dauer einer China-Reise einen Paß der VR China ausgehändigt, so wie Besucher aus der »DDR« bei jeder Polizeidienststelle der Bundesrepublik unverzüglich einen westdeutschen Ausweis bekommen können, da sie ja für uns Deutsche im Sinne des Grundgesetzes sind.

Sowohl die Verfassung der VR China als auch der Republik China erwähnen ausdrücklich, daß die Interessen der Auslandschinesen gebührend wahrgenommen und beschützt werden. In den Parlamenten beider Teile Chinas sind Auslandschinesen vertreten.

Neben der Blutsverwandtschaft sind Auslandschinesen, die aufgrund ihrer wirtschaftlichen Erfolge teilweise über viel Devisen verfügen, für beide Teile Chinas ein bedeutender wirtschaftlicher Faktor. Besonders für Peking waren und sind die »Huaqiaos« eine sehr wichtige Devisenquelle: rund 400–500 Millionen Dollar jährlich betragen die Geldüberweisungen von Auslandschinesen für ihre in bitterer Armut lebenden Verwandten auf dem Festland. Für Devisen oder Gold bekamen dafür die Angehörigen auf dem Festland zahlreiche Privilegien. Auch konnten Auslandschinesen durch Geldüberweisungen sogar inhaftierte Verwandte freikaufen, wie ich mehrfach erfahren habe. Wer denkt da nicht an die Freikaufaktionen von DDR-Häftlingen durch Bonn mit hartem Westgeld?

Aber auch für die Republik China sind die Auslandschinesen eine große Hilfe: die Investitionen dieser finanziell starken Landsleute trugen wesentlich zum Wirtschaftswunder bei. In den Jahren 1950–1980 haben die Behörden auf Taiwan 1475 Investitionen durch Auslandschinesen mit einem Volumen von rund einer Milliarde US-Dollar bewilligt. Allein für den Hsinchu-Wissenschaftspark betrugen in den letzten Jahren die Investitionen von Auslandschinesen 6,2 Millionen US-Dollar. Im März 1982 beschloß das Wirtschaftsministerium in Taipeh, durch gezielte Fördermaßnahmen die Investitionsbereitschaft der Landsleute im Ausland weiter zu begünstigen. Diese Frage gehört nach einer Erklärung von Minister Y. T. Chao zu den »wichtigsten Aufgaben« seines Ministeriums.

In den nächsten vier Jahren soll die industrielle und wirtschaftliche Produktion eine Steigerung von 8 bzw. 8,5 Prozent jährlich erfahren. Private Investitionen werden einen Umfang von 35 Milliarden DM erreichen. Wenn diese ehrgeizigen Ziele erfüllt werden sollen, so der Minister weiter, brauche Taiwan sowohl das Kapital als auch die Technologie der Auslandschinesen. In den ersten zwei Monaten des Jahres 1982 betrugen Investitionen aus diesem Personenkreis bereits 2,75 Millionen Dollar, 1981 betrugen sie fast 40 Millionen US-Dollar. Zu den angekündigten Erleichterungen für Auslandschinesen zählen die Verbesserung der Dienstleistungen, die Vereinfachung der Antragsprozeduren, die Bereitstellung von Grundstücken für die Betriebe und das Anbieten von amtlicher Hilfe im Falle von Komplikationen.

Das Verhältnis der Auslandschinesen zum Mutterland

Vor allem zu Beginn der Gründung der Volksrepublik in Peking gab es unter nicht wenigen Auslandschinesen erhebliche Sympathien für das neue Regime. Nicht etwa, weil viele Auslandschinesen Kommunisten waren oder sind – viele wissen gar nicht, was dies bedeutet –, sondern weil sie glaubten, nunmehr sei ein starkes, international respektiertes China entstanden. Vor allem das Schutzbedürfnis dieser in aller Regel heftig verfolgten und diskriminierten Minderheit trug zu einer solchen Haltung bei.

Auch mein Vater, ein eingefleischter »Kapitalist« als Zeitungsverleger und Chefredakteur mit einer nicht gerade spartanisch zu nennenden Lebensweise, sympathisierte mit dem Mao-Regime. Bereits 1950, ein Jahr nach der Gründung des Pekinger Regimes, wurde er zu einem Besuch mit anderen prominenten Auslandschinesen eingeladen. Und wie viele andere Gäste, die auch von Mao Tse-tung persönlich empfangen wurden, kehrte er mit Enthusiasmus zurück. Denn er hatte vor dem Zweiten Weltkrieg schon einmal China besucht: Schmutz, bitterste Armut, chaotische Zustände fand er damals im kriegsgeschüttelten China vor. Und in den Großstädten des Mao-Reiches fand er äußerlich saubere Straßen und Eisenbahnwaggons vor, Kellner, die kein Trinkgeld annehmen (dürfen). Glänzend organisiert, zeigte man den »patriotischen Auslandschinesen« die Schokoladenseite des Regimes.

Ähnlich wie meinem Vater erging es damals vielen Chinesen in Übersee. Überschwenglich berichteten sie in den Medien der Auslandschinesen, in Büchern und Broschüren über das »neue China«. Es ist auch nicht zu leugnen, daß in den ersten Jahren des kommunistischen Regimes verheißungsvolle Auftakte zu registrieren waren. Viele Wissenschaftler und Fachleute unter den Auslandschinesen wurden vom Regime gelockt, ihre im Ausland erworbenen Kenntnisse »für den Aufbau eines neuen China« zur Verfügung zu stellen. Und Tausende siedelten in die

Volksrepublik über, darunter auch Verwandte und Freunde meiner Familie. Und zumindest bis zum Jahre 1958 schienen die Versprechungen der Kommunisten gegenüber den heimgekehrten Auslandschinesen eingehalten zu werden: sie bekamen für kommunistische Verhältnisse ungewöhnliche Privilegien. Hohe Gehälter, Urlaub, Dienstpersonal, Chauffeure, Dienstautos, Sondermarken für Lebensmittel, Gutscheine, schöne Häuser wurden ihnen zur Verfügung gestellt. Es entstand, nach Milovan Djilas, eine »neue Klasse« von Privilegierten im angeblich so asketischen kommunistischen China.

Ein extremes Beispiel war der Fall eines Facharztes für Chirurgie aus Indonesien, der die Erlaubnis erhielt, seinen Privat-Mercedes auch in China zu benutzen: da in Peking Superbenzin damals schwer zu bekommen war, erhielt er Sonderzuteilungen, wobei der Kraftstoff angeblich sogar aus Hongkong, mehrere Tausend Kilometer von Peking entfernt, für ihn (und andere Besitzer von solchen »kapitalistischen« Karossen) herbeitransportiert wurde. Erst als die wirtschaftliche Lage im kommunistischen China immer schlechter wurde, und dann während der Zeit der Kulturrevolution, bekamen auch diese Auslandschinesen die rauhe Wirklichkeit des Kommunismus zu spüren. Nicht nur, daß sie ihre Privilegien verloren, sie mußten nunmehr, von Rotgardisten verspottet und mißhandelt, aufs Land gehen, und völlig ungewohnte Schwerstarbeit leisten. Hunger und Armut traten an die Stelle des künstlichen Wohlstands.

Diese Verhältnisse haben vielen Auslandschinesen die Augen geöffnet. Einigen gelang es nach unsäglichen Mühen, nach Europa oder Amerika auszureisen, andere übersiedelten legal oder flüchteten nach Hongkong. Aber zurück in ihre alte Heimat konnten sie nicht, die Staaten Südostasiens weigerten sich, die ehemaligen Mitbürger wieder aufzunehmen. Erstens haben sie Angst vor diesen unerwünschten Gästen, sie könnten erneut in der Wirtschaft, und somit auch in der Politik, ihre alte dominierende Stellung wieder einnehmen. Zum anderen könne man ja nicht völlig ausschließen, daß sie vom chinesischen Geheimdienst eingeschleust werden sollten. Immerhin sind ja in vielen südostasiatischen Ländern pro-maoistische Guerillas und Parteien tätig.

Ein berühmtes Beispiel dafür, wie auch reiche und wohlhabende Auslandschinesen sich von Peking imponieren ließen, ist der 1960 verstorbene Multimillionär (manche sagen sogar, er sei ein Milliardär gewesen) *Tan Kah-Keh* aus Malaysia. Er verschenkte viele Millionen Dollar an die Regierung in Peking, die Schulen, Fabriken und andere Einrichtungen in der Heimatprovinz dieses steinreichen Mannes gründeten. Tan Kah-keh wurde in Peking immer wie ein Staatsmann empfangen, zum Paradebeispiel eines »patriotischen Auslandschinesen« hochstilisiert. Er wurde gar Mitglied des chinesischen Parlaments.

Noch einmal erzielte Peking einen großen Erfolg unter den Landsleuten in Übersee: als 1964 die erste chinesische Atombombe explodierte und China damit zu einer Atommacht wurde. In vielen Hauptstädten Südostasiens kam es in den Chinesen-Vierteln zu wahren Freudenausbrüchen über dieses Ereignis; denn nun gehörte das Mutterland zu den »Supermächten«. Nebenbei bemerkt: erst kürzlich hat die Regierung in Taipeh versichert, daß sie keine Nuklearwaffen herstellen wolle. Auch daran kann man sehen, welches der zwei Chinas kriegerischer ist. Dabei hätte Taiwan heute bei seinem Intelligenzpotential jede Möglichkeit, Atomwaffen herzustellen.

Die Freude unter den Auslandschinesen über die »Bombe« war auch deshalb so groß, weil aus ihren Reihen die Wissenschaftler kamen, die diese Waffe für Rotchina entwickelt und hergestellt hatten. Schon lange hatte der rotchinesische Geheimdienst ermittelt, daß in den Vereinigten Staaten Atomwissenschaftler chinesischer Abstammung für die US-Regierung arbeiteten. Nach einem sorgfältig eingefädelten Plan – mit Hilfe der in China lebenden Angehörigen und Freunde, gelang es Peking, an die patriotischen Gefühle dieser Wissenschaftler appellierend, einige zur Rückkehr ins kommunistische China zu bewegen. Und Ende der 50er Jahre kehrten sie, unter großem Pomp, ins Mutterland zurück. Nur mit Hilfe dieser Auslandschinesen aus den USA gelang die Schaffung der kommunistischen chinesischen Atombombe. Die Sowjetunion dagegen hatte auch in der Zeit der »ewigen Freundschaft« keine Lust, den Genossen in Peking dieses zweischneidige atomare Schwert zur Verfügung zu stellen.

In den Vereinigten Staaten leben mehrere Millionen Personen chinesischer Herkunft. In größerer Zahl kamen chinesische Arbeiter nach Amerika im 19. und Anfang des 20. Jahrhunderts. Sie arbeiteten in gebirgigen Gegenden, verlegten Eisenbahnschienen, waren in Minen und auf Plantagen tätig. Ähnlich wie in Südostasien machten sie sich mit ihren Ersparnissen selbständig. Es kam zur Bildung der »China-Towns«, die bekannteste befindet sich in San Franzisko, wo die Chinesen eigene Zeitungen, Fernseh- und Rundfunkstationen haben. Berühmt sind neben den China-Restaurants in Amerika (das Gericht »Chop suey« kennt heute jeder Amerikaner und ist fast so populär wie »Hamburger«) die Wäschereien und andere Dienstleistungsbetriebe der Sino-Amerikaner. Auch auf Hawai, einem amerikanischen Bundesstaat, ist die Zahl der Chinesen beträchtlich. Im Kongreß gibt es deshalb auch Abgeordnete chinesischer Herkunft.

Heute befinden sich in den USA rund 10000 teilweise hervorragende Wissenschaftler chinesischen Ursprungs. In manchen Kantinen führender Forschungsabteilungen bedeutender amerikanischer Firmen wird chinesisches Essen angeboten: weil viele der Mitarbeiter Chinesen sind. Und dieser »Brain-Trust« hat seit jeher sowohl Peking als auch Taiwan interessiert. So erklärte der Nobelpreisträger für Physik des Jahres 1976 *Dr. Samuel C. Ting*, eine Gruppe namhafter Wissenschaftler chinesischer Abstammung in den USA habe jetzt ein Projekt ausgearbeitet, um Wissenschaft und technologische Entwicklung in der Republik

China zu fördern. Nach der Erklärung Tings vom September 1981 werden die chinesischen Wissenschaftler in Amerika auch das Training von Spitzenkräften aus Nationalchina in den USA organisieren und arrangieren. Ferner betätigen sie sich als Berater und Experten bei der Begutachtung von Entwicklungsplänen der Republik China. Im Dezember 1981 verkündete die Kommission für Auslandschinesen in Taipeh, die Regierung sei entschlossen, die Beziehungen zu den Landsleuten im Ausland zu intensivieren und zu vertiefen. Zur Begründung verwies die Kommission auf die historischen und gegenwärtigen Verdienste der Auslandschinesen: bereits der Beitrag dieser Gruppe für die chinesische Revolution von 1911 und die Unterstützung für *Dr. Sun Yat-sen* sei »bemerkenswert«, heißt es in der Erklärung der Behörde. Die Auslandschinesen seien deshalb als die »Wiege der Revolution« bekannt geworden und ihr »patriotisches Engagement« sei weltweit anerkannt. Jedoch, so heißt es weiter, hätte die Entspannungspolitik die Welt der Auslandschinesen auch beeinflußt: das kommunistische China habe seine Politik des »Lächelns« auch gegenüber diesen Landsleuten begonnen.

Die Taipeh-Kommission nannte die Feierlichkeiten in Rotchina aus Anlaß des 70. Wiederkehrs der Revolution von 1911 einen »Einheitsfronttrick«, um die Auslandschinesen zu verwirren und ihre anti-kommunistischen Gefühle abzubauen. Allerdings, so erklärte die Regierung des freien China weiter, seien die Bemühungen Pekings ohne nennenswerten Erfolg geblieben. Die meisten Auslandschinesen stünden nach wie vor treu zur Regierung in Taipeh. Zahlreiche Delegationen aus aller Welt, die die Millionen von Landsleuten vertraten, kamen dann auch am 10. Oktober 1981 nach Taiwan, um an den Feierlichkeiten aus Anlaß des Jubiläums teilzunehmen.

In der Tat: in zahlreichen Gesprächen mit Auslandschinesen sowohl in Asien als auch in Holland (wo rund 100 000 Chinesen leben) habe ich eine Ernüchterung feststellen können. Die Sympathien für Rotchina sind sehr gedämpft, teilweise völlig indifferent geworden. Stattdessen wächst das Interesse und die Sympathie zum Regime auf Taipeh: vor allem das Wirtschaftswunder hat den pragmatischen und wirtschaftlich orientierten Auslandschinesen sehr stark imponiert. Und die Zerstörung der chinesischen Kultur, Geschichte und Kunst, der konfuzianischen Philosophie durch das Pekinger Regime hat zusätzlich seinen Teil zur Ernüchterung beigetragen.

Das einzige südostasiatische Land, in dem Chinesen kein Problem darstellen, ist der Stadtstaat Singapur, denn dort sind die Chinesen die Mehrheit. Und interessanterweise gehört Singapur neben Taiwan und Südkorea zu den drei Staaten dieser Region mit der besten positiven Bilanz der Wirtschaft, dem gelungensten sozialen Ausgleich zwischen Reich und Arm.

Ich war von einem Singapur-Besuch vor einigen Jahren außerordentlich positiv beeindruckt. Premierminister *Lee Kuan-yü*, natürlich ein Chinese, ist übrigens ein entschiedener Kritiker des kommunistischen Regimes in Peking.

Die freie Wirtschaft hat auch in Singapur zweierlei gezeigt: daß sie für alle Völker der Welt die geeignetste Form des Wirtschaftens ist, weil sie am ehesten der menschlichen Natur entspricht. Wo Leistung und Initiative belohnt werden, dort entfaltet sich die Volkswirtschaft am besten. Und: kombiniert mit dem Fleiß und der Geschäftstüchtigkeit der Chinesen werden, wie im freien China auf Taiwan, sogar echte Wirtschaftswunder vollbracht.

In Singapur werden übrigens die malayische und indische Minderheit von der chinesischen Mehrheit nicht diskriminiert: im Gegenteil, sie sind in der Regierung, im Parlament vertreten. Und Singapur hat vier Amtssprachen: Chinesisch, Englisch – als Lingua Franca zwischen den Völkern des Stadtstaates – Malayisch und Tamil, die Sprache der meisten Inder in Singapur. Entsprechend gibt es auch vier Fernsehprogramme und Rundfunksendungen in diesen Sprachen. Damit haben die Chinesen in Singapur den anderen Völkern der Region ein Musterbeispiel gegeben, daß man auch friedlich und harmonisch miteinander leben kann.

Auch Hongkong mit einer 90prozentigen chinesischen Bevölkerung ist wirtschaftlich ein bedeutender Wirtschaftsfaktor auf allen Weltmärkten geworden. »Made in Hongkong« steht nicht nur auf billigem Spielzeug, sondern auch auf hochtechnisierten elektronischen Geräten. Das einzige, was die chinesische Stadt Hongkong noch stört: sie wird – noch – von den Engländern regiert. Allerdings war diese Tatsache für das kommunistische China während seiner langen Periode der Isolierung von Vorteil: über Hongkong konnte es praktisch alle Embargobestimmungen elegant umgehen.

Taiwan: Einziger Halt der Auslandschinesen

Obwohl die Volksrepublik China die Auslandschinesen nach ihrer Verfassung beschützen müßte, ist dieser Schutz nur sehr bedingt anwendbar. Denn je nach außenpolitischer Lage verhält sich das kommunistische China auch in dieser Frage äußerst opportunistisch. Auf eine echte Hilfe können verfolgte Auslandschinesen sich nicht verlassen, besser ist es, nicht darauf zu hoffen und daran zu glauben.

Bereits in den 50er und 60er Jahren zeigte sich, daß das kommunistische China die Auslandschinesen seelenruhig ihrem Schicksal überläßt, wenn es gerade mit der Regierung des Gastlandes dieser Landsleute gute Beziehungen hat oder solche herstellen möchte. So wurden die Chinesen in Indonesien zu Zeiten Sukarnos nur sehr minimal vor Verfolgungen durch Peking geschützt.

Das traurigste Beispiel ist das unmenschliche Verhalten des kommunistischen China gegenüber den Landsleuten, die vom kommunistischen Vietnam hinausgeworfen wurden. Nachdem 1979 Vietnam begonnen hatte, die eigenen Bürger chinesischer Abstammung über die Landgrenze ins kommunistische China abzuschieben, erklärten plötzlich die chinesischen Behörden, sie könnten nur solche Personen aufnehmen, die im Besitze eines Passes der Volksrepublik China seien. Dies bedeutete für Tausende das Todesurteil, ausgesprochen vom »Mutterland« in Peking, das sich als echte Rabenmutter zeigte: denn die Abgewiesenen mußten sich dann als »Bootsflüchtlinge« übers stürmische Meer eine neue Heimat suchen. Und wie wir wissen, ist kaum ein Land in der Welt bereit, eine nennenswerte Anzahl von Flüchtlingen aufzunehmen.

Ganz anders die Haltung der Regierung des freien China: sie hat bereits in den letzten Jahren 10000 Vietnamflüchtlinge aufgenommen, auch wenn sie alle keinen Paß der Republik China aufweisen konnten. Aber der Vizeminister für Auslandschinesen Ming Yüan-lo erklärte mir in Taipeh: »Wir werden jeden Vietnam-Flüchtling aufnehmen, der zu uns kommen will, sofern er Auslandschinese ist«. Daran ist aber kein amtlicher Nachweis geknüpft, wie die Behörden von Peking dies fordern, wohl wissend, daß die wenigsten ihre chinesische Abstammung »beweisen« können.

Anfang Juni 1982 kam bereits die 32. Gruppe von Vietnam-Flüchtlingen in Taipeh an. Es waren 50 Personen, die aus einem thailändischen Flüchtlingslager kamen. Sie sind Bestandteil eines Sonderhilfsprogramms der Kommission für Auslandschinesen, des Außenministeriums und der Hilfsorganisation Freies China (Free China Relief Association).

Wie üblich, waren alle Flüchtlinge chinesischer Abstammung. Sie waren so dankbar für die Aufnahme in Taipeh, die Möglichkeit, aus der kommunistischen Sklaverei endgültig herauszukommen, daß viele vor Glück weinten, als sie ihre erste Mahlzeit nach der Ankunft erhielten. Einer der Flüchtlinge, der 68jährige Journalist *Shih Ren-hao*, der in Vietnam 41 Jahre in seinem

Beruf gearbeitet hatte, erklärte, heute gebe es im kommunistischen Vietnam weder Rede- noch Meinungsfreiheit mehr.

Im Mai 1982 hat die Regierung des freien China in Anbetracht des wachsenden Stroms von Vietnam-Flüchtlingen ein spezielles Komitee für deren Betreuung gegründet. Außerdem hat die Regierung in Taipeh wiederholt Vertreter ins Ausland geschickt, um die vielen Flüchtlinge chinesischer Volkszugehörigkeit vor Ort zu betreuen und aufzurichten. Zu den Aufgaben des neuen Komitees gehört deshalb die weltweite Betreuung chinesischer Flüchtlinge aus dem inzwischen kommunistisch gewordenen Indochina (Vietnam, Laos und Kambodscha). Ein Empfangszentrum wurde auf den Pecadoren-Inseln (Penghu) errichtet. Seit Juni 1977 bis Februar 1982 konnten 1800 Boat-People aus hoher See gerettet und zunächst dort betreut werden. Wer jedoch in andere Länder auswandern möchte, kann natürlich jederzeit Taiwan verlassen. 317 Häuser sind für die Flüchtlinge gebaut worden, und für jüngere werden Möglichkeiten der Berufs- und Universitätsausbildung geschaffen. Hohe Beamte der Kommission für Auslandschinesen besuchten kürzlich chinesische Flüchtlinge aus Indochina in den Vereinigten Staaten, Frankreich, Australien, Schweden und Norwegen.

Immer wieder stellt die chinesische Regierung in Taipeh große Sendungen an Reis, Lebensmitteln und Kleidung an Flüchtlingslager mit Vietnam-Flüchtlingen zur Verfügung. Aber auch »seelische« Nahrung wird den Landsleuten angeboten: Video-Filme zur kulturellen und sprachlichen Betreuung dieses Personenkreises, oder auch Schreibmaschinen für die Verwaltungen der Flüchtlingslager kamen aus Taipeh. Nationalchina wäre bereit, mehr Vietnam-Flüchtlinge aufzunehmen, jedoch ziehen es die Chinesen aus Indochina vor, nach Amerika, das bereits 250 000 Indochina-Asylanten aufgenommen hat, oder Westeuropa zu gehen.

Der Grund ist ebenso einfach wie verständlich: sie möchten in Länder gehen, wo es nach menschlichem Ermessen so bald keine kommunistische Regierung geben wird. Und vielen erscheint Taiwan zu nahe beim kommunistischen China. Die Politik des freien Westens, Taiwan immer mehr zugunsten Pekings opfern zu wollen und es seinem Schicksal zu überlassen, ist für viele Vietnam-Chinesen ein Motiv, lieber ins ferne Amerika auszuwandern, zumal es dort bereits viele Landsleute und »China-Towns« gibt.

Auch in der Bundesrepublik sind die rund 30000 aufgenommenen Vietnam-Flüchtlinge trotz gewisser Anfangsschwierigkeiten relativ gut integriert. Sie sind bekannt für ihren Fleiß und die Bereitschaft, sich möglichst bald arbeitsmäßig zu integrieren. Und selbst Akademiker sind sich nicht zu schade, hier einen »niedrigeren« Job anzunehmen, Hauptsache, sie fallen dem deutschen Steuerzahler nicht zur Last.

Die Haltung des freien China und des kommunistischen Festlandes gegenüber den Flüchtlingen chinesischer Herkunft verrät noch einmal deutlich, wo die Humanität zu Hause ist. Menschenrechte werden nämlich ohne Zweifel auf Taiwan mehr geachtet als auf dem Festland, wo das Individuum nur als Rädchen der kollektiven Maschinerie zur Erhaltung der Macht der kommunistischen Führungsschicht untergeordnet ist.

Taiwan: Ein Touristenparadies

Glücklicherweise hatten die chinesischen Gastgeber auf Taiwan daran gedacht, mir auch die Sehenswürdigkeiten der Insel zu zeigen. Sicherlich sind Gespräche mit Politikern, Wirtschaftsfachleuten, Kollegen und anderen Chinesen sehr interessant und lehrreich. Ohne sie wäre dieses Buch nie entstanden, aber gerade die Provinz Taiwan hat auch bezaubernde und interessante Aspekte für den Touristen, der sich hier erholen will.

Inzwischen haben auch immer mehr Bundesbürger dies erkannt, denn Taiwan wird jetzt bei deutschen Touristen zunehmend beliebter. Sie verbringen meistens im Rahmen einer Asien-Reise einige Tage auf der wunderschönen Insel (die Portugiesen nannten sie nicht umsonst »Ilha Formosa«, die schöne Insel). Heute verfügt Taiwan über vorzügliche (auch nach europäischen und amerikanischen Maßstäben) Hotels, die dazu nur halb so teuer sind wie entsprechende Häuser in Europa, Amerika oder Japan. Der Service in Hotels und Restaurants ist hervorragend, sicherlich nicht nur die Folge einer guten Ausbildung, sondern der angeborenen Höflichkeit der Chinesen. In allen großen Hotels kann man neben der unübertroffenen chinesischen Küche aus allen Provinzen des Landes (sehr beliebt sind beispielsweise mongolische Grillabende), auch amerikanische, französische oder deutsche Gerichte bekommen. Aber wenn ich einen Tip geben darf: essen Sie doch lieber zu Hause Deutsch, denn es ist schade, die Fülle der chinesischen lukullischen Genüsse zu versäumen. Kein China-Restaurant in Deutschland oder Amerika kann auch nur annähernd dasselbe bieten wie die echte chinesische Küche, die man heute nur auf Taiwan, in Singapur, Hongkong oder Südostasien genießen kann.

Mit Englisch kommt man übrigens auf Taiwan sehr weit: überall findet man jemanden, der diese Sprache beherrscht. Allerdings empfiehlt es sich, Ihre Hoteladresse oder die Adressen, wohin Sie fahren wollen, auf Chinesisch schreiben zu lassen (zum Beispiel vom Hotelempfang, Dolmetscher oder Reiseleiter), denn wenn sie dies einem Taxifahrer zeigen, kommen Sie bestimmt richtig ans Ziel. Taxis sind übrigens sehr preiswert, sie kosten etwa ein Fünftel der in Deutschland üblichen Preise, auch Lebensmittel und chinesische Restaurants (mit Ausnahme der teuren Touristenhotels) sind äußerst preiswert.

Jeder Tourist beginnt höchstwahrscheinlich die Reise in der Hauptstadt Taipeh. Hier gibt es wahrlich alles zu sehen und zu kaufen, was das Herz begehrt. Ich selber bin jeden Abend, wenn das offizielle Programm beendet war, kreuz und quer stundenlang durch die belebten Boulevards, die engen Gassen dieser Weltstadt mit ausgeprägt chinesischem Charakter spazierengegangen. Man kann aber auch für einige Pfennige in einen Bus steigen und wahllos durch die Stadt fahren, oder man schließt sich einer Reisegesellschaft mit fremdsprachiger Führung an, auf alle Fälle ist Taipeh ein echtes Erlebnis.

Am Abend, wenn in Deutschland alle Lichter ausgegangen sind (abgesehen von einigen Straßen in Hamburg, Frankfurt oder Berlin), beginnt das pulsierende Leben von Taipeh:

Gruselnd empfehlenswert ist beispielsweise ein Besuch des Schlangenmarktes in »Downtown« Taipeh unweit der großen Hotels in der City: hier werden bei grellem Neonlicht die Schlangen lebendig gehäutet, das tröpfelnde Blut wird getrunken, es soll die Gesundheit fördern. Auch Schlangensuppen und Schlangengerichte können hier zu billigen Preisen gekostet werden. In der VR China bekam Nikita Chruschtschow in Kanton Bauchgrimmen und Durchfall, als er so mutig war, Schlangenfleisch kosten zu wollen.

Die meisten Europäer starren schaudernd auf die Schlangenhäutungen und das tröpfelnde Schlangenblut, aber die wenigsten trauen sich, das Fleisch oder gar Blut dieser Tiere zu kosten ...

Sehenswert in Taipeh sind ferner das bereits erwähnte Nationalmuseum, die vielen herrlichen Tempel und Parks, das Tschiang Kai-schek Monument, in dem der Besucher eindrucksvoll mit der wechselvollen Geschichte Chinas und seiner beiden großen Führer konfrontiert wird. (*Sun Yat-sen* und *Tschiang Kai-schek*).

Und natürlich sind Taipeh und die anderen Städte Chinas ein Einkaufsparadies: chinesische Kunst, Jade, Gold, Silber, Elfenbein, Edelsteine und tausenderlei andere »Souvenirs« in jeder Preislage, kitschig schön oder geschmackvoll, bunt oder schlicht, in jeder Ausführung, sind hier für relativ wenig Geld zu haben.

Besonders empfehlenswert als Reisezeit sind Frühling und Herbst, obwohl Taiwan eigentlich das ganze Jahr über ein angenehmes subtropisches Klima hat: nicht zu heiß, nicht zu kalt. Besonders beeindruckt war ich von einem Besuch der Taroko-Schlucht im Osten der Insel und der Ost-West-Autostraße, die durch diese Schlucht führt. Die Schlucht zählt zu den größten natürlichen Weltwundern. 19 Kilometer dieser Ost-West-Straße schlängeln sich durch die Schlucht hindurch, die von Marmorblöcken übersät ist; auf dieser relativ kurzen Strecke gibt es 38 Tunnel. Eine Landschaft von einmaliger Schönheit, die ich auf meinen vielen Reisen noch nie gesehen habe, bietet sich dem Besucher dieser Schlucht. Am Ende einer Fahrt durch diese Landschaft ist der Gast dann auf dem Lischan-Berg, in fast 2000 Meter Höhe, von wo aus ein phantastischer Ausblick auf die wilde, romantische Landschaft der Insel für die Strapazen der vielen Stufen, die zu diesem Gipfel führen, entschädigt.

Freunde der chinesischen Kultur, einschließlich der Eßkultur, kommen also auf Taiwan voll auf ihre Kosten. Und das für relativ wenig Geld.

Wer nach Asien reist, sollte Taiwan nicht vergessen.

Schlußwort: Zwei Mahner warnen

Ich habe versucht, in diesem Buch über das Wirtschaftswunder, das Leben des freien chinesischen Volkes auf der Insel Taiwan so objektiv wie möglich zu berichten. Natürlich kann ich nur meine subjektiven und persönlichen Eindrücke wiedergeben, die aber vielleicht nicht ganz so falsch sind, da ich aus dem chinesischen Kulturkreis komme und die Sprache dieses Volkes verstehe.

Hinzu kommt, daß ich mich seit mehr als 30 Jahren intensiv mit den Problemen Chinas auseinandersetze. Ich bedaure es außerordentlich, daß die Kommunisten auf dem Festland so viele Fehler und, man muß es sagen, Verbrechen gegen das chinesische Volk und seine Kultur, Geschichte, Vergangenheit und

Gegenwart begangen haben. Ich kann nicht umhin, dies nüchtern festzustellen. Man kann nur hoffen, daß die 1 Milliarde Chinesen auf dem Festland bald die Möglichkeit bekommen, so wie ihre Landsleute auf Taiwan, die Früchte einer freieren Gesellschaft und einer freieren Wirtschaft genießen zu können. Das chinesische Volk hat wahrlich genug gelitten und Opfer für eine Wahnidee gebracht, die nicht zu verwirklichen ist.

Mich befremdet immer mehr, wie leicht es den chinesischen Kommunisten fällt, in Europa und Amerika nicht nur linke Politiker und Journalisten, Schriftsteller und Künstler zu täuschen, sondern auch konservative Kreise.

Um so tröstlicher ist es, wenn wenigstens zwei Mahner, die beide den Kommunismus aus eigenem Erleben und Leiden sehr gut kennen, vor dem chinesischen Kommunismus warnen.

Alexander Solschenizyn, der russische Bürgerrechtler, warnte jetzt die USA vor einer Bewaffnung Rotchinas mit Hilfe Washingtons. Der russische Nobelpreisträger verglich dabei die jetzige amerikanische Politik der Annäherung an das kommunistische China mit der Politik *Franklin D. Roosevelts*, die zu einer Annäherung an das stalinistische Rußland geführt hatte. Solschenizyn: »Das kommunistische China befindet sich heute in der gleichen Lage wie Rußland damals in den 30er Jahren«.

Peking brauchte praktisch alles, vor allem Hilfe aus Amerika. Wenn die USA Rotchina mit Waffen beliefern, werde es kurzfristig als Sicherheitsfaktor gegen die Sowjetunion dienlich sein, aber auch das sei mit großen Problemen verbunden. Letztlich werde sich Rotchina die zweite Hälfte der Erde, einschließlich der USA, unterordnen, wenn die Vereinigten Staaten nicht aus der Geschichte lernen und Rotchina so wie damals die Sowjetunion mit Waffen und Technologie unterstützen, erklärte der Autor des »Archipel GULAG«.

Der russische Mahner erinnerte daran: »Die chinesischen Kommunisten haben Millionen von Menschen getötet, und wir wissen noch weniger über Rotchina als über die Sowjetunion.

Auf diese Weise konnte das Märchen vom ›guten Kommunismus‹ in Festlandchina entstehen. Sollte es in 30 oder 40 Jahren einen chinesischen Archipel Gulag geben, wird Amerika aufwachen und sagen: ›Wie schrecklich, das haben wir nicht gewußt‹. Dann ist es jedoch bereits zu spät und eine weitere Fortsetzung der pro-rotchinesischen Politik Washingtons wird letztlich die Existenz Amerikas selbst bedrohen«.

Seltenheitswert haben mahnende Worte in Sachen China-Politik auch und gerade in der Bundesrepublik Deutschland. Um so bemerkenswerter ist ein Kommentar des Berliner Publizisten *Matthias Walden*. Wie Solschenizyn kennt Walden den Kommunismus nicht nur vom Schreibtisch her, sondern aus seiner rauhen Praxis: der namhafte Journalist und Schriftsteller stammt nämlich aus Mitteldeutschland, aus dem er wegen der dortigen Verhältnisse nach 1945 in den Westen fliehen mußte. Matthias Walden schrieb in seinem Kommentar »Der Drache sendet Liebesgrüße« unter anderem:

»Jetzt trieb es politische Reisende scharenweise in Maos Riesenreich. War es die sensationelle Möglichkeit, alte Angst in neuartige Zutraulichkeit verwandeln und sich vom roten Drachen Pfötchen geben lassen zu können? Peking war gastfrei geworden. Es lockte mit seltsamen und überraschenden Attraktionen. Für uns Deutsche lag ein besonderes Präsent bereit: Unterstützung unseres Strebens nach Einheit in Freiheit.

Daß Politiker der Unionsparteien unbefangener zugriffen als Repräsentanten der Koalition, war leicht verständlich. Der schroffe, von den Chinesen gewollte Gegensatz zu Moskau zog die Opposition natürlich eher an als die Regierungsparteien, die vor allem des Kremls Gunst erstrebten«.

Walden schreibt weiter: »Der naive deutsche Bürger, dessen China-Bild trotz wachsender Beliebtheit chinesischer Restaurants noch von der Erinnerung an enthauptete Grundbesitzer, an die Schreckensnachrichten der ›Kulturrevolution‹ und an die Demütigungen und Folterungen westlicher Fremder geprägt ist, müßte sich nun fragen, ob er denn geträumt habe. Nicht allzulange war es her, daß Peking – im Besitz der Atombombe – den großen Krieg gegen den Kapitalismus wie einen Riesenschatten auf den Globus projizierte und den Kult mit der roten Mao-Fibel zum Massenwahn gesteigert hatte. Wie konnte ein Land dieser Art für den Westen gleichsam über Nacht zum Mekka des Glaubens an Übereinstimmungen werden, die gestern noch als Hirngespinste erschienen wären?«

Der prominente Journalist erinnert daran, daß die Bundesrepublik »als Hauptobjekt sowjetischer Begehrlichkeit, aber auch als wirtschaftlich stabilstes Land Westeuropas erkennbar ist« und deshalb von Peking »besonders umworben« werde. Und was gäbe es »da besseres für Peking als Hochrufe auf die deutsche Einheit in Freiheit, zumal es doch ein Kontrastprogramm zu sowjetischen Sirenengesängen sein muß?«

In dem Kommentar wird betont, daß ein deutsches Desinteresse an den Offerten Pekings »töricht« wäre, gleichzeitig fragt der Autor: »Aber mußte *Richard Jäger* als Sprecher einer Parlamentsdelegation deshalb gleich sagen, ›das Bekenntnis zum Frieden und wenn notwendig, auch zur Verteidigung von Frieden und Freiheit‹, sei beiden Ländern gemeinsam? Verteidigt Rotchina die gleiche Freiheit wie wir? Und war nicht kürzlich erst Formosa noch Richard Jägers chinesischer Favorit? Der Vizepräsident des Bundestages meinte wohl die Verteidigung der Unabhängigkeit gegenüber Moskau, als er von Freiheit sprach.

Wer die neuartige Rotchina-Begeisterung für fatal hielt, die *Patricia Nixon* bis zur Verzückung ergriff und *Helmut Kohl* fast andächtig durch die steinernen Sehenswürdigkeiten des Mao-Reiches klettern ließ, legte einen moralischen Maßstab an ... Es ging hier also wieder um die alte Frage, ob, mit zweierlei Maß gemessen, die Zweckmäßigkeit über die Ethik gestellt werden darf.«

Walden führt sodann aus: »Politische Ethik, das muß eingestanden werden, ist nicht immer zweckmäßig. Und das Zweckmäßige nicht immer ethisch. Politik ohne Moral endet in blankem, zerstörerischem Zynismus. Moralische Ausschließlichkeit führt auf dem Umweg über die Illusion meist in den Mißerfolg. Es hätte seinerzeit des Entzückens der Nixons über den ›Spitzentanz mit Schwertern‹, der ihnen dargeboten wurde, nicht bedurft, um Pekings Avancen politisch zu nutzen. Auch wäre es gewiß nicht nötig gewesen, Formosa eiskalt und brutal zu verstoßen, um die neue Politik gegenüber Rotchina wagen zu können. Auch Pekings Interesse an Westeuropa im allgemeinen und an der Bundesrepublik im besonderen würde nicht schwinden, wenn wir zwischen dem Freiheitsbegriff der Mao-Macht und dem unseren weiterhin kritisch und scharf unterschieden«.

Der Kenner des Kommunismus schließt mit den Worten: »Zweckmäßig ist, die chinesische Chance voll zu nutzen. Moralisch ist, einer Verklärung des rotchinesischen Kommunismus entschieden zu widerstehen. Höflichkeit und Distanz schließen sich nicht aus. Man kann sich näherkommen und trotzdem Abstand wahren. Noch immer ist Glaubwürdigkeit eine der entscheidenden Voraussetzungen für politischen Erfolg. Nicht in der Rolle des Siegfried haben wir dem chinesischen Drachen zu begegnen. Aber auch nicht als Bewunderer seines Panzers und seiner Krallen«. Dieser Kommentar ist schon einige Jahre alt. Sein Wert besteht darin, daß er heute aktueller denn je ist.

Hinweise und Tips für Taiwan-Reisende

Für europäische Reisende ist Taiwan in erster Linie per Flugzeug erreichbar. Folgende Fluggesellschaften fliegen Taipeh an: China Airlines, Cathay Pacific Airways, Japan Asia Airways, Korean Airlines, Malaysian Airlines System, Northwest Orient Airlines, Pan American World Airways, Philippine Airlines, Singapore Airlines, Thai Airways und Air Nauru. Für Zwischenlandungen in Taipeh sind keine zusätzlichen Kosten erforderlich. Das heißt, wenn Sie beispielsweise nach Tokio reisen und zwischendurch in Taipeh bleiben wollen, brauchen Sie für einen Stop in Taipeh nicht mehr zu zahlen.

Taiwan hat eine Fläche von 36000 Quadratkilometer und eine Bevölkerung von 18 Millionen. Die Hauptstadt Taipeh zählt mehr als 2 Millionen Einwohner. Andere Großstädte sind: Kaohsiung (1,2 Millionen Einwohner), Tainan (560000), Taichung (580000) und die Hafenstadt Keelung (350000). Bevölkerung: Chinesen und rund 260000 Ureinwohner. Zwei Drittel der Insel bestehen aus Gebirge. 62 Berge sind höher als 3000 Meter. Der höchste, Yüshan, ist mit 3997 Meter der höchste Berg Nordostasiens. Wintersport ist im Gebirge deshalb möglich, trotz des subtropischen Klimas der Insel.

Innerhalb der Provinz Taiwan gibt es eines der besten Verkehrsnetze der Welt. Die Nord-Süd-Autobahn verbindet die Hafenstädte Keelung im Norden mit Kaohsiung im Süden. Langstrecken-Busse verbinden die wichtigsten Städte miteinander. Die Nord-Süd-Eisenbahnverbindung ist elektrifiziert. Sowohl Eisenbahnen, Busse als auch Taxis sind auf Taiwan außerordentlich preiswert, sauber und der Service ist hervorragend. Die Beförderungspreise sind die niedrigsten in der ganzen Welt! Mehrere Fluggesellschaften verbinden außerdem die wichtigsten Städte der Insel. Auch die Flugpreise innerhalb der Insel sind bemerkenswert niedrig.

WÄHRUNG: Auf Taiwan ist der Neue Taiwan-Dollar (NT Dollar) die gültige Währung. Ein US-Dollar entspricht 38 NT Dollar. Es empfiehlt sich, Reiseschecks (Traveler Cheques) in US-Dollar mitzunehmen, da diese in ganz Ostasien akzeptiert werden. Der Taiwan-Dollar ist eine Binnenwährung, die Ein- und Ausfuhr in größeren Mengen ist nicht gestattet. Zuviel getauschte chinesische Dollar können Sie wieder in die ursprüngliche Währung umgetauscht bekommen (bei der Abreise), lassen

Sie sich deshalb immer Umtausch-Quittungen geben. Nicht nur Banken, sondern auch alle großen Hotels und Geschäfte können Geld zum amtlichen Kurs wechseln. Euroschecks werden *nicht* angenommen.

STROM und WASSER: Die Spannung beträgt 110 Volt. Es empfiehlt sich, einen Spannungswechsler (Transformator) mitzunehmen. Das in Hotels und Restaurants servierte Trinkwasser ist destilliert und gekocht.

TAXIS: 22 NT-Dollar für den ersten Kilometer und 4,50 Dollar für jeden weiteren halben Kilometer (1 DM = ca. 18 Taiwan-Dollar). Das Post-, Telefon- und Telegrammnetz ist nicht schlechter als in Deutschland. So werden Briefe mehrmals am Tage ausgeliefert. Dazu noch sehr preiswert.

TRINKGELD: pro Gepäckstück gibt man etwa 15 Taiwan-Dollar (80–90 Pfennig) dem Gepäckträger. Zu den Zimmerpreisen kommen 10 Prozent Service hinzu.

KLEIDUNG: da die Jahrestemperatur im Durchschnitt zwischen 22 und 24 Grad Celsius schwankt, wird von April bis November Sommerkleidung empfohlen. Pullover und leichte Mäntel sind nur zwischen Dezember bis März nötig. Trotz der sommerlichen Wärme Krawatten und weiße Hemden sowie Anzüge mitnehmen, bei offiziellen Anlässen achtet man sehr auf »korrekte« Kleidung.

VISA: da in Europa keine diplomatischen Vertretungen Taipehs mehr existieren, muß man sogenannte »Letter of Recommendation« besorgen (Adressen auf den nächsten Seiten). Mit diesem Empfehlungsschreiben, das jeder in der Regel in wenigen Tagen, manchmal auch sofort bekommt, erhält der Reisende bei Ankunft in Taipeh sofort ein chinesisches Visum. Gebühr 6 US-Dollar.

Transitvisa sind drei Monate gültig und berechtigen zu einem zweiwöchigen Aufenthalt. Touristenvisa gelten 6 Monate, berechtigen zu einem Aufenthalt von einem Monat und können für einen weiteren Monat kostenlos verlängert werden. Transitvisa können nicht verlängert werden.

IMPFUNGEN: Nur wer aus einem Pocken-Cholera-Gebiet kommt, muß ein international gültiges Impfzeugnis haben. Für Taiwan selber sind keine Impfungen notwendig, da dort die gesundheitlichen Verhältnisse vorzüglich sind.

ZOLLBESTIMMUNGEN: Persönliche Gegenstände sind zollfrei. Rundfunk- Fernsehgeräte und Tonbandgeräte müssen deklariert werden. Reiseschecks und Bankauszüge brauchen nicht gemeldet werden. Höchstens 8000 NT-Dollar dürfen außer Landes gebracht werden. Nicht mehr als 20 chinesische Münzen dürfen herausgebracht werden, vorausgesetzt, sie sind beim Zoll deklariert worden. Ohne Deklaration dürfen höchstens 1000 US-Dollar (2.500 DM) außer Landes gebracht werden. Gold- und Silberbarren, Weizensaat oder Getreidesorten dürfen nicht ausgeführt werden. Goldschmuck darf höchstens 62,5 Gramm, Silberschmuck 625 Gramm wiegen.
Auf dem Flughafen Taipehs bietet das Touristikamt kostenlos Informationen und Dienstleistungen an: auch Transportvermittlung und Zimmervermittlung gehören dazu.

Empfehlungsschreiben, die zum Visaempfang berechtigten, erhalten Sie in:

ÖSTERREICH: Institut für chinesische Kultur, Stubenring 4/III, 18, A-1010 Wien, Telefon: 524681

BELGIEN: Centre Culturel Sun Yat-Sen, Rue de la Loi, 24, Brüssel

NIEDERLANDE: Far East Trade Office, Javastraat 58, Den Haag, Tel.: 070/469438

SCHWEIZ: 54, Avenue de Bethusy, 1012, Lausanne, Tel.: 021/335005

LUXEMBURG: Centre Dr. Sun Yat-sen, 2 Allee Leopold Goebel, Luxemburg-Ville, Tel.: 444772

DÄNEMARK: Free China Information Office, Falkonerallee 53, 5th Fl., 2000 Kopenhagen 11, Tel.: 00451/197511

BUNDESREPUBLIK DEUTSCHLAND:

Fernost-Informationen, 53 BONN-Bad Godesberg, Burgstr. 31, Tel.: 0228/356097
Fernost-Informationen, 2 HAMBURG 13, Mittelweg 149, Tel.: 040/4477788
Fernost-Informationen, 1000 BERLIN 12, Dahlmannstr. 23, Tel.: 030/3232752
Fernost-Informationen, 8000 MÜNCHEN 5, Reichenbachstr. 26/I, Tel.: 089/2014950
Far East Trade Service, 6 FRANKFURT/MAIN, Friedrichstr. 34, Tel.: 0611/727641
Asia Trade Center, Dreieichstr. 59, 6000 FRANKFURT/MAIN, Tel.: 0611/610741

Nützliche Adressen in Taipeh und auf Taiwan

Deutsches Kulturzentrum, 33, 5th Fl, Chunghsiao W. Road, Sec. 1 Tel.: 331-3741, 311-8681, 311-8682

Peter Lemke
Vertreter des Deutschen Industrie- und Handelstages in Taipeh
Grand Hotel, Taipeh, 1 Chungshan N. Road, Sec. 4, Taipeh, 02/5965565

Dieter Neumann, Hoppenstedt Wirtschaftsverlag 1, Alley 9, Lane 10, Street 74, Tien-Mou 4 Rd, Taipeh Telefon: 871-3504

GRUNDIG-Taiwan, West 3rd Street, Nantze Export Processing Zone, Natze Kaoshiung, Tel.: 364101

Government Information Office, 3 Section 1, Chung Hsiao East Road, Taipeh, Tel.: 3419211

Council for Economic Planning and Development 9, Pao Ching Road, Taipeh, Telefon: 381-1476

Tourism Bureau, 9th Floor, Continental Building 280, Chung Hsiao East Road, Section 4, Taipeh, Tel.: 7214341

Ministry of Economic Affairs (Wirtschaftsministerium) 15, Foochow Street, Taipeh, Tel.: 3516024

Euro-Asia Trade Organization, 4th Fl, 1 Hsu Chow Road, Taipeh, Tel.: 3932115

International Development and Investment Center 6th Fl., 66 Sung-chiang Road, Taipeh, Tel.: 571-7121/8

Für weitere Informationen stehen alle größeren Reiseunternehmen, die Fernostinformationen und Handelsbüros Taiwans zur Verfügung.

Über den Autor

XING-HU KUO wurde 1938 in Jakarta/Indonesien als Sohn chinesischer Eltern geboren. Sein Vater war der Zeitungsverleger und Chefredakteur der Zeitung »Sin Po«, Kuo Ke-ming (Kwee Kek Beng). Nach dem Abitur kam er 1957 nach Deutschland. Seitdem ist Kuo hier beheimatet: er ist nicht nur deutscher Staatsbürger, sondern hat auch eine gebürtige Berlinerin geheiratet. Er studierte in Leipzig Journalistik, geriet in Konflikt mit dem DDR-Regime und wurde von 1965–1972 aus politischen Gründen inhaftiert. Aufgrund besonderer Bemühungen der Bundesregierung wurde er 1972 nach West-Berlin entlassen. Seitdem arbeitet Kuo als Redakteur eines Berliner Verlages. Heute ist er Landeskorrespondent der überregionalen Tageszeitung »DIE WELT« (für Baden-Württemberg).

Kuo hat viele Länder Asiens und Europas bereist. Über den Fernen Osten schrieb er zahlreiche Beiträge in der internationalen, vorwiegend deutschsprachigen Presse.

1978 schrieb er das Buch »Das geteilte Korea«. Mit Frau und zwei Söhnen lebt der Autor in Sindelfingen unweit von Stuttgart.

Foto: Claus Weyrosta